Présences d'Évangile

Lire les Évangiles et l'Apocalypse avec l'Église d'Algérie et d'ailleurs

Imprimé en France *Printed in France*

ISBN 2-7082-3710-1

Christoph Theobald

Présences d'Évangile

Lire les Évangiles et l'Apocalypse avec l'Église d'Algérie et d'ailleurs

Préface de Gabriel PIROIRD
Évêque de Constantine et d'Hippone

LES EDITIONS DE L'ATELIER
Les Editions Ouvrières
12 avenue Sœur Rosalie
75013 Paris

Aux communautés chrétiennes d'Algérie
et à leurs évêques

PRÉFACE

Ce livre est le fruit d'une histoire. Il présente d'abord la réflexion menée depuis une vingtaine d'année dans l'Église qui est à Constantine et Hippone. Cette réflexion est naturellement tributaire de celle faite par l'ensemble des Églises d'Algérie depuis l'indépendance du pays[1]. Nous savons tous la dette que nous avons envers le Cardinal Duval qui, dès le début, a orienté l'Église vers le service du peuple algérien[2]. Je voudrais simplement signaler ici quelques-uns des jalons qui, à mon sens, marquent l'histoire de ce livre.

« Il y a des rencontres décisives dans la vie. » Le Père Christoph Theobald commence ainsi l'Introduction (p. 15). La rencontre à laquelle il fait allusion n'aurait pas pu avoir lieu, si elle n'avait été précédée d'une autre, une douzaine d'année auparavant. C'était à la fin de l'année 1984. Le Père Édouard Pousset et Monique Rosaz effectuaient un voyage en Algérie. À l'occasion de ses vingt-cinq ans de sacerdoce, Édouard Pousset faisait en quelque sorte un pèlerinage à son enfance. Originaire de la région d'Annaba, il n'avait pas revu le pays depuis au moins l'Indépendance. J'étais à Constantine depuis dix-huit mois. Nous avons partagé un repas. La conversation tourna assez vite autour de l'expérience de l'Association Roche-Colombe et de la méthode d'analyse structurale que ses membres pratiquent. Cela me parut intéressant.

J'ai reçu une double formation exégétique. Tous les prêtres de ma génération ont été formés à l'analyse historico-critique. Celle-ci a l'immense avantage de faire comprendre comment se sont formées les Écritures et comment s'articulent en elles la parole de Dieu *et* la parole de l'homme. Elle a également permis d'ouvrir des pistes pour répondre aux questions posées par l'affrontement entre l'exégèse ancienne et les sciences modernes. Toutefois, cette méthode présente le risque, non illusoire, d'une « objectivité » qui laisse de côté une lecture de foi et la portée théologique des textes. Au Prado, j'ai appris une lecture d'évangile à la manière du Père Chevrier : lire l'Évangile en lien avec le livre de la vie, les « deux livres », se complétant et s'éclairant l'un l'autre. Cependant, parfois un manque de rigueur dans l'analyse donne l'impression que l'on utilise plus les textes qu'on ne les écoute vraiment. La méthode présentée par Monique Rosaz et Édouard Pousset me semblait allier les deux : rigueur dans l'analyse et enracinement du texte dans la vie. Une telle étude peut alors *« donner l'intelligence et le discernement de ce qui est vécu quotidiennement. »* (p. 17) Bien sûr, cela ne m'est pas apparu sur-le-champ mais j'ai eu l'intuition que l'aventure valait la peine d'être tentée. C'est ainsi que j'ai invité Monique Rosaz et Édouard Pousset pour animer diverses rencontres dans le diocèse. Et au vu de l'intérêt que leurs passages suscitaient, nous avons demandé à Monique Rosaz de donner, au début de l'année pastorale 1986/87 une session d'initiation aux méthodes de lecture attentive.

En écrivant ces lignes et avec le recul du temps, cette année 1986 apparaît comme une année charnière. Elle fut marquée par des événements très différents les uns des autres mais dont la concomitance apparaît, du point de vue qui est le nôtre, significative. La session eut lieu au début du mois de septembre. À la fin du même mois j'effectuais, avec mes frères évêques du Maghreb, ma première visite *ad limina*. Au cours de cette visite, Jean-Paul II fit incidemment cette réflexion que nous avons souvent citée et que Christoph Theobald rappelle dans son introduction : « Au fond vous vivez ce que le Concile dit de l'Église. Elle est un sacrement, c'est-à-dire un signe, et on ne demande pas à un signe de faire nombre. » Au début d'octobre 1986, lors de son voyage à Lyon, Jean-Paul II béatifiait le Père Chevrier et le 27 du même mois avait lieu la journée d'Assise. Cette dernière rencontre est une expression de la sacramentalité de l'Église.[3] Cette année a aussi marqué un tournant dans la vie du pays. La dévaluation du dollar et la chute des prix du pétrole ont pesé lourd sur l'économie du pays. Par ailleurs, le développement à marche forcée mené depuis les années 70 s'essoufflait, des jeunes sortis de l'université trouvaient difficilement du travail. Il y avait déjà des signes avant-coureurs de l'émergence du mouvement islamiste. Les ingrédients de la crise qui allait secouer le pays se mettaient peu à peu en place avec à l'arrière-plan le processus de mondialisation. La plupart de ces événements n'ont apparemment aucun lien entre eux. Ils obéissent à des logiques différentes et, à part l'un ou l'autre,[4] leur concomitance est bien un effet du hasard. Avec le recul du temps, cette « heureuse coïncidence » apparaît significative de notre recherche : comprendre la place et la mission de l'Église dans une société arabo-berbéro-musulmane en pleine évolution.

Cette ligne de recherche se retrouve quelques années plus tard dans notre synode diocésain dont la séance de clôture eut lieu le 1er mai 1993. Celui-ci, qui s'est déroulé de 1990 à 1993, fut marqué dans sa préparation par une étude sur l'œuvre de Luc (Évangile et Actes). L'évangile de Luc montre la profondeur des relations de Jésus avec certains de ses interlocuteurs dont nombre d'entre eux disparaissent par la suite du récit évangélique. La plupart de ces rencontres ont lieu durant la période galiléenne. L'exemple le plus typique est celui du centurion romain (*Lc* 7, 1-10). Dans le récit de Luc les deux hommes ne se sont pas physiquement rencontrés. Néanmoins, une relation vraie s'est établie entre eux, relation dont la guérison fut le fruit. Un tel récit éclaire singulièrement nombre de nos rencontres quotidiennes et permet de comprendre la notion d'Église-sacrement à laquelle il est fait souvent référence dans ce livre. Pour préparer le synode, nous avions proposé un questionnaire demandant à ceux qui le voulaient de s'exprimer sur leur vie en Algérie. Les réponses furent nombreuses. Les récits des uns et des autres ont grandement contribué à une certaine lecture du livre des Actes des Apôtres, lecture éclairée aussi par l'étude *« selon leur forme propre »* que Monique Rosaz nous avait présentée lors d'un de ses voyages. Si, comme le propose Christoph Theobald (*cf.* p. 26), il fallait reprendre dans quelque temps une nouvelle lecture du même livre, celle-ci serait, à la fois, la même et différente. La même, car le livre de Luc est le noyau dur sur lequel toute lecture doit s'appuyer, différente, car le contexte serait autre. L'Écriture devient Parole vivante lorsqu'elle s'inscrit, ici et maintenant, dans la vie des hommes. Édouard Pousset nous avait accompagnés discrètement, tout au long de notre chemin synodal. Il avait réagi sur quelques récits que je lui avais communiqués avec l'accord des auteurs. Lors d'une rencontre aux Forges en août 1993, je lui avais montré les Actes de notre synode. Reconnaissant qu'il y avait là « un patrimoine » il ajouta : « avec une expérience qui passe dans les récits, on reste dans l'ordre de la narration qui indique des orientations dans l'ordre de la pensée... mais votre situation a atteint une espèce de point limite. Cela risque de ne pas durer et beaucoup de choses risquent de s'évaporer. Une théologie élaborée est un matériau résistant à l'usure du temps ».

C'est au cours de cette rencontre de l'Association Roche-Colombe, organisée pour fêter Monique Rosaz, que j'ai fait la connaissance de Christoph Theobald. Signalons en passant que quelques membres du diocèse sont maintenant en relation avec Roche-Colombe.

1993 ! Le pays était déjà entré dans ce que d'aucuns nomment « la décennie rouge ». La traversée fut difficile. Nous nous retrouvions avec nos amis algériens affrontés aux mêmes problèmes soulevés par le déferlement de la violence : Pourquoi tant de violence ? Son origine ? Son lien avec la religion ? Les années 1994-96 furent la période la plus dure de cette crise. En 1997, invité à Limoges pour parler de l'Algérie, j'ai retrouvé Christoph Theobald, comme il l'indique au début de ce livre. Je l'ai alors invité à Constantine. Nous avons, en effet, l'habitude de faire venir chaque année un intervenant extérieur pour animer notre journée diocésaine. Tous ou presque ont d'ailleurs circulé dans le diocèse avant de donner leur prestation. Chacun, avec son style, ses compétences et sa vision des choses, nous a aidés à faire un pas dans notre réflexion. Nous les en remercions. Par sa participation à l'Association Roche-Colombe, son amitié avec Édouard Pousset et Monique Rosaz, sa vaste culture théologique et ses engagements pastoraux, Christoph Theobald était le mieux placé pour donner corps à une théologie qui prenne en compte notre vécu de ces dernières années. *« Comment ne pas en rester à l'expérience simplement racontée mais cueillir de la narration tout ce qu'elle implique au niveau d'une "ecclésiologie", étant convaincu que ce passage par la pensée est nécessaire pour que les communautés puissent s'approprier sereinement ce que Dieu leur donne de vivre dans cette nouvelle étape historique de leur existence. »* (p. 18) Les sessions sacerdotales interdiocésaines sont aussi un élément important de cette histoire. Christoph Theobald a animé la première session organisée au sortir des années de crise. Il a ainsi élargi sa vision du diocèse à l'ensemble de l'Église d'Algérie, ce qui donne un ancrage plus large à ces réflexions.

Cette réflexion théologique s'est élaborée au gré des rencontres, des questions et des réactions des uns et des autres mais aussi d'événements dont nous ne sommes pas maîtres. *« Rien n'a été programmé d'avance. »* (p. 25) D'où, peut-être, l'impression d'un assemblage un peu décousu de textes en apparence hétéroclites. Cependant *« un fil invisible relie »* cet ensemble : *« l'Église est née et peut sans cesse naître, dans la matrice des Écritures, à partir des rencontres les plus quotidiennes. »* (p. 26) *« Rien n'était donné d'avance. »* Ce que Christoph Theobald dit de sa lente découverte de l'Église catholique d'Algérie est *a fortiori* vrai du chemin que nous avons parcouru. En relisant le parcours de nos réflexions, on voit combien celles-ci sont tributaires de décisions mais aussi d'aléas, de rencontres fortuites et d'événements extérieurs. Bref, une histoire s'est écrite, une histoire qui n'est jamais fixée d'avance et qui demeure toujours ouverte. *« La "conversion" de l'Église en Algérie n'est pas d'abord une décision que celle-ci aurait prise collectivement mais un* événement historique *qui s'est produit en elle et autour d'elle. »* (p. 27)

À la fin de l'introduction Christoph Theobald emploie deux fois le mot « accoutumance ». La première fois pour parler des relations entre la société algérienne et son Église : *« Comme si la traversée commune de l'épreuve avait accéléré un difficile processus "d'accoutumance" qu'on pourrait traduire en termes de "co-naissance" »* (p. 27), la seconde pour parler de son travail de théologien itinérant : *« Le visiteur est alors mis en position de "voir", "d'entendre" et de "rendre" – après un certain temps d'accoutumance – à ses hôtes ce qu'il a entendu et vu, les confrontant ainsi avec leur propre écoute et leur propre vision des choses. »* (p. 28) L'homme est trop fin théologien pour ne pas savoir que saint Irénée utilise cette notion pour désigner « l'économie du salut », c'est-à-dire l'aventure de Dieu avec l'humanité[5] : « Le Verbe de Dieu a habité dans l'homme et s'est fait fils de l'homme pour accoutumer l'homme à saisir Dieu et accoutumer Dieu à habiter dans l'homme selon le bon plaisir du Père. »[6] Les réflexions développées dans ce livre pourront paraître trop marquées par l'histoire d'une Église particulière. Cette histoire n'est ni plus ni moins qu'une tranche de ce processus d'accoutumance qui, au dire d'Irénée, dure tout au long de l'histoire humaine. Elle relate une partie de la marche d'un peuple à la rencontre du « Dieu qui est, qui était et qui vient ». C'est sans doute cette singularité qui donne à cette histoire un caractère universel. *« Le lecteur… est invité à la comprendre comme exemple d'une manière de lire les Écritures dans une situation donnée. »* (p. 30) Mais qui dit « accoutumance », dit aussi ajustement des deux partenaires l'un à l'autre. On comprend mieux la découverte déroutante que nous fit faire la lecture de l'Apocalypse : *« Le mystère de Dieu est inaccompli tant que le dernier homme n'a pas entendu le mot "heureux". »*[7]

Pour avancer sur le chemin d'une histoire toujours marquée du sceau de l'incertitude et de la précarité, nous avons besoin de signes et de points de repère. Ce livre essaie d'en fournir : *« L'enjeu ultime de cet accompagnement théologique est que la deuxième conversion conduise les communautés au point de devenir réellement sujets historiques de la foi. »* (p. 29) Christoph Theobald est venu sept fois en Algérie. J'y verrai volontiers un signe, car comment ne pas penser à la symbolique de ce nombre qui, dans la Bible et en particulier dans l'Apocalypse, exprime la totalité. Au fur et à mesure qu'il nous connaissait mieux, Christoph Theobald a été *« de plus en plus sensible aux différences importantes entre communautés, diocèses... à une pluralité parfois conflictuelle... »* (p. 23) Les sept Églises de l'Apocalypse ont des noms singuliers mais le chiffre sept indique aussi la totalité de l'Église. Lorsque, à la fin de notre session sur l'Apocalypse, Christoph Theobald nous a demandé à quelle Église nous identifierions la nôtre, il y eut un moment d'hésitation, signe de nos différences. Christoph Theobald, au cours de sept voyages, a visité la totalité de l'Église d'Algérie et il joue « en Algérie et ailleurs »[8] le rôle du voyant de l'Apocalypse qui entend et transmet sept fois : « Celui qui a des oreilles, qu'il entende ce que l'Esprit dit aux Églises... » Merci Christoph !

Constantine, le 28 août 2003, en la fête de saint Augustin

Gabriel PIROIRD
Évêque de Constantine et d'Hippone

Notes

1. Ce contexte a été plus longuement développé dans le fascicule : *Les Églises du Maghreb en l'an 2000*, dans DC 97 (2000/5), 230-241.
2. Le Cardinal a exprimé sa pensée dans sa lettre pastorale de 1980, intitulée : « Présence fraternelle » (publiée dans la « Semaine Religieuse d'Alger », 1980).
3. Jean-Paul II le dit assez explicitement : « En cette journée, en effet, et dans la prière qui en était le motif et l'unique contenu, semblait s'exprimer pour un instant, même de manière visible, l'unité cachée, mais radicale, que le Verbe divin "dans lequel tout a été créé et dans lequel tout subsiste » a établie entre les hommes et les femmes de ce monde." (Discours à la Curie Romaine – 22 décembre 1986)
4. La réflexion que nous a faite Jean-Paul II n'était dans son esprit, sans doute pas étrangère à la préparation de la Journée d'Assise. L'année précédente, lors de sa visite au Maroc, il avait prononcé un discours devant les jeunes rassemblés à Casablanca, discours qui fait référence pour le dialogue islamo-chrétien.
5. *Cf.* la troisième partie du livre, p. 170 sv et 183 sv.
6. *Contre les hérésies* III, 20,2 (traduction Rousseau), Sources chrétiennes n° 211, Paris, Le Cerf, 1974.
7. Voir la dernière partie du livre : « Ouverture », p. 207
8. Le sous-titre du livre laisse bien entendre la diversité des expériences d'Églises.

DES « ACTES » :

I. L'ÉGLISE, « SACREMENT DE LA RENCONTRE » …

II. … DANS L'HISTOIRE ET LA SOCIÉTÉ ALGÉRIENNE…

III. … AUX PRISES AVEC LA VIOLENCE

… JUSQU'À CE QUE LE DERNIER AIT ENTENDU : « HEUREUX ! »

DES « ACTES »

Il y a des rencontres décisives dans la vie ! Au printemps 1997, quelques mois après l'assassinat des moines de Tibhirine et de l'évêque d'Oran, Pierre Claverie, Mgr Gabriel Piroird, évêque de Constantine et d'Hippone dans l'Est Algérien, s'est rendu à Limoges et à Guéret pour parler de la société et de l'Église de ce pays et de l'épreuve qu'elles traversaient. J'étais parmi ceux et celles qui l'écoutaient et qui ont eu la chance de passer quelques heures avec lui dans la maison de l'Association Roche Colombe[1] à Colondannes (Creuse). Je me souviendrai toujours de ce temps d'échange où nous évoquions la grande chrétienté de l'Afrique du Nord, mystérieusement disparue après l'arrivée de l'islam, l'Église de l'époque coloniale, formée à l'image de l'Église de France, et, aujourd'hui, ces quelques communautés chrétiennes, fragiles présences d'Évangile dans un pays de culture arabo-berbère, imprégné en profondeur des valeurs religieuses de l'islam et violemment secoué par des mutations qui s'imposent à lui tant de l'extérieur que de l'intérieur. Quelques semaines plus tard Gabriel Piroird m'invitait à venir visiter son diocèse et animer la journée diocésaine qui réunit, chaque année au printemps, une bonne partie des chrétiens de sa petite Église.

Pourquoi raconter, au début de cet ouvrage, cette première visite et les autres voyages qu'elle a suscités ? Parce que ceux-ci m'ont fait percevoir progressivement des ressemblances significatives entre la place de l'Église en Algérie et bon nombre de situations ecclésiales en France. J'ai éprouvé alors qu'une manière de lire les Écritures en théologien avec les communautés visitées pourrait aider les chrétiens qui, ici, en France ou en Europe, cherchent à mieux vivre et comprendre leur présence ecclésiale précaire dans la société qui est la leur.

Recevoir l'hospitalité et prendre la parole

Le jeudi saint, l'année suivante, je prenais donc l'avion pour Constantine où l'évêque me reçut et me fit rencontrer les quelques chrétiens de cette grande et belle ville perchée sur le Rhumel. Tous ensemble, nous célébrions la nuit pascale où l'évêque baptisa et confirma un nouveau disciple. Ensuite il me confia aux communautés du diocèse qui m'accueillirent et me donnèrent de partager leur vie et de connaître quelques-uns de leurs amis pendant un jour ou deux, avant de me remettre à nouveau sur la route. Ainsi ai-je fait le tour de ce diocèse dont la superficie n'est pas loin de recouvrir le cinquième du territoire français. Je commençai mon périple à Annaba, au bord de la Méditerranée, où nous avons fêté Pâques sur la colline d'Hippone. Passant ensuite à proximité de la frontière tunisienne par Souk Ahras – l'ancienne Thagaste où naquit Augustin –, j'ai rejoint Tebessa et Bir el Ater au bord du désert, avant de retourner à Constantine par Chéchar dans les Aurès et par Batna. C'est après la journée diocésaine que j'ai découvert l'ouest du diocèse et rencontré les rares chrétiens de Sétif et de Béjaia, au bord de la mer, d'où je suis reparti pour la France.

Qu'est-ce qui m'a si fortement touché pendant ce voyage et qui mérite d'être raconté et pensé ? C'est sans doute l'extrême précarité de ces présences d'Évangile et leur étonnante fécondité dans la durée qui dès le premier instant m'ont saisi. Au moment où je me remémore ce premier voyage, me vient à l'esprit l'exhortation de Jésus à ses disciples « Sois sans crainte, petit troupeau, car votre Père s'est complu à vous donner le Royaume », encouragement qui avait retenti au cœur du synode diocésain de Constantine et Hippone (1990–1993) et qui se trouve aujourd'hui comme confirmé après la traversée de tant d'épreuves durant ces dernières années.

Comment décrire cette fécondité du Royaume que le passant, tant soit peu ouvert à quelques signes, peut percevoir ? Un premier regard voit de toutes petites communautés, « une Église avec peu de fidèles, mais pour un peuple »[2], formée de plusieurs types de personnes. Son noyau plus permanent est composé de religieuses, de quelques laïcs ayant des liens particuliers avec le pays, et de quelques prêtres ; essentiellement d'origine française au moment de l'indépendance, cette Église s'est fortement diversifiée et a intégré progressivement des arrivants du pourtour méditerranéen, de l'Europe du Nord et de l'Est et même d'Asie et de l'Amérique du Sud. À ce groupe fortement international s'ajoutent des chrétiens enracinés par des liens familiaux dans le pays – souvent des épouses chrétiennes ou des veuves d'Algériens – et ceux qu'on appelle « les amis de saint Augustin ». Un troisième ensemble enfin est formé de chrétiens de passage pour quelques années, industriels, ouvriers sur des chantiers internationaux et surtout des étudiants de l'Afrique subsaharienne qui fréquentent les universités de Constantine, de Béjaia, de Batna et d'Annaba où, séparés de leur famille, ils vivent souvent des moments décisifs pour leur foi en raison de leur statut de minorité.

Ces petites communautés, disséminées sur le territoire, passent la majeure partie de leur temps au service des habitants du pays, les activités strictement ecclésiales étant très réduites. Deux institutions seulement ont survécu aux départs massifs des années 1990 : une maison pour personnes âgées, tenue par les Petites Sœurs des Pauvres sur la colline d'Hippone à côté de la basilique Saint-Augustin et, dans l'évêché de Constantine, une bibliothèque fréquentée par des étudiants algériens. En dehors de ces petites structures propres à l'Église et créées pour les Algériens, certains travaillent dans des écoles ou des lycées, d'autres dans des dispensaires ou hôpitaux, d'autres encore vivent au service de quelques personnes parmi les plus pauvres. La fécondité de ces présences reste cachée aux yeux du passant qui ne peut percevoir l'étendue et la profondeur du mystérieux réseau de liens d'amitié, de solidarité et d'entraide entretenu par les uns et les autres.

Quelque chose de cette richesse se révèle dans les réunions des communautés. J'ai rarement entendu autant de récits de rencontres, d'événements et d'épisodes significatifs de la « vie partagée » entre tel chrétien et tel Algérien, entre telle communauté et ses amis du quartier. Tout spontanément ces histoires se mêlent aux épisodes du récit évangélique ; certaines communautés passent d'ailleurs du temps à lire les *évangiles* et les *Actes* de manière rigoureuse, laissant alors ces textes leur donner l'intelligence et le discernement de ce qui est vécu quotidiennement. La prière communautaire, nourrie de la prière personnelle, et l'Eucharistie ont ici leur place et relient en profondeur ces communautés entre elles, avec le pays et avec l'Église universelle. Les yeux ouverts et les oreilles attentives du passant suscitent des récits et il devient le témoin bouleversé de ce qu'il entend et de ce qu'il voit.

L'impression globale qui se dégage finalement de cette toute première visite contraste fort avec nos images héritées de la chrétienté et avec le visage d'une Église qui, au moment de l'Indépendance et pendant les quelques années qui ont suivi, est restée fortement structurée, formant, avec ses œuvres, comme une société dans la société. Aujourd'hui, les épreuves des dépouillements progressifs, des multiples retours aux pays d'origine et de l'inquiétude devant la violence au quotidien sont encore proches ; mais ce qui fait vivre assez paisiblement ces communautés, leur seule « richesse », c'est l'Évangile et les innombrables rencontres avec le peuple algérien. Je me suis alors demandé comment ne pas en rester à l'expérience simplement racontée mais recueillir de cette narration tout ce qu'elle implique au niveau d'une « ecclésiologie ». Je suis en effet convaincu que ce passage par la pensée est nécessaire pour que les communautés puissent s'approprier sereinement ce que Dieu leur donne de vivre dans cette *nouvelle étape historique de leur existence.*

Il semble que le concept « Église-sacrement », hérité du concile Vatican II, permet de rendre compte de cette nouvelle figure d'Église. Jean-Paul II lui-même l'avait utilisé lorsqu'en 1986 il avait reçu les évêques du Maghreb à sa table : « Au fond vous vivez ce que le Concile dit de l'Église. Elle est un sacrement, c'est-à-dire un signe, et on ne demande pas à un signe de faire nombre »[3]. Gabriel Piroird m'avait raconté cet épisode et montré le passage du cahier synodal (1990-1993), traitant de ce thème qui se décline d'ailleurs à l'aide de différentes expressions employées dans l'Église d'Algérie : sacrement du Royaume, sacrement de la rencontre, sacrement de la fraternité, sacrement de la vie... L'évêque m'avait demandé alors d'intervenir sur ce sujet, après avoir visité son Église.

La journée diocésaine eut lieu à la fin de la semaine de Pâques dans la Maison du Bon Pasteur, paisible enclos proche du centre de Constantine que les chrétiens ont pu garder au moment où leur cathédrale a été transformée en mosquée. À la question posée par l'évêque, j'ai exposé ma réponse : « L'Église-sacrement : qu'est-ce que cela signifie dans un pays comme le vôtre ? »[4] Cette intervention a donné lieu à de larges échanges entre nous pendant la journée puis dans chacun des quatre secteurs du diocèse. Puis-je ajouter qu'il m'a été difficile d'intervenir après avoir entendu et vu ce que je viens à peine de suggérer et de laisser en quelque sorte « évaluer » ma réflexion par ceux et celles auxquels je voulais rendre ce qu'ils m'avaient donné ?

À la découverte de l'Église d'Algérie

Les discussions sur mon intervention ont soulevé plusieurs questions[5] que Gabriel Piroird m'a envoyées après mon départ, en particulier sur la notion de « sacramentalité de la vie » :

• Si le sacrement articule les trois paramètres : la Parole de Dieu – voix qui nous fait vivre –, des signes corporels en lien avec l'itinéraire de Jésus et avec notre « vie », et, enfin, la culture du lieu et de l'époque, que devient la sacramentalité ici et maintenant, dans l'interface avec le monde arabo-musulman ?

• Découvrir la présence du Christ en toute réalité, vivre en disciple du Christ, être envoyé comme son apôtre, comment ces trois types de « présence » s'articulent-ils ?

• La troisième question, proche de la précédente, présuppose la même tripartition de la « présence » évangélique : nous reconnaissons bien souvent que les personnes qui nous entourent nous offrent et nous donnent bien plus que ce que nous pouvons leur apporter (valeurs du cœur, du partage, confidences, accueil, amitié...). Se pose alors la question : quelle est l'originalité du disciple de Jésus ?

• Quel lien existe-t-il entre l'Incarnation du Verbe et la sacramentalité de la vie ?

Je suis retourné à Constantine au printemps 1999 et c'est la dernière question qui a donné le titre d'une deuxième intervention : « L'Incarnation du Verbe, quel sens pour notre vie, ici et maintenant ? »[6] J'y ai traité la même question déjà abordée dans ma première intervention, située *au croisement de nos expériences évangéliques de rencontre et de leur signification ecclésiale dans une perspective sacramentelle.* Mais cette fois-ci je l'ai fait en élargissant quelque peu la réflexion à la « christologie » et en me déplaçant des évangiles synoptiques, largement présents dans le premier texte, vers l'*évangile selon saint Jean* dont le concept de « vie » et surtout la série des « signes » pouvaient davantage éclairer les questions posées.

Lors de ce deuxième voyage, je suis passé par Alger où, sur l'invitation de l'archevêque Mgr Henri Teissier, j'ai proposé ma première série de réflexions sur la sacramentalité de l'Église, sans connaître d'ailleurs les communautés du lieu. Les évêques d'Algérie avaient déjà décidé d'organiser pour l'an 2000 une « session sacerdotale inter-diocésaine », habituellement tenue tous les quatre ans mais annulée en 1996 à cause des événements que l'on connaît. Ils m'ont alors invité à accompagner comme théologien l'équipe de préparation et cette nouvelle rencontre prévue pour l'année jubilaire. Auparavant, ils souhaitaient que je visite les deux autres diocèses, celui de Laghouat, Église du désert du Sud Algérien couvrant un territoire équivalent à quatre fois la France, et celui d'Oran à l'ouest du pays.

Au printemps 2000, je repris donc mon bâton de pèlerin et commençai un nouveau périple dans le diocèse de Laghouat, selon le modèle du premier. Je débutai ma visite à Ghardaïa, oasis habitée depuis des siècles par des mozabites[7], où l'évêque, le Père Michel Gagnon, avait réuni quelques chrétiens, religieuses et religieux, venus de villes pas trop éloignées. Allant de Laghouat - aux portes du désert – jusqu'à Tamanghasset au sud et de la frontière libyenne à l'est, jusqu'à la frontière marocaine à l'ouest, ce territoire est immense et contraste singulièrement avec la petitesse de la présence chrétienne. Celle-ci « se réduit » en effet à quelques chrétiens, des Pères blancs et des Sœurs blanches ainsi que des Petites sœurs et des Petits frères qui continuent à vivre la vie cachée de Nazareth au milieu de la population berbère selon le style de vie inauguré par Charles de Foucauld. Lors de notre journée diocésaine à Ghardaïa, j'ai longuement écouté les récits des uns et des autres et j'ai proposé, sous une autre forme, mes réflexions de Constantine sur la présence sacramentelle de l'Évangile au sein de nos rencontres. La question du dialogue inter-religieux et de l'unicité du Christ a pris une certaine place dans nos échanges.

Après ce trop court passage, j'ai traversé en bus le désert et l'Atlas pour arriver le soir même au bord de la Méditerranée, à Oran, où j'étais hôte de l'Église du lieu, marquée au plus profond d'elle-même par le charisme de Pierre Claverie et son martyre en compagnie de Mohamed Bouchikhi, son chauffeur, le premier août 1996. C'est son successeur, Mgr Alphonse Georger, qui m'a accueilli et m'a confié à ses communautés. Comme à Constantine, j'y ai trouvé un même désir d'être au service des habitants du pays et de se situer, comme disait Pierre Claverie, sur « les lignes de fracture de la société », un même souci de rencontre avec des amis musulmans, avec des étudiants dans les bibliothèques – plus importantes ici à Oran, comme d'ailleurs à Alger, qu'à Constantine – ou avec des personnes plus défavorisées dans des écoles ou des centres sociaux. Partout j'ai été témoin d'un même espoir – devenir un jour une Église autochtone –, d'une même ferveur communautaire et d'un même esprit œcuménique dans la rencontre avec les communautés protestantes implantées en divers lieux. Après avoir échangé longuement, un soir, avec les chrétiens d'Oran sur les sujets déjà traités ailleurs, je suis parti d'abord vers l'ouest, à Tlemcen où je fus accueilli par quelques Focolari et deux compagnons jésuites. Avec l'un d'eux, j'ai visité un camp de réfugiés, situé à l'époque sur la frontière marocaine, puis je me suis rendu vers l'intérieur et l'est du diocèse, à Mascara et à Mostaghanem d'où je suis retourné à Alger.

Lors de ce voyage, j'ai pu m'arrêter davantage dans cette ville, dite blanche, et découvrir la richesse – relative, bien sûr – de ses communautés et de ses sites : la basilique Notre-Dame d'Afrique, fréquentée, comme celle d'Hippone, par beaucoup de musulmans – quelques trappistes, alors en attente de pouvoir retourner à Tibhirine, s'y étaient installés provisoirement –, la grande maison diocésaine sur les hauteurs de la ville, espace de nombreuses rencontres, et la maison spirituelle de Ben Smen, témoin discret de tant d'aventures spirituelles. C'est à Alger que j'ai mieux perçu le travail de réflexion et de formation linguistique et culturelle proposé par l'Église à ceux et celles qui arrivent de l'étranger. J'y ai vu un fort engagement dans la société tant au niveau individuel, par exemple par l'accompagnement psychologique de telle ou telle personne, qu'au niveau collectif, par une réflexion et une action dans le domaine économique et social. J'ai pu constater que le rayonnement de l'Église dans la société et dans l'opinion publique n'était pas du tout négligeable, grâce à l'action fraternelle et vigoureuse de son archevêque et surtout à cause d'une présence fidèle et totalement désintéressée de l'ensemble de l'Église dans le pays dont elle a partagé et partage encore les souffrances.

Pour moi, ces quelques jours représentèrent une précieuse préparation à la session inter-diocésaine de la fin de l'été, que nous préparions alors avec Gabriel Piroird, un délégué par diocèse et le Père Teissier. Après avoir partagé au long d'une soirée avec les communautés d'Alger ma deuxième série de réflexions sur l'Incarnation du Verbe dans l'évangile de Jean et le parcours des signes johanniques dans nos existences, je suis reparti en France.

Quelle présence évangélique dans une société algérienne, prise entre ses recherches identitaires et la mondialisation ?

Tel était donc le thème de la session inter-diocésaine qui s'est déroulée début septembre 2000 sur les hauteurs d'Alger, dans une nouvelle salle de la maison diocésaine terminée juste à temps pour protéger les quelques cent vingt participants contre la chaleur accablante qui, à cette époque encore, pèse sur la ville.

Dans son introduction[8], Mgr Piroird a rappelé les circonstances dans lesquelles la session de 1996 avait été annulée et quelle avait été la délibération des évêques et des supérieur(e)s majeur(e)s, décidant en juin 1994 que *l'Église comme corps reste mais que chacun fera son discernement personnel car les évêques n'obligeront jamais personne à rester.* « La période que nous venons de traverser, poursuivit le Père Piroird, marque un tournant dans la vie de notre Église. Le Père Teissier parle même d'une rupture qui (...) aura le même poids que les mutations entraînées dans notre communauté par le passage de la période coloniale à l'Indépendance ». Selon l'évêque de Constantine, la mutation la plus importante est que, durant cette période, l'Église a été, pour ainsi dire, naturalisée algérienne : « À la relecture et avec le recul, on pourrait dire que cette "naturalisation de l'Église" fut la vocation de ceux qui ont vécu ici depuis l'indépendance jusqu'à maintenant. Elle s'est accomplie lentement dans la fidélité quotidienne. Mais nous devons à la vie donnée et brutalement enlevée de nos vingt frères et sœurs, de l'avoir authentifiée ».

Le ton était donné à une session qui aurait pu se dérouler selon un schéma plus classique, traitant successivement des trois termes clé du thème : les phénomènes de « mondialisation » et de « revendications identitaires » en Algérie, puis une réflexion sur la « présence évangélique dans ce pays ». Or, lors de notre rencontre de préparation, il nous a semblé qu'il fallait choisir une autre entrée, peut-être moins intellectuelle, mais *davantage située dans l'histoire.* Ainsi, nous avons préféré une approche enracinée dans l'expérience de « traversée », effectuée pendant ces dernières années, et plus attentive au présent, au « tournant » qui est en train de se prendre dans la société algérienne et qui ouvre vers un avenir proche dont Dieu seul connaît le secret. C'était aussi la démarche du cahier des évêques « L'Église du Maghreb en l'an 2000 » dans lequel cette dimension historique de notre foi était fortement soulignée.

La session se déroula en trois temps. Pendant la première étape – « Notre présence évangélique ici et maintenant. Un état des lieux, des questions qui se posent » – nous avons écouté trois témoins répondre à la question décisive *Pourquoi sommes-nous toujours là ?* Et chacun des quatre évêques fit le point sur l'évolution de son diocèse depuis 1992. Il s'agissait donc de partir du présent, ici et maintenant, et de porter notre regard vers le passé pour formuler les questions qui se posent aujourd'hui. Vint ensuite une deuxième étape – « Les transformations de la société algérienne » –. Deux intervenants algériens, un sociologue et un politologue, ainsi que le Père Teissier nous aidèrent à mieux comprendre l'émergence lente et difficile d'une société civile algérienne, ouverte à d'autres sociétés et, dans le même temps, aux prises avec des réactions ou des « recherches identitaires ». Le Père Teissier introduisit pour finir une distinction, difficile à accepter par certains groupes religieux mais pourtant repérable dans d'autres courants de l'islam, entre l'identité humaine, ou l'émergence de la conscience, et l'identité religieuse. La troisième étape enfin eut pour but de tourner notre regard vers l'avenir : « Quelle présence évangélique demain ? » Nous avons abordé ici la dimension « catholique » de la foi, en nous demandant comment la comprendre dans un pays où le concept de « catholicité » peut cacher de grandes ambiguïtés, rappelant la colonisation et certaines théories de la mission.

Le moment le plus important et le plus émouvant de cette dernière étape fut notre délibération quasi-synodale où les participants furent invités à exprimer ce qu'ils désiraient pour leur Église et à esquisser, autant que faire se peut, sa figure d'avenir. Les conclusions écrites furent présentées à l'offertoire de l'Eucharistie, célébrée ce jour-là à Notre-Dame-d'Afrique.

Durant tout le processus de préparation et pendant la session, j'ai été de plus en plus sensible aux différences importantes entre communautés, diocèses et membres de la session ; différences que je n'avais pas perçues au début de ma rencontre avec cette Église ; pluralité (parfois conflictuelle) qui peut en effet facilement échapper au regard d'un étranger, bouleversé par la force du témoignage collectif et individuel. Mais la manière de percevoir la société algérienne, l'islam et la présence chrétienne diffère beaucoup selon les générations, la spiritualité que chacun a choisie un jour, l'itinéraire personnel parcouru en compagnie d'autres chrétiens et tant d'algériens, ou que sais-je encore. Même le vocabulaire de la « présence » n'est pas adopté par tous, certains préférant parler de « mission », d'autres d'« accompagnement », d'autres encore de « témoignage ». Un enjeu important de la session était donc de faire valoir la richesse de ces différences, de mieux comprendre leur origine et d'entrer ensemble dans un processus complexe d'interprétation de la situation et de prise de décision, dans la matrice plurielle des Écritures, en fonction de l'histoire de cette Église et d'une analyse précise des enjeux de société, proposée par les experts présents ou invités.

Le lecteur trouvera les principales contributions de la session dans la seconde partie de cet ouvrage : l'introduction qui présente l'ensemble du parcours et la méthode adoptée[9], une relecture « théologique » des différentes analyses de la société algérienne, mentionnées à l'instant[10], et une série de réflexions sur la présence des chrétiens au sein de cette société[11] ; les témoignages et les questions d'avenir ne sont pas reproduits ici parce qu'ils appartiennent à leurs auteurs et à l'Église d'Algérie en train de réfléchir à son avenir[12]. L'intérêt de cette partie pour le lecteur européen est de lui fournir une manière de procéder pour mieux tirer profit de l'interaction entre sa lecture des Écritures et son propre contexte sociétaire et ecclésial.

Au terme de ces cinq jours, un des membres de l'assemblée proposa une relecture de l'ensemble de la session autour du mot « regard » : un regard sur ce qui était, ce qui est et ce qui vient, rappelant que le livre de l'*Apocalypse* nous avait accompagnés du début jusqu'à la fin : « Si nous voulons prolonger le travail de la session, nous disait-il, nous ne pourrons pas faire l'économie d'une étude contextuelle de l'*Apocalypse.* C'est à un déplacement théologique que nous sommes invités : un déplacement dans la façon de situer nos partenaires dans leur relation au mystère de Dieu. Cela demande de revisiter notre conception de l'islam et de réfléchir sur l'universalité, l'universalisme, la catholicité »[13].

Lire l'Apocalypse en Algérie

En 2000/2001, j'ai effectué deux nouveaux voyages en Algérie : en novembre à Oran où, devant les communautés de la ville, j'ai parlé de la session qui venait de se dérouler à Alger et les ai introduites à une lecture de ce livre si difficile à décoder qu'est l'*Apocalypse* ; au printemps suivant à Alger, puis à Constantine pour réfléchir avec l'Église sur le mystère de Dieu dans la perspective du dernier livre de la Bible[14]. Nous avions en effet déjà décidé de nous réunir, au début de l'année pastorale suivante, pour lire ce texte dans son intégralité.

Cette session de Constantine, dernier épisode de ma venue en Algérie, eut lieu quelques jours avant l'événement du 11 septembre. Pendant une semaine, nous nous sommes retrouvés à une cinquantaine de personnes dans la maison du Bon Pasteur, lisant ensemble le texte, le travaillant et le commentant ; des partages en petits groupes nous ont permis d'en écouter l'impact dans nos vies individuelles et ecclésiales, tout cela dans un climat de prière et de joie fraternelle empreinte d'une certaine gravité. Je pense pouvoir dire que l'*Apocalypse* nous a permis de vivre une certaine guérison des violences qui nous habitent tous et nous agressent de l'extérieur, à certains moments plus gravement qu'à d'autres. Par ailleurs, ce texte nous a sans doute aidés à entrer collectivement dans la lumière d'une intelligence vive de nos vies et de nos présences dans la société algérienne.

L'*Apocalypse* a été entièrement lue au cours de la session, soit en assemblée générale soit en petits groupes. Les interventions rassemblées dans la troisième partie de cet ouvrage[15] sont de styles différents : introductions à la lecture, exposés sur tel ou tel aspect du texte, échanges en grand groupe. Ils ne représentent pas un commentaire suivi du dernier livre de la Bible mais un guide de lecture et un itinéraire spirituel *en situation*. À certains moments, des commentaires savants, à la disposition des participants, nous ont facilité le travail. Les nombreux schémas qui ont illustré nos débats ont été construits au fur et à mesure de l'avancée de la session ; les principaux sont ici reproduits dans leur état final.

Un fil invisible

Au moment où je relis et rassemble tous ces fragments de textes dans les trois parties de ce livre, je découvre avec joie le fil invisible qui les relie. Rien pourtant n'avait été programmé d'avance : tel exposé a suscité des questions, des échanges et finalement d'autres prises de parole ; telle rencontre a rendu possible d'autres rencontres... chacun des acteurs se laissant conduire toujours plus loin par ce qui lui arrivait ; le récit qui précède vient de le suggérer. Pour ma part j'étais venu en Algérie avec deux convictions (et peut-être une troisième dont il sera question plus tard) : la confiance inébranlable en la force matricielle des Écritures quand elles sont lues en groupe et selon leur forme propre (récit, lettre, hymne, etc.) ; et l'expérience qu'un certain vide, voire une certaine « réduction » à l'élémentaire de la vie humaine et chrétienne peut laisser émerger du nouveau et ouvrir l'espace pour une genèse ou une « naissance » de l'Église.

La première de ces deux convictions, je l'ai héritée moi-même et elle était déjà solidement implantée à Constantine quand je suis arrivé. Elle habite depuis longtemps la *pratique* des groupes de Roche Colombe, inaugurée par Monique Rosaz et Edouard Pousset qui étaient venus en Algérie, Monique Rosaz y ayant donné plusieurs sessions de lecture biblique. On trouve des traces importantes de cette pratique dans le cahier synodal du diocèse et dans « L'écho de Constantine et d'Hippone », petit journal où, mois après mois, l'évêque exerce son rôle de « guide » (*Ac* 8, 31) qui nourrit les siens par la Parole. Dans les trois parties centrales du présent ouvrage, nous sommes conduits des *Synoptiques* vers *saint Jean*, et du quatrième Évangile vers l'*Apocalypse*.

Le canon néo-testamentaire m'a en effet aidé à opérer ces déplacements progressifs, me faisant signe non seulement par son équilibre interne mais aussi par la plus ou moins grande proximité entre tel livre et telle situation historique. Aucun doute par exemple que l'*Apocalypse* soit le livre le plus adapté à la traversée que l'Algérie et son Église viennent d'effectuer. Peut-être les *Actes des apôtres*, davantage sensibles aux aspects indispensables et positifs des structures culturelles et religieuses, économiques, juridiques et politiques de l'Empire mériteront-ils lecture *quand* la société civile de l'Algérie commencera à s'affermir et à promouvoir la pacification du pays. Ils sont en tout cas absents de cet ouvrage qui reste ouvert.

Plusieurs aspects ont tout naturellement marqué notre lecture sélective des Écritures : tout d'abord la distinction des évangiles *synoptiques* entre le « tout venant » auquel s'adresse Jésus, les « disciples » qu'il rassemble autour de lui et les apôtres qu'il envoie ; puis, deuxième aspect, la fonction structurante de la « rencontre », ce qui s'y passe de significatif et nécessite une réflexion sur le signe (*saint Jean*) ; enfin, troisième élément, l'enjeu ultime de ces rencontres dans une situation de violence, à savoir la manifestation de la « sainteté » (*Apocalypse*) ; dépassant toutes les frontières, la sainteté serait comme le dernier mot qui émerge de la conscience des hommes et des femmes quand ceux-ci ont entendu, dans leur existence, l'appel à être « heureux ».

Avec ces quelques aspects nous croisons déjà une deuxième conviction qui s'est confirmée au gré de mon périple à travers le pays. Elle est liée à un diagnostic historique et théologique du destin du christianisme dans nos sociétés européennes et autour de la Méditerranée, et donc sujet à débat. Les secousses ressenties pendant les dernières décennies du XXe siècle dans la « chrétienté » mais préparées depuis longtemps (et d'un ordre différent, bien sûr, des deux côtés de la méditerranée) ne sont pas, ou pas seulement, à lire en terme de « crise », mais elles peuvent être vécues comme des lieux possibles d'émergences, de naissances et de transformations substantielles, à condition qu'elles soient accompagnées d'une véritable « conversion » ecclésiale : l'Église est née et peut sans cesse naître, dans la matrice des Écritures, à partir des rencontres les plus quotidiennes. Sa sacramentalité – celle que Vatican II a mise en honneur –, peut se manifester et se régénérer en ces situations relationnelles sans cesser de venir d'en haut. On me fera sans doute crédit de connaître la longue histoire de la « sacramentaire » chrétienne et les débats qui ont échelonné la réception de l'ecclésiologie du dernier concile ; je n'y reviens pas ici[16] où il s'agit d'abord de correspondre au mieux à des événements et des évolutions récentes et bien localisées.

Ce qui me touche alors et me donne à penser, c'est que la « conversion » de l'Église en Algérie n'est pas d'abord une décision que celle-ci aurait prise collectivement mais un *événement* historique qui s'est produit en elle et autour d'elle. Parlant de la « naturalisation de l'Église », Gabriel Piroird distingue le long terme d'une fidélité quotidienne et le court terme de l'authentification par l'épreuve des vingt frères et sœurs qui, *avec bien d'autres algériens*, ont subi le martyre. Comme si la traversée *commune* de l'épreuve avait accéléré un difficile processus d'« accoutumance » qu'on pourrait traduire en terme de « co-naissance ». Dans mon tout premier texte, j'utilise ce terme de « co-naissance » en son double sens pour situer cette expérience de naturalisation de l'Église au sein même d'une multitude de rencontres. Celles-ci deviennent en effet possibles quand, au gré des événements, les deux partenaires abandonnent en quelque sorte leur puissance, leur quant-à-soi et leur conscience cachée d'être l'un supérieur à l'autre, *ayant subi avec lui la même épreuve*, selon les indications d'un Isaïe, pourrait-on ajouter, pour qui la guérison se trouve dans les plaies (*Es* 53, 5). Ce qui se passe depuis longtemps dans l'humus des relations de tous les jours peut alors se révéler et devenir, en ces heures décisives, « signe » sacramentel pour beaucoup.

Il m'a fallu beaucoup de temps pour entrevoir la complexité de ce long processus de « *co*-naissance » entre l'Algérie et son Église : la difficile naissance d'une société civile dans une Algérie, ballottée entre une mondialisation débridée et des réflexes identitaires, où l'islam joue un rôle décisif ; pour ce qui est de ce dernier, la distinction entre telle ou telle de ses pratiques sociales (l'*Aïd* par exemple), sa structure coranique, juridique et théologique et des « consciences » qui se manifestent au quotidien en distinguant progressivement entre ce qui leur paraît *humainement* recevable, les crimes commis au nom de leur religion et leur religion elle-même ; et, dans cette Algérie, une tradition ecclésiale aux prises avec son propre imaginaire religieux et universaliste, trouvant dans les Écritures et dans les spiritualités qui la composent de multiples manières de se laisser déposséder et de sortir ainsi d'une confusion entre sa catholicité et l'image coloniale ou mondialiste que celle-ci a pu et peut toujours prendre. Rien, sur mon chemin de découvertes, n'était donné d'avance ; les questions se sont posées au fur et à mesure et sont abordées ici sans trop d'esprit systématique, laissant volontairement le lecteur lui-même établir certains liens à peine esquissés.

Le théologien dans la communauté chrétienne

C'est peut-être une troisième conviction qui se dit dans cette dernière remarque et qui concerne une manière de faire de la théologie, pratiquée avant moi par bien d'autres visiteurs de l'Église d'Algérie. C'est comme itinérant que j'y ai exercé ce métier ou cette vocation et que je continue à le vivre ailleurs. L'hospitalité et les attitudes qui y sont liées en sont la condition fondamentale. Le visiteur est alors mis en *position* de « voir », d'« entendre » et de « rendre » à ses hôtes – après un certain temps d'accoutumance – ce qu'il a entendu et vu, les confrontant ainsi avec leur propre écoute et leur propre vision des choses. Le fait d'avoir perçu ailleurs la même chose, presque la même chose ou autre chose encore, peut contribuer à élargir l'horizon de perception, le sien et celui de ceux chez qui il se trouve pour un temps, et à enclencher la capacité de tous de penser ce qu'ils vivent en référence à leur tradition. Des moyens concrets sont certes à prendre : échanges, textes, questionnaires, comptes rendus, etc. ; mais le plus important est une conscience vive du but de ces voyages et de ces rencontres de « formation » mutuelle : le désir de l'autonomie des individus et des communautés qu'il rencontre ; ou, pour s'exprimer en terme spirituel, le rendez-vous pris par tous avec une *seconde conversion* où l'intelligence intérieure du mystère de Dieu, partagée ensemble, va jusqu'à comprendre et « revivre » activement la genèse ecclésiale de la foi.

En Algérie, cette deuxième conversion est le fait de tous ceux et celles qui, au plus grave de la crise, sollicités par leurs évêques, ont choisi, en conscience, de rester ; c'est le fait aussi de ceux et de celles qui, depuis, ont choisi de venir au pays. Contrairement à ce qu'on pourrait penser, l'accompagnement théologique s'avère plus nécessaire encore dans ces situations de précarité où la deuxième conversion des individus et des communautés et l'émergence d'un « élémentaire » ecclésial se réalisent dans un discernement constant de la situation historique et culturelle de la foi, en-deçà ou en décalage par rapport à des figures d'Église en voie de disparition. Ce ne sont pas seulement les questions classiques de la rencontre entre musulmans et chrétiens, depuis longtemps travaillées en Algérie, qui attirent le théologien ; mais la lente formation d'une conscience historique et culturelle (l'Algérie se compose de plusieurs noyaux culturels) et l'affrontement entre une mondialisation effrénée et des réflexes identitaires, sur le fond d'une société civile qui a du mal à élaborer un discours éthique réellement greffé sur le quotidien, exigent aujourd'hui une réflexion interdisciplinaire. Communautés et théologiens doivent reprendre ces questions si l'on veut bien admettre que la foi les met à la hauteur du travail d'enfantement de l'Esprit dans telle ou telle histoire ou société *particulière.*

L'enjeu ultime de cet accompagnement théologique est alors que la deuxième conversion conduise les communautés au point de devenir réellement *sujets historiques de la foi.* De même que l'accompagnateur d'une retraite disparaît quand le retraitant devient libre, ayant parfaitement intériorisé les « règles de discernement » dans l'organisation de sa propre vie (au point de pouvoir les donner à d'autres), ainsi le théologien peut s'effacer devant l'itinéraire des personnes et des groupes devenant eux-mêmes sujets, non seulement de leur histoire mais encore de son intelligence théologique.

De retour en France et en Europe

On s'en doute, mes sept voyages en Algérie ont appris beaucoup de choses au chrétien et au théologien que je suis. C'est aussi de cela que ce livre voudrait témoigner.

Le lecteur français pourra être tenté de comparer sa situation, ou celle de certains diocèses, avec ce qui apparaît à travers le récit qu'on vient de lire. L'impression qui peut alors se dégager d'une telle lecture est légitime, au moins jusqu'à un certain point, dans la mesure où elle peut fournir une image directrice à des désirs apostoliques qui ont souvent du mal à s'exprimer. Cela dit, il faut bien noter les différences de situation – et la deuxième partie de l'ouvrage le permettra – qui interdisent toute confusion, même s'il ne faut pas non plus sous-estimer le poids de l'histoire particulière qui relie la France et l'Algérie, bien perceptible dans certaines banlieues et certaines régions françaises, ni le poids des liens entre l'Europe et les pays du Maghreb. À l'arrière-plan de ces facteurs historiques apparaissent immédiatement des données communes, comme le processus de mondialisation et, pour nous croyants, la transformation à laquelle se voit livré le christianisme européen.

Ce n'est pas le lieu ici de préciser ces points de comparaison ou de développer le diagnostic qui s'annonce à cet endroit. Il me semble que les trois convictions confirmées et renforcées pendant mes voyages et développées plus haut – l'importance décisive d'une lecture commune des Écritures selon leur forme propre, l'attention au devenir de l'Église à partir d'un élémentaire humain et spirituel, une manière de pratiquer la théologie – suffisent pour avancer dans d'autres situations de précarité ecclésiale. Il se peut en effet que d'autres communautés en d'autres lieux fassent un même type d'expérience ; cet ouvrage voudrait les guider sur ce chemin. Le lecteur pourrait éprouver la forte présence du contexte algérien comme trop particulière ou trop restrictive. Il est invité à la comprendre comme *exemple d'une manière de lire les Écritures dans une situation donnée.* Ce type de lecture suppose que le contexte historique et social soit vraiment ausculté par ceux qui y vivent *et* que ceux-ci aient réellement perçu le rapport que les Écritures lues en Église peuvent entretenir avec nos sociétés différenciées. C'est pour cette raison que j'ai gardé les deux premiers textes de la deuxième partie qui retracent un « parcours » d'analyse et de relecture théologique. Moins par leur contenu circonstancié que par leur forme, ils indiquent au lecteur *une manière de procéder.*

Les textes n'ont été que très peu modifiés. Leur style oral a été conservé et ainsi leur enracinement dans le contexte, comme le montre l'utilisation fréquente du « vous » et, plus timidement, du « nous ». Par ailleurs, que le lecteur n'hésite pas à ouvrir sa Bible (les traductions et les abréviations sont celle de la TOB) pour entrer vraiment dans la démarche ici proposée. Le signe // est l'invitation à aller voir les versions parallèles dans une synopse. Les documents de l'Église d'Algérie, cités parfois dans les notes, pourront être trouvés à l'archevêché d'Alger[17].

Cet ouvrage n'aurait pas pu voir le jour sans l'aide de plusieurs personnes que je remercie ici : les Éditions de l'Atelier qui en ont pris l'initiative, Odile Schliesendinger qui a retranscrit la plupart des enregistrements et Louis Aguesse qui a assuré la transcription des schémas. Mon remerciement s'adresse avant tout à Mgr Gabriel Piroird qui, le premier, m'a invité en Algérie et qui a accepté de préfacer ce livre. Celui-ci est dédié aux communautés chrétiennes d'Algérie et à leurs évêques. Je les remercie toutes et tous pour leur hospitalité et pour la grande confiance qu'ils m'ont manifestée.

Notes

1. L'Association Roche Colombe, créée en 1974, a pour objet de favoriser la rencontre et l'entraide de ses membres et de promouvoir une connaissance approfondie et une pratique de la spiritualité chrétienne. Dans cet esprit, elle se propose d'aider par ses activités à un renouvellement de l'unité interne des personnes, dans leurs dimensions physiques, affectives, intellectuelles

et morales à une époque où les menaces de dissociation sont grandes, et généralement d'encourager tout ce qui se rapporte à son objet.
2. *Les Églises du Maghreb en l'an 2000*, dans *DC* 97 (2000/5), 239.
3. Je cite : *La session sacerdotale inter-diocésaine. 31 août – 4 Septembre 2000. Alger – Maison diocésaine. Compte rendu des travaux, 1er fascicule*, 2sv.
4. On trouvera le texte dans la première partie du livre, p. 35-52.
5. Ces questions seront abordées dans la première partie du livre, p. 53-73.
6. On trouvera le texte dans la première partie du livre, p. 53-73.
7. Musulmans du Sud algérien, d'origine berbère et appartenant à la communauté kharijite.
8. *La session sacerdotale inter-diocésaine. 31 août – 4 Septembre 2000. Alger – Maison diocésaine. Compte rendu des travaux, 1er fascicule*, 2-5.
9. Voir plus loin, p. 77-85.
10. Voir plus loin, p. 86-92.
11. Voir plus loin, p. 93-126.
12. Cf. *La session sacerdotale inter-diocésaine. 31 août – 4 Septembre 2000. Alger – Maison diocésaine. Compte-rendu des travaux, 1er fascicule*, 23-26, et *2e fascicule*, 32-42.
13. Gérard Demeerseman, Synthèse, dans *La session sacerdotale inter-diocésaine. 31 août – 4 Septembre 2000. Alger – Maison diocésaine. Compte rendu des travaux, 1er fascicule*, 7-9.
14. On trouvera le texte dans la dernière partie du livre, p. 205-221.
15. Voir plus loin, p. 127-204.
16. On trouvera quelques explications supplémentaires dans mon ouvrage *La Révélation... tout simplement* (Éditions de l'Atelier, Paris, 2001, 138-145 ; 169-175 et 210-213), rédigé au moment de mon dernier périple en Algérie.
17. Adresse : 13 rue Khelifa Boukhalfa – DZ-16000 Alger.

Première partie

L'ÉGLISE, « SACREMENT DE LA RENCONTRE »...

I

« L'ÉGLISE-SACREMENT » : QUELLE SIGNIFICATION DANS UN PAYS COMME LE VÔTRE ?

La difficulté vient pour moi, ce soir, de la deuxième partie de l'intitulé : « ... *dans un pays comme le vôtre* ». Je viens de l'étranger ; j'ai donc besoin de votre indulgence : vous corrigerez mon propos chaque fois qu'il vous paraîtra déplacé, vous l'adapterez à votre situation s'il vous paraît trop européen ou trop français ... Cela dit, je parle après avoir lu attentivement vos documents, votre cahier synodal et vos récits d'itinéraires, après avoir discuté avec Gabriel Piroird et visité la plupart des communautés du diocèse.

Ce que vous vivez est un signe – extrême, d'une certaine manière, et bouleversant, pour moi – de très grandes transformations dans toutes les sociétés de notre siècle et dans l'Église – non seulement en Algérie mais aussi ailleurs, en Europe et en France. L'expérience de précarité que nous faisons est un appel à la conversion, à laisser se transformer notre image de l'Église et notre conscience ecclésiale. La notion « Église-sacrement » se situe au cœur de cette transformation/conversion. C'est ce que je voudrais montrer aujourd'hui.

Il revient à un théologien africain, saint Cyprien, d'avoir appliqué le terme « sacrement » pour la première fois à l'Église dans son unité[1] ; cette utilisation a disparu ensuite du langage ecclésial jusqu'à ce qu'on la retrouve sous la plume des pères du concile Vatican II[2]. Nous associons la terminologie sacramentaire bien évidemment d'abord aux sept sacrements : le baptême (des enfants), la réconciliation (ou la confession), l'eucharistie (ou la messe), la confirmation, l'ordination ou le mariage et, enfin, l'onction des malades (ou, autrefois, l'extrême-onction). Le « septénaire »[3] est en effet un système religieux-culturel de grande envergure, qui doit son existence aux grandes réformes pastorales du XIIe et du XIIIe siècle. On n'admirera jamais assez la tentative d'inscrire le sacrement dans *l'itinéraire humain* entre la naissance et la mort. La première confession est liée à l'émergence de la conscience, la confirmation au passage à l'âge adulte, l'ordre ou le mariage marquent le grand carrefour de la vie où il faut se décider soit pour « l'état » clérical (vocation), orienté vers la fin des temps, soit pour « l'état de précepte » (laïcat), destiné à entretenir et à prolonger la création, en attendant la fin de la vie, sanctifiée par l'extrême-onction. Le schéma qui suit, et que nous compléterons ultérieurement, tente de représenter le caractère intégré du système de la ritualité latine qui est à la racine de la grande civilisation paroissiale de l'Europe : il articule les trois paramètres que sont la Parole de Dieu – voix qui nous fait vivre (même si l'Écriture est relativement peu présente dans la conscience globale de l'Église) –, des signes corporels (sacrements de cette vie) et la culture d'une époque.

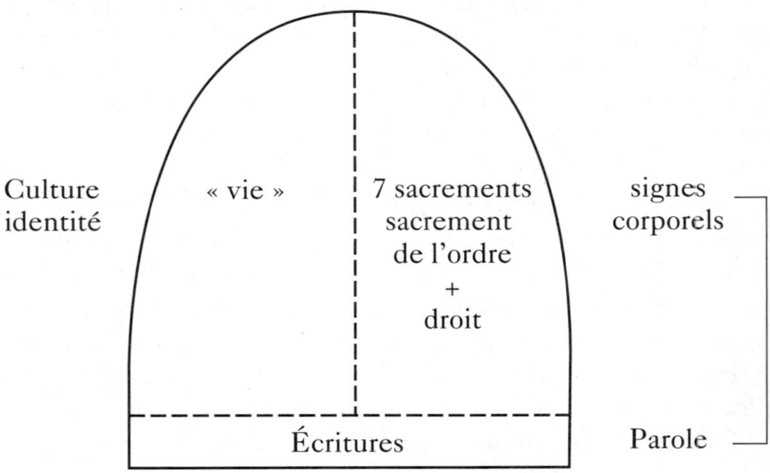

Notons que la clé de voûte du système est le sacrement de l'ordre où la sacramentalité et le droit se côtoient de près. En effet des règles très précises maintiennent les actes sacramentels dans l'authenticité en insistant sur la manière de les célébrer (conditions d'accès, jeûne, pain sans levain, etc.). La hiérarchie de l'Église garantit cette objectivité des rites et, en particulier, le dispositif qui sauvegarde l'unicité de certains sacrements : un village ou quartier – un clocher – un curé – un livre où on inscrit les sacrements qu'on ne peut recevoir qu'une seule fois.

L'Église latine a exporté ce système hors de l'Europe. Certaines cultures l'ont accepté, d'autres y ont résisté. La réception s'est souvent faite dans une certaine distorsion entre les sacrements et la vie quotidienne des gens : une sorte de désarticulation des trois sphères du schéma ci-dessus. En Occident l'abandon massif de la pratique sacramentelle en est le symptôme ; tel sacrement est d'ailleurs plus touché que tel autre (par exemple le sacrement de la réconciliation). Ici, en Afrique du nord, certains sacrements ont pratiquement disparu, comme le mariage ; d'autres ont été regroupés comme le baptême et la confirmation ; d'autres encore comme l'ordination et l'onction sont devenus extrêmement rares. En tout cas, le grand organisme du septénaire n'existe plus. C'est la « vie » qui s'est transformée, à savoir tout le soubassement culturel du sacramentaire.

Dans cette situation, le retour à la notion « Église-sacrement » par les pères conciliaires peut s'avérer comme une réponse anticipée – et pourquoi ne pas dire prophétique – à la difficulté que je viens de signaler. C'est l'ensemble de l'espace dessiné à l'instant qui est sacramentel : *l'Église est sacrement*. L'est-elle parce qu'il y a déjà, en son sein, sept sacrements, ou y a-t-il sept sacrements parce qu'elle est depuis toujours sacrement ? Supposons (sans entrer dans un cercle vicieux) que la deuxième hypothèse soit vraie. Cela aurait quelques conséquences importantes dans votre situation. On pourrait dire d'abord que vos multiples rencontres sont déjà sacramentelles ; il faudrait, bien évidemment, préciser en quel sens et à quelles conditions. Par ailleurs, l'Église aurait une certaine prise sur la forme des gestes sacramentels proprement dits ; ceux-ci donneraient lieu à une créativité culturelle – en d'autres termes, il faudrait les « in-culturer ». Enfin – et c'est le point le plus important – la deuxième hypothèse nous obligerait à nous situer dans une perspective de naissance, de re-naissance : l'actuelle distorsion entre Parole, sacrements et vie (prise dans sa forme culturelle propre à un pays) conduit à la mort ; leur ré-articulation nous fait entrer dans une perspective de genèse ou d'ecclésio-genèse et nous invite à nous interroger (dans une perspective missionnaire ou apostolique) sur le « point de naissance » de l'Église. Cette question se pose un peu partout aujourd'hui, dans la mesure où nous prenons conscience de la pluralité des cultures et du caractère trop étroit, voire même abstrait de notre tradition latine. En Algérie, elle se pose d'une manière particulière et dans le contexte d'une Église en train de devenir, aux yeux de beaucoup de non-chrétiens, *l'Église d'Algérie*.

Je m'interrogerai donc, dans une première partie, sur la *situation* dans laquelle vous pouvez vous référer à la sacramentalité de l'Église ; je dirai un mot de ce que je perçois du contexte algérien. Je parlerai ensuite de la *sacramentalité de la vie*, de la vie humaine en tant qu'elle n'existe jamais sans une foi au moins implicite ; c'est là précisément le point de départ de la genèse de l'Église et de la ré-articulation progressive des trois termes en jeu : la vie, la Parole et le sacrement. Dans une dernière partie, nous poursuivrons la genèse de l'Église en allant *de la sacramentalité des personnes en relation* jusqu'*à la sacramentalité de l'Église*.

Dans quelle situation se référer à la sacramentalité de l'Église ?

L'Église en Galilée

Ce qui me touche en premier, c'est *l'extrême précarité* de votre situation que votre évêque a exprimée en reprenant, dans le cahier synodal, le verset de Luc : « *Sois sans crainte, petit troupeau, car votre Père s'est complu à vous donner le Royaume* ». En visitant le diocèse, j'ai sans cesse pensé à l'apôtre Paul et au chapitre 15 de l'épître aux Romains, quand il parle de son activité apostolique en Syrie, Asie Mineure et en Europe, disant qu'il y a pleinement assuré l'annonce de l'Évangile du Christ, et qu'il n'y a plus de champ d'action pour lui en ces lieux et qu'il peut donc venir à Rome et en Espagne. Or, il y avait dans chacune des villes visitées par Paul une poignée de disciples, et cela suffisait… L'apôtre nous donne donc une image tout autre de l'Église que celle que nous avons tous connue : il suggère l'image d'un petit troupeau, d'une Église familiale, l'image d'un réseau ou d'un filet.

Votre trésor, ce sont des personnes, de fortes personnalités avec des itinéraires peu banals, des *personnes enracinées* dans le peuple algérien, dans la vie de ce peuple : là où il est question de santé et de maladie, de vie quotidienne, d'éducation de la jeunesse, d'étudiants, mais aussi de personnes âgées… Vous connaissez la société algérienne de l'intérieur, c'est là votre Galilée.

Votre trésor, ce sont ensuite les *récits évangéliques*, ou plus précisément une manière de mettre en relation ce que vous vivez quotidiennement – les épisodes de partage de la vie de ce peuple – et les épisodes de l'Évangile, plus particulièrement ceux des récits galiléens. Ce *va-et-vient* entre les récits de la vie quotidienne et les récits évangéliques est absolument essentiel parce qu'il fait ressortir le sens spirituel de ce que vous vivez ; il a la vertu de transformer les situations en Parole ou en appel de Dieu. Une sorte d'habitude est prise ici : votre (double) lecture est souvent effectuée avec rigueur ; d'autres l'ont remarqué avant moi. Vous réalisez l'Église comme « communauté narrative », selon la belle expression d'un théologien contemporain (E. Jüngel).

Comment, à partir de cet acquis, entrer dans une manière originale de vivre et de penser la sacramentalité de l'Église dans votre Galilée d'aujourd'hui ?

L'Église en Algérie

Mais d'abord quel est ce peuple dans lequel vous cheminez et dont vous faites partie ?

J'ai entendu beaucoup de choses, ces jours-ci, sur la crise économique, l'appauvrissement, la crainte d'une explosion sociale... J'ai entendu parler de la crise de la société, du saut difficile dans la modernité (mondialisation) et de la difficile fidélité de ce peuple à ses traditions, à ce qu'il est. On m'a aussi beaucoup entretenu sur la crise religieuse de l'islam, sur sa manière de se comprendre lui-même, sur les terribles conflits d'interprétation qui le traversent.

Cependant ce qui m'a touché le plus, ce sont les signes d'espérance évoqués à maintes reprises. Et le signe par excellence, n'est-ce pas l'émergence de la *conscience, travaillée par la traversée de la crise* ? Un bon nombre d'Algériens s'interrogent sur les causes de la violence, sur la relation entre violence et religion ; comme si un tri ou *un jugement historique* se produisait – non pas dans l'islam – mais *dans les consciences* qui s'y rapportent. Il faut relier à ce signe l'expérience d'endurance et de patience (surtout des femmes) qui sont des manifestations indubitables de la vie. Comme si ce peuple avait touché un « élémentaire » (souvent recouvert par la violence) : ce qui est solide constitue le point à partir duquel des reconstructions ou des naissances deviennent possibles.

Une co-naissance

Dans quelle situation peut-on se référer à la sacramentalité de l'Église ?

Dans une situation où la société algérienne est à la recherche de sa propre identité, et cela à travers une crise effroyable, elle doit découvrir sa propre identité à partir d'elle-même. Dans une situation où l'Église a déjà dû, et doit peut-être encore naître à elle-même comme Église d'Algérie, à travers une véritable conversion de sa conscience.

C'est probablement la grâce du moment : je veux dire la traversée *commune* d'une épreuve d'identité, dans une fidélité réciproque, dans une « accoutumance » grandissante, une connaissance difficile mais en progrès que j'aimerais traduire en terme de « co-naissance ».

La genèse de l'Église comme chemin de conversion

Ce que je viens de dire sur la situation a des conséquences importantes quant à la sacramentalité de l'Église. Ce terme recouvre-t-il l'ensemble de la sacramentaire (les sept sacrements) avec le droit qui y correspond, la dogmatique et la morale qui en découlent, bref, avec tout ce qui forme l'extérieur de la tradition latine comme *religion ?* Ou doit-on recourir ici à l'affirmation forte de votre cahier synodal, qui relativise (au sens précis du terme) la religion, les religions ou les expressions religieuses de l'accueil du don de Dieu ?

« L'accueil du don de Dieu a aussi une expression collective. Marquées par les qualités et les défauts des hommes, ces expressions ne sont que partielles et partiellement vraies. Elles sont à la fois une aide et un obstacle à la rencontre de Dieu. (...) De ce point de vue, c'est-à-dire comme expression humaine de l'accueil du Règne de Dieu, le christianisme est au même niveau que les autres religions du monde. Plus exactement, les autres religions ou courants de pensée sont, comme le christianisme, des expressions humaines de cet accueil. »[4]

Si on veut honorer cette perspective à la fois biblique et critique (qu'on trouve aussi chez saint Augustin dans son *De doctrina christiana*[5]), ne faut-il pas plutôt parler de la sacramentalité de l'Église en terme de naissance ou de genèse ? Et cela précisément pour les raisons qu'on vient d'indiquer, à savoir que la grâce de l'Église serait de s'être tellement mêlée au destin de ce peuple d'Algérie qu'elle entre avec lui dans une perspective de naissance, mettant radicalement en jeu – à travers sa précarité – sa propre identité.

Mais comment l'Église peut-elle entrer dans cette conversion ? En s'appuyant résolument sur ce que le Seigneur a déjà fait en elle : le va-et-vient entre vos multiples rencontres *et* la lecture des évangiles.

• Or, une lecture attentive de ces textes nous montre d'abord comment un certain nombre de personnes qui croisent le chemin de Jésus accèdent à leur humanité sans pour autant devenir ses disciples. *L'Évangile est une école d'humanité*, sans accaparer ou annexer cette humanité ; au contraire, il la libère, gratuitement, comme existence fondée sur la conscience de chacun, fondée sur un croire tout élémentaire. Il suffit de relire ici des récits comme celui de la guérison de la femme qui souffre d'hémorragies (*Mc* 5, 21-43), le récit de la rencontre entre Jésus et la syro-phénicienne (*Mc* 7,24-31 //), etc. Ces textes et bien d'autres sont d'un prix infini dans vos rencontres avec des musulmans.

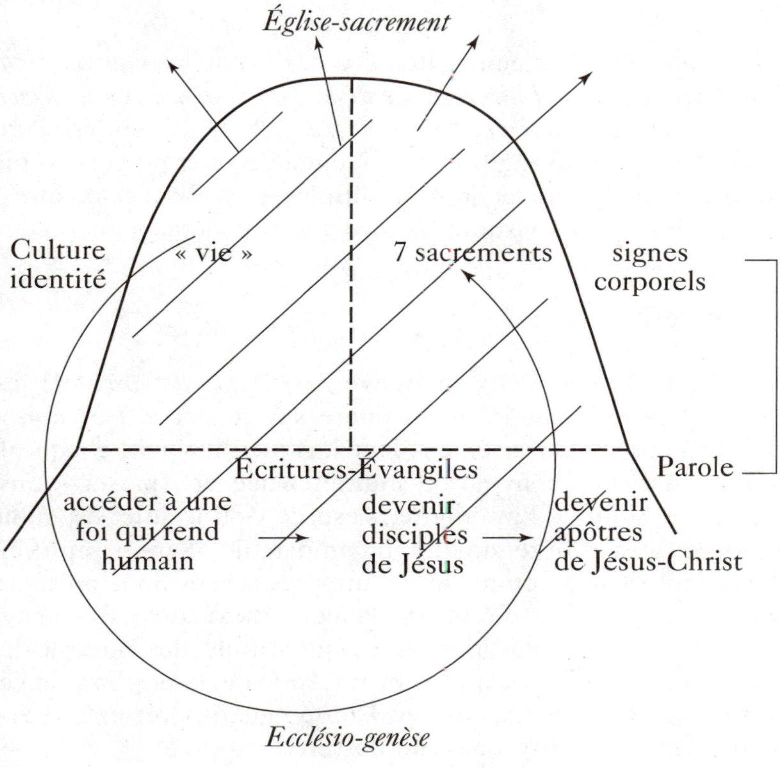

• Certains parmi tous ceux et celles qui accèdent à leur humanité – la multitude – certains seulement parmi eux deviennent « disciples » de Jésus. Nous reviendrons à la signification de ce passage : eux font de *l'Évangile l'axe de leur existence* de disciples de Jésus, désirant connaître intérieurement leur maître.

• Et dans ce groupe de disciples, quelques-uns seulement deviennent « apôtres » ; ils prennent la place de Jésus, ils y sont mis : *l'axe de leur existence est de rendre l'Évangile désirable* et de rassembler le groupe des disciples du Christ pour qu'ils puissent se mettre au service de ce qui est humain et se laisser humaniser par ceux et celles qu'ils rencontrent.

La sacramentalité de l'Église dont il sera question dans la suite couvre *l'ensemble* de cet itinéraire qui retrace la genèse de l'Église.

La sacramentalité de la « vie »

On peut définir le genre littéraire des évangiles comme *récit qui ne raconte pas seulement l'itinéraire de Jésus mais aussi ce qu'il devient en et pour ceux et celles qui croisent son chemin*[6]. C'est comme récits de rencontres que les évangiles vous aident à décoder progressivement vos propres récits de vie et leurs multiples épisodes, ceux que j'ai pu entendre lors de ma visite et bien d'autres encore.

Des guérisons

Au cœur de ces récits se trouve *l'expérience de guérison ;* les récits évangéliques ne laissent aucun doute sur ce point. Les épisodes en question nous livrent aisément leur logique : il s'agit, chaque fois, de sortir de la foule anonyme ou indifférenciée et « passer » ainsi, si je puis dire, le seuil de l'intériorité, « espace » où le sujet est subitement confronté à sa propre unicité incomparable. Sans simplifier outre mesure leur richesse étonnante, toutes ces scènes nous présentent des guérisons de la peur d'être, de la peur d'exister ; elles convient le lecteur à une communication de ce qu'on a pu désigner par le terme de « courage d'être », et qui se manifeste dans la position de celui qui désormais se tient debout devant l'autre : guérison et unicité reconnue s'identifient dans cette nouvelle posture.

Certes, ces expériences sont souvent greffées sur des situations d'exclusion sociale ou de maladie ; elles touchent aussi les zones de la culpabilité humaine, accordant au bénéficiaire la joie de la réconciliation. Mais la guérison répond en dernière instance à une « nécessité » plus fondamentale, à savoir le désir de trouver son identité et le pouvoir d'être sujet. Matthieu les a admirablement fixés dans ces métaphores, empruntées à Isaïe et revivifiées au contact de la figure de Jésus : « Lui ne brise pas le roseau froissé, il n'éteint pas la mèche qui fume encore, jusqu'à ce qu'il ait conduit le droit à sa victoire. » (*Mt* 12, 20)

Peut-être faut-il entendre dans toutes ces scènes de rencontre, à la lisière de la foule, l'appel à une « démesure proprement divine ». Devenir unique face à autrui n'est-ce pas à proprement parler devenir « comme Dieu lui-même » ? La perspective de cette « démesure d'intériorité » pourrait faire peur au sujet et le provoquer à reculer dans l'indistinction ; mais, dans la rencontre, elle est subitement découverte comme étant « à sa mesure ». La « limite » entre « mesure » et « démesure » est en effet si incroyablement mobile qu'elle ne cesse de tarauder nos consciences balancées comme des roseaux dans le vent. Habitués à des frontières précises, nous voudrions fixer aussi celle-là, une fois pour toutes ; en comparant nos mesures, en légiférant sur la bonne mesure, la massification et la production de multiples standards et de modes de vie sur mesure faisant le reste. Jamais pourtant la démesure de l'un ne sera à la mesure de l'autre. La guérison consiste précisément dans la traversée heureuse de toutes ces résistances ; elle est le début d'une découverte de « Dieu » comme manifestation gracieuse de sa démesure à la mesure de tant et de tant de mesures humaines, devenues toutes, de ce fait, incomparables : et c'est cette découverte-là que Jésus appelle « foi » : « Ma fille, c'est ta foi qui t'a sauvée. » (*Mc* 5, 34).

Qu'est-ce qui engendre cette foi humaine ?

Ce sont toujours des *personnes en relation* qui rendent possible la naissance de cette foi-là. Ce n'est pas seulement la maladie qui est contagieuse mais aussi la santé : en d'autres termes, le courage d'être de quelqu'un peut faire naître le courage d'être d'un autre – et cela souvent à l'occasion de gestes corporels posés (je pense à ce que tel ou tel d'entre vous m'a raconté). Un phénomène d'échange ou de retour peut se produire à ce moment-là : celui qui était l'occasion de la naissance du courage d'être d'autrui reçoit de celui-ci comme une « révélation » de sa propre identité. Pensons à l'épisode de la guérison du lépreux qui révèle à Jésus ce que celui-ci peut : « si tu veux tu peux ».

Nous sommes, avec ce genre d'épisodes, en-deçà de toute différenciation religieuse ; ce type de scène (actuel ou évangélique) qu'on vient d'évoquer peut se dérouler *entre* chrétiens et musulmans. Or, quand cela se passe il faut revenir à la distinction traditionnelle, rappelée jadis par le Père Congar[7] : spontanément nous identifions les sacrements à des *rites religieux ;* or, dans la tradition chrétienne, ce sont d'abord des personnes (et j'ajoute) en relation qui sont sacrement : le Christ *pour* ceux qui croisent son chemin, le baptisé sur les routes de la Galilée d'aujourd'hui, l'époux pour l'épouse et l'épouse pour l'époux, le ministre ordonné pour sa communauté, etc. ; tous ceux-là sont des « sacrement-personnes », comme dit Congar, dans la mesure où, *par leur simple présence*, ils sont en *relation significative avec d'autres*. Il faut vous souvenir de cela pour décoder et réaliser toute la profondeur évangélique de vos rencontres, sans jamais oublier que le lien établi *ici* entre *sacramentalité* et *rencontre* inscrit la première dans l'ordre de *l'événement*, des événements de révélation jamais programmables, bien que toujours possibles selon ce que les Écritures nous racontent.

Santé et sainteté

Mais qui sont ces personnes, qualifiées à l'instant de « personnes en relation sacramentelle » ? Jusqu'à maintenant j'ai utilisé le langage de la « santé » et du « courage d'être » pour les caractériser. Or, le secret de leur santé, c'est la « sainteté ». Cela se comprend aisément si nous nous rappelons les deux facettes inséparables de la sainteté, telles que les Écritures nous les donnent à discerner dans l'histoire de l'humanité.

Nous y rencontrons, en effet, des personnes rendues capables de rayonner par leur seule présence parce qu'en elles, pensées (l'intériorité), paroles et actes concordent dans une sorte de simplicité de conscience que les Évangiles désignent par « le oui qui est oui » et « le non qui est non » (cf. *Mt* 5, 37 ; *2 Co* 1, 17-20 ; *Jc* 5, 12).

On peut décrire cette même sainteté encore d'une autre manière en se référant à la célèbre règle d'or de Matthieu et de Luc : « Tout ce que vous voulez que les autres fassent pour vous, faites-le pour eux ! Voilà la loi et les prophètes » (*Mt* 7, 12). Cette règle n'est pas propre au Nouveau Testament ; elle existe dans le judaïsme, dans la culture grecque, chinoise, etc., et, actuellement, elle est utilisée fréquemment dans les grands débats sur la justice et les droits de l'homme, vérifiant ainsi l'orientation universelle de l'Évangile. On peut en effet comprendre cette maxime comme simple indicateur de la *réciprocité fondamentale* qui régule nos relations humaines les plus élémentaires (on parle aussi, dans ce cas, d'une règle de justice, et on comprend que Matthieu la considère comme le résumé de toute la loi).

Mais discrètement la règle d'or fait appel à une attitude *démesurée* : *la capacité de « se mettre à la place d'autrui » sans quitter sa propre place.* La sainteté évangélique consiste précisément dans l'application *démesurée* de la règle d'or, toujours vécue dans telle ou telle situation concrète :

- quand il s'agit de « se mettre à la place d'autrui » *par sympathie et compassion actives* : « Qui est mon prochain ?... Un homme descendit de Jérusalem ... qui est mon prochain ? Celui dont je me rends proche » (*cf.* Lc 10, 25-37). Inversion excessive, nullement exigible mais proposée concrètement dans telle ou telle situation inattendue : « Tout ce que vous voulez que les autres fassent pour vous, faites-le pour eux ».
- quand il s'agit de se mettre à la place d'autrui, *au point de prendre sur soi sa violence* : « Si tu vas à l'autel et tu te souviens que ton frère a quelque chose contre toi ... va d'abord te réconcilier avec lui ... » (Mt 5, 23-24). C'est la même inversion (ou capacité de se mettre dans la peau d'autrui) qui conduit ici au courage messianique, nullement exigible, de s'exposer à la violence d'autrui.

La sainteté est donc *l'accomplissement démesuré* de la règle d'or (c'est en ce sens qu'elle résume la loi *et les prophètes*) : Dieu lui même l'applique en quelque sorte « en faisant lever son soleil sur les méchants et sur les bons, et tomber la pluie sur les justes et les injustes » (*Mt* 5, 45), en répondant à nos désirs avant même que nous ayons demandé quoi que ce soit (« Votre Père sait ... » ; *Mt* 6, 8) : il s'est mis déjà à notre place sans quitter la sienne ... Et pourtant, l'invitation à « devenir saint comme lui ... » (*Mt* 5, 48) n'est nullement un appel à l'héroïsme : paradoxalement la « démesure de Dieu » est « à la mesure de chacun » ; elle rend chacun, unique.

Nous l'avons déjà noté plus haut, mais il faut y revenir maintenant : il est impossible de légiférer sur cette *démesure à la mesure de tant et de tant de mesures humaines* ; l'Esprit Saint *conseille* chacun, le moment venu, sur ce qui est à sa mesure, mais jamais sans passer aussi par *le conseil fraternel.* Ce point est important à souligner parce qu'il est difficile de sortir du régime de la comparaison et d'accueillir, face à autrui, l'unicité de son propre chemin – l'unicité de l'itinéraire des moines de l'Atlas est à recevoir par chacun de nous dans cet Esprit qui dépasse toute comparaison – : « C'est *ta* foi qui t'a sauvé ». *Cet acte unique devient possible dans la rencontre entre l'unique Saint et ceux qui croisent son chemin*, devenant dans cette rencontre uniques ; c'est ce qui se passe encore ici et maintenant entre les « sacrement-personnes » uniques que vous êtes *et* ceux que vous rencontrez, *la sacramentalité étant celle de l'événement de la rencontre.*

L'appel universel à la sainteté

Ajoutons encore que, selon les Écritures, *tout* homme est appelé à la sainteté, peu importe sa condition sociale, sa religion, etc. Nous devons absolument tenir qu'en chaque être humain que nous rencontrons, sommeille cette possibilité d'une démesure proprement divine, la capacité d'aimer, de se donner concrètement dans telle ou telle situation (comme le Samaritain) et de devenir ainsi absolument unique, « sacrement-personne en relation » pour celui qui est en face.

La réflexion sur le caractère incomparablement unique de chacune de ces expériences (seule une multiplicité de récits peut en parler ; et c'est ce que les rédacteurs des évangiles ont compris) nous fait comprendre que les religions ne peuvent être que des « expressions humaines »[8] de *cette* sainteté : elles véhiculent leurs propres critères de sainteté, des critères rituels de pureté, des commandements, des lois (pèlerinages, etc.). L'Église s'est comprise, elle-même, très largement comme religion, définissant des critères d'accès aux rites, des critères de dignité, etc. Mais en son sein a toujours retenti l'appel à la conversion de ces expressions rituelles, liturgiques, etc., selon un critère de vérité d'ordre éthique : la sainteté au quotidien, l'application démesurée de la règle d'or en telle ou telle situation, une vie menée dans l'humble perspective de la scène de salut, appelée « jugement » : « Ce que vous avez fait au plus petit … » (*Mt* 25, 31-46). Tout être est appelé à la sainteté, non pas selon des critères communs à tous (ce qui est commun est absolument élémentaire et formel comme la règle d'or) mais en s'engageant, grâce à l'autre rencontré, sur un chemin d'unicité.

Ces quelques développements avaient pour but de préciser ce que nous pouvons appeler en toute assurance « sacramentalité de la vie ». Rappelons que la Constitution *Lumen Gentium* relie elle-même sacrement et sainteté. L'actuel chapitre V (initialement destiné à parler de « l'appel à la sainteté ou de la vie religieuse ») s'intitule maintenant « l'appel universel à la sainteté » ; et le texte identifie très audacieusement la sainteté à « un plus d'humanité dans les conditions d'existence »[9], fil conducteur suivi par la Constitution pastorale *Gaudium et Spes*. Le chapitre II de *Lumen Gentium* qui annonce le chapitre V établit un lien constitutif entre la sainteté et le sacrement[10], en signalant d'ailleurs discrètement la singularité de chacun de nos itinéraires.

Ce que nous appelons « sacramentalité de la vie » obéit donc à des conditions précises, telles qu'elles se manifestent dans les récits évangéliques : sacramentalité qui est toujours celle de personnes offrant tout simplement leur *présence à d'autres*, personnes dont la santé, le courage d'être, la sainteté se communiquent à ceux et celles qu'elles rencontrent, à l'occasion de gestes élémentaires, leur manifestant ainsi leur unicité (« c'est ta foi qui t'a sauvé ») et recevant d'eux, en retour, la révélation de leur propre identité (« si tu veux, tu peux »).

Si la sainteté est universellement répandue par l'Esprit de Dieu, si elle se moque de nos frontières religieuses – elle qui est la caractéristique du Royaume –, comment spécifier *l'identité même du disciple de Jésus ?* Autrement dit : comment passer, sur le chemin qu'on vient de retracer – chemin d'« ecclésio-genèse » – de la sacramentalité de la vie à la sacramentalité de l'Église ?

De la sacramentalité de personnes en relation à la sacramentalité de l'Église

Les seuils de la foi

La guérison dont nous venons de percevoir toute la profondeur peut facilement faire oublier ou cacher celui qui l'a opéré ou en a été l'occasion ; même si en réalité elle n'a été possible grâce à la *présence* bénéfique du « médecin », au point qu'on peut reconnaître celle-ci comme *la véritable guérison*. C'est ce « cache-cache », si je puis dire, qui fait la force des récits évangéliques de guérison. Il y a dans l'identité entre le geste apporté et celui qui l'apporte comme un passage possible qui dynamise ces récits : éprouver la *présence* bienfaisante d'un « passeur » peut conduire au désir de le connaître et de connaître ce qui l'habite.

J'ai entendu, un certain nombre de fois, que cela vous est arrivé : les gens vous interrogent sur votre *présence* ici, sur ce qui vous habite, pourquoi restez-vous. Les derniers événements y sont pour quelque chose. Par ailleurs, d'autres viennent vous voir, passant par d'autres routes encore, après avoir été travaillés dans leur conscience humaine[11] et ayant entendu – par la « rumeur » (elle parcourt les évangiles) – telle parole, tel épisode ou tel récit évangélique d'une *présence.* Mais peu importe ces multiples voies d'accès qui manifestent toutes la gratuité de Dieu, l'important est qu'elles conduisent vers une *présence* effective dont on voudrait connaître le secret.

On trouve ce seuil aussi dans les récits évangéliques. Jésus croise beaucoup de personnes : la femme hémorroïsse, Jaïre, la syro-phénicienne, le Centurion, etc. La plupart de ceux qui, grâce à sa présence, se mettent debout, disparaissent ensuite des récits. On ne nous dit pas qu'ils deviennent disciples de Jésus. Certains seulement le deviennent ; ils s'intéressent à lui, devenant alors capables d'entendre sa voix : « Suis-moi ! »

Quand on passe ce seuil[12], on devient disciple par le désir de connaître le Maître, connaissance qui conduit celui qui a pris la route avec lui jusqu'au point où il découvre que l'extériorité entre lui et le Maître n'aura pas le dernier mot. Le Maître s'effacera (« C'est bien que je m'en aille », dit le Jésus johannique) ; le connaître c'est découvrir progressivement cet effacement pour devenir soi-même un autre « Christ » qui, prenant réellement sa place à lui dans l'histoire, trouve sa propre place absolument singulière.

Un « passage » sacramentel

Ce passage – devenir disciple de Jésus, au point d'entendre l'appel à devenir soi-même autre « Christ » – est sacramentel :

• Le baptême et la confirmation constituent des *personnes en relation sacramentelle* ; c'est le sens du caractère baptismal, sceau imprimé en nous par la plongée dans la mort et la résurrection de Jésus. Par l'onction messianique nous devenons d'autres « Christ », signes ou sacrements de sa présence sur nos routes de Galilée.

• L'Eucharistie est le sacrement quotidien d'une présence « extérieure à nous » : le pain et le vin, nourriture de nos vies, signe de la sainteté de Jésus et présence de son existence radicalement donnée. « Prenez et mangez... Prenez et buvez ». Mais là encore, les signes extérieurs sont appelés à disparaître pour que nous devenions corps du Christ, *personnes en relation sacramentelle* les unes avec les autres, quotidiennement livrées.

Il faudrait parler ici du mariage, de l'onction des malades, etc., mais ce qui vient d'être suggéré suffit pour comprendre ce deuxième seuil de la genèse d'Église (après celui d'une « foi » qui rend humain et qui est proposée à tous).

L'envoi et l'effacement

L'Église est bien évidemment présente dans ce processus du « devenir disciple de Jésus ». Personne ne peut devenir son disciple sans rencontrer, à un moment donné, d'autres qui le sont déjà (*cf. Jn* 1, 35-51), sans éprouver la présence d'un chrétien et lui poser la question : « Où demeures-tu ? » Celui qui est interrogé, *renvoie* alors à d'autres chrétiens – dans une sorte de chaîne où tous les disciples se donnent la main, enjambant les espaces et les temps – et, en dernière instance, au Maître et Seigneur lui-même qui s'efface (*Jn* 13 sv : le lavement des pieds et les discours d'adieu se situent ici) pour que ses disciples deviennent véritablement *sacrement de sa présence.* Et être présence du Christ – « personnes en relation sacramentelle –, c'est finalement libérer ce qui est plus humain, c'est permettre que celui qui est rencontré sur la route accède à son humanité unique, c'est découvrir enfin – dans cet échange admirable – sa propre humanité.

C'est au sein de ce *processus* continuel de *renvoi* et d'*effacement* – renvoi à l'autre (à l'autre disciple qui renvoie encore à d'autres et au Maître) qui s'efface en m'« instituant », en nous « instituant » en ce que nous avons en propre – que *se découvre* progressivement la sacramentalité de l'Église.

Devenir apôtre de Jésus-Christ

Nous touchons ici au *troisième seuil de l'ecclésio-genèse* : *accéder à une foi qui rend humain – devenir disciple de Jésus – devenir son apôtre.*

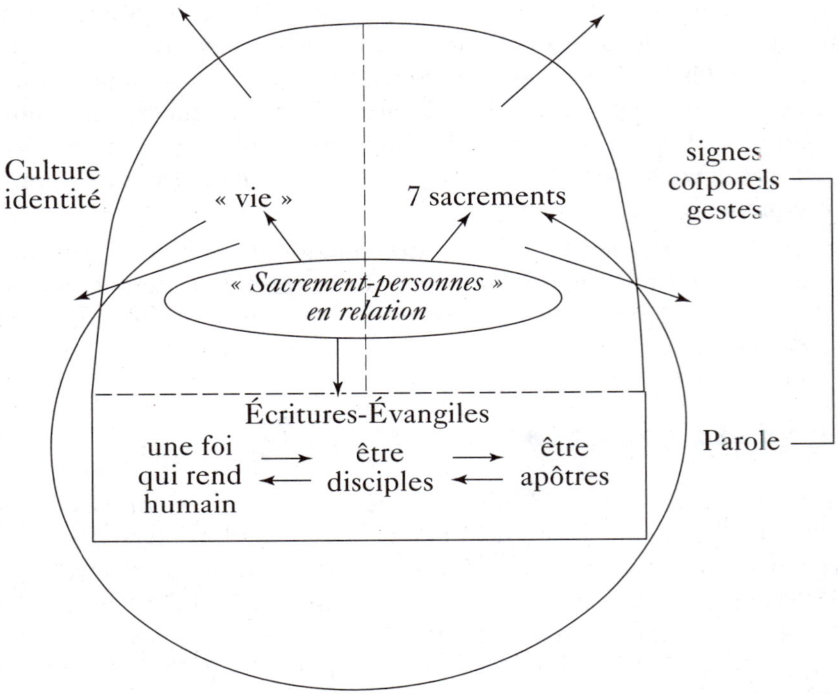

• J'ai déjà proposé plus haut une définition de l'apôtre[13]. Sans pouvoir aborder ici les différences notables qu'on trouve à ce sujet dans le Nouveau Testament, on peut retenir que les apôtres prennent la place de Jésus : ils se rendent là où lui ne peut aller. Ils occupent littéralement sa place : ils y ont été mis par la vie, par l'envoi. L'axe de leur existence n'est pas seulement le désir de vivre de l'Évangile mais le désir de *le rendre désirable* et de *rassembler* – comme des bergers – les disciples (ceux qui désirent vivre de l'Évangile) *pour que* ceux-ci se mettent au service de ce qui est toujours plus humain, par là le devenant eux-mêmes davantage. L'Évangile de Marc ne met-il pas en série la « multiplication » de « Christ » (l'appel des « Douze » et leur envoi), la découverte par Jésus lui-même que les foules sont sans berger et l'enseignement relié à la multiplication des pains. C'est l'ensemble de cette série qui conduit à la confession de Césarée où se vit le moment décisif d'une reconnaissance mutuelle de l'identité de chacun : Jésus-Christ et Simon-Pierre.

• Les apôtres sont toujours plusieurs, ils relient et représentent, depuis l'Antiquité, une pluralité de communautés : l'Église de Constantine, l'Église d'Oran, celle de Clermont-Ferrand, etc.

Les apôtres sont donc *personnes en relation sacramentelle* comme présence du Christ apôtre[14] et berger : ils transforment le groupe des disciples en corps ecclésial, corps du Christ, en veillant à ce que le « jeu de renvoi et d'envoi » – le disciple renvoyant à d'autres disciples et au Maître qui s'efface pour que le disciple prenne sa place ... – fonctionne de manière juste. La Constitution *Lumen Gentium* a bien articulé ces deux aspects du ministère apostolique dans son chapitre III, en reliant la sacramentalité des apôtres et leur collégialité[15], *fondement ultime de la sacramentalité de l'Église.*

Conclusion

Récapitulons, pour finir, le processus d'ecclésio-genèse qu'on vient de retracer dans les traces de l'Écriture. La sacramentalité de l'Église couvre l'ensemble de l'itinéraire qui va de « *la foi qui rend humain* » à « *l'être disciple* » et, de là, à « *l'être apôtre* », itinéraire qui, selon ce qui était dit sur l'effacement, doit être parcouru aussi en sens inverse (*cf.* schéma, p. 50) : c'est l'apôtre – présence du Christ berger et apôtre – qui constitue la communauté des disciples comme sacrement, en donnant sa vie, en s'effaçant à la suite du Christ au profit du peuple où il est Sa présence.

Je reviens donc, selon le mouvement « spirituel » d'inversion ou de conversion que je viens de dessiner, au point de départ de ma réflexion : la sacramentalité n'est pas réservée à l'Église ; l'ultime but de sa propre sacramentalité est de libérer la sacramentalité de la vie. C'est là, à mon avis, le seuil que vous venez de passer : l'entrée dans une co-naissance avec le peuple algérien par l'expérience de la mort de certains d'entre vous, disciples et apôtres. La « résurrection » est déjà perceptible – après le vendredi et le samedi saints – dans votre reconnaissance par d'autres : quand votre Église est reconnue comme signe d'une fidélité amoureuse d'un Dieu qui travaille au sein de ce peuple en communiquant sa sainteté à une multitude, au-delà de toute frontière religieuse, nationale ou autre.

L'Église-sacrement est une Église en genèse, une Église qui naît avec d'autres dans la précarité, percevant déjà, dans cette *co-naissance* avec d'autres, les signes de la nouvelle naissance que le Dieu Saint fait advenir pour tous au sein de notre histoire.

Notes

1. Cyprien, *De l'unité de l'Église Catholique,* VI et VII, Coll. « Unam sanctam » n° 9, Paris, Le Cerf, 1942, p. 14sv : « Qui dès lors croira que l'unité, dérivée de la solidarité divine, liée aux sacrements célestes, puisse être morcelée dans l'Église, et dissoute par les tiraillements de volontés en conflit ? Celui qui n'observe pas cette unité, n'observe pas la loi de Dieu, ni la foi au Père et au Fils, il ne garde ni la vie ni le salut. Ce sacrement de l'unité (*hoc unitatis sacramentum*), ce lien d'une concorde indissolublement cohérente (hoc vinculum *concordiae*), nous est représenté dans l'Évangile par la tunique de Notre Seigneur Jésus-Christ » ; *cf.* aussi la lettre 69, 6, dans *Correspondance*, tome 2, Paris, Les belles lettres, 1925, p. 243.
2. On y trouve ce vocabulaire surtout sous deux formes : « sacrement de l'unité » (*Sacrosanctum concilium*, N° 26, *Lumen gentium*, nos 1 et 9 et *Gaudium et spes*, nos 42) et « sacrement universel du salut » (*Lumen gentium*, n° 48, *Gaudium et spes*, n° 45 et *Ad gentes*, n° 1 et 5).
3. Pour la théologie des sacrements, *cf.* l'ouvrage toujours intéressant à consulter E.H. Schillebeeckx, *Le Christ, sacrement de la rencontre de Dieu*, Paris, Le Cerf, 1960 ; pour une théologie actuelle, *cf.* Louis-Marie Chauvet, *Les sacrements. Parole de Dieu au risque du corps*, Paris, Les Éditions de l'Atelier, 2003.
4. Diocèse de Constantine et d'Hippone, *Une Église en chemin avec un peuple. Synode diocésain 1990-1993*, 27 (avec référence au document publié par le Conseil pontifical pour le dialogue interreligieux et par la Congrégation pour l'Évangélisation des peuples, *Dialogue et annonce,* Rome, Pentecôte 1991, n° 29).
5. Saint Augustin, *La doctrine chrétienne,* livre III, 12 et 13, Bibliothèque augustinienne 11/2, Paris, DDB, 1997 ; on trouvera ce texte et un commentaire, dans la perspective ici développée, dans *La Révélation …tout simplement*, 65-68.
6. Pour davantage de précisions *cf. La Révélation … tout simplement*, 78-83.
7. Y. Congar, *Esquisse du mystère de l'Église,* « Foi vivante » 18, Paris, Le Cerf, 1966, 32 : « Ce ne sont pas seulement des moyens sensibles inanimés, des sacrements-choses, que le Christ emploie pour réaliser son Corps mystique, mais ce sont aussi – et par la même logique – des moyens sensibles animés, des sacrement-personnes ». Je change dans la suite la formule de Congar, trop liée à mon sens à une certaine philosophie et trop peu sensible au donné scripturaire de la *rencontre* et de *l'événement* d'une relation significative. Je préfère donc parler de « personnes en relation sacramentelle ».
8. *Cf. Une Église en chemin avec un peuple*, 27.
9. *Lumen gentium*, n° 40.
10. *Lumen gentium*, n° 11 : « Pourvus de moyens salutaires d'une telle abondance et d'une telle grandeur, tous ceux qui croient au Christ, quels que soient leur condition et leur état de vie, sont appelés par Dieu, chacun sur son propre chemin, à une sainteté dont la perfection est celle même de Dieu ».
11. *Cf.* plus haut, p. 27.
12. Pour analyser en détail les différentes formes que peut prendre le passage de ce « seuil », il faudrait distinguer entre les synoptiques qui accentuent l'initiative de Jésus (Mc 1, 16-19 et //) et le *Quatrième évangile* qui situe la première démarche du côté des cinq qui se mettent à suivre le maître sur l'indication d'un autre (Jean-Baptiste en premier) et de leur propre chef (Jn 1, 35-51) et prêter attention au caractère théologal de la vocation, souligné par l'apôtre Paul. *Cf. La Révélation … tout simplement*, 72-79.
13. *Cf.* plus haut, p. 42.
14. *Cf. He* 3, 1.
15. *Lumen gentium*, nos 19 – 23.

II

L'INCARNATION DU VERBE QUEL SENS POUR NOTRE VIE, ICI ET MAINTENANT ?

Lors de la préparation de notre rencontre, beaucoup de questions se sont posées sur la notion de « *sacramentalité* de la vie ». Ce terme résume pour ainsi dire le regard de la foi chrétienne sur la « vie », regard informé et formé par les Écritures. De là est née l'idée d'aborder le thème de l'Incarnation : revenir aux mêmes questions, mais d'une autre manière, à partir de l'identité même de Jésus. Voilà notre projet ; d'où le titre donné à ce chapitre.

Quatre questions vont être reprises au long de ces réflexions[1]. Je commencerai par la dernière : *Quel lien existe-t-il entre l'Incarnation du Verbe et la sacramentalité de la Vie* ?

Mais d'abord, et avant d'entrer dans le vif du sujet, rappelons-nous, à l'aide du récit de la visite de Nicodème, la perspective de toute la première partie de cet ouvrage. Cet homme vient, de nuit, trouver Jésus et lui poser des questions : « Comment un homme pourrait-il naître s'il est vieux ? Pourrait-il entrer une seconde fois dans le sein de sa mère et naître ? » (*Jn* 3, 4) Cette question est décisive dans une situation de précarité. Face à une telle expérience, on peut avoir deux types de réaction :

– on peut adopter une perspective de crise, en langage biblique « rêver des marmites d'Égypte », alors que votre Église vit un temps d'Exode ;

– on peut aussi entrer dans la perspective johannique, qui est celle d'une *nouvelle naissance*.

Le terme « ecclésio-*genèse* », introduit précédemment, correspond bien à cette vision des choses. Dans la précarité de votre existence ecclésiale, vous pouvez toujours vous appuyer sur ce qui fait votre richesse : la « sacramentalité de la vie », envisagée à partir des récits évangéliques qui vous racontent des itinéraires humains et des épisodes proches de ce que vous vivez ici et maintenant dans vos rencontres avec les gens du pays. C'est ce que les réflexions qui suivent vont développer, dans la trame du Quatrième évangile.

Quels liens y a-t-il entre l'Incarnation du Verbe et la sacramentalité de la vie ?

Le terme « Incarnation » appartient au vocabulaire chrétien. Mais en l'utilisant sans aucune explication nous risquons l'abstraction. Jean est le premier à l'utiliser dans le prologue de son Évangile : « Et le Verbe s'est fait chair. » (*Jn* 1, 14) Pour diverses raisons, l'histoire a transformé cette expression en une autre : « Dieu s'est fait homme », formule ressentie comme provocation dans le monde où vous vivez ; elle risque en effet de déclencher une confrontation directe avec le cœur de l'islam.

Nous devons donc resituer aujourd'hui l'expression « Verbe-fait-chair » dans le récit de l'Évangile de Jean. Dans le premier chapitre, j'ai parlé des synoptiques. Cette fois-ci, nous nous centrerons presque exclusivement sur l'évangile de Jean, que j'appelle aussi Évangile de l'« in-culturation ».

L'itinéraire de Jésus et les itinéraires de ceux et celles qui croisent son chemin

Reprenons d'abord quelques données élémentaires déjà évoquées. Qu'est-ce qu'un récit évangélique ? C'est un récit qui raconte l'itinéraire de Jésus, *du début jusqu'à la fin*. Mais où est le commencement ? Avec Marc, on débute avec Jean le Baptiste, voire avec le livre du prophète Isaïe qui l'annonce. Luc et Matthieu remontent à la naissance de Jésus. Jean, lui, remonte à *l'origine*. Le récit évangélique raconte l'itinéraire de Jésus, mais pas seulement cela. Il montre aussi ce que Jésus devient *en et pour ceux et celles qui croisent son chemin*. On doit donc lire les évangiles de deux manières : on y découvre *l'identité de Jésus* ; mais on y trouve aussi un certain nombre de carrefours, carrefours de Galilée où se décide ce que Jésus devient pour ceux et celles qu'il rencontre. Cette deuxième lecture des évangiles est très proche de ce que nous vivons ici et maintenant, nous allons le voir.

Il y a, en tout cas, deux avantages à cette définition du récit évangélique :

– On sort de l'abstraction. L'Incarnation est un concept abstrait qui produit dans votre contexte l'affrontement : les uns croient en l'Incarnation – les autres au Dieu unique, transcendant « qui ne peut pas avoir de fils ». Or, d'après les récits évangéliques, les chrétiens sont d'abord des gens qui croisent – d'une manière à préciser – l'itinéraire de Jésus et qui pensent que tous peuvent le croiser – d'une manière encore à préciser – aux multiples carrefours où se produisent, aujourd'hui encore, des rencontres, celles qui ont tissé sa vie terrestre comme elles tissent encore la nôtre.

– On ne peut pas parler de Jésus sans s'y impliquer personnellement. Il est impossible de s'interroger sur l'identité de Jésus de Nazareth sans se positionner soi-même. Il y a donc une relation intime entre les deux lectures du récit évangélique. On peut certes s'impliquer différemment : s'intéresser à l'itinéraire de Jésus, devenir son disciple, devenir son apôtre ; mais on ne peut pas séparer l'identité de Jésus de Nazareth et ce qu'il devient en et pour ceux et celles dont il croise le chemin. « Montre-moi tel disciple et je te dirai qui est son Seigneur ».

L'évangile selon saint Marc, par exemple, indique dans le premier verset (1, 1) le plan qu'il suivra en confessant d'emblée l'identité de Jésus, à savoir qu'il est *Christ* et *Fils de Dieu*. Mais le lecteur doit suivre effectivement *l'itinéraire* balisé par les rencontres entre Jésus et le tout-venant, les disciples et les apôtres pour pouvoir dire avec Pierre à Césarée qu'il est Christ (8, 29) ; il faut même aller avec eux jusqu'à Jérusalem pour pouvoir comprendre avec le centurion, au pied de la croix, qu'il est le Fils de Dieu (15, 39). Il y a donc un lien intime entre les deux lectures, lien fondé sur la *relation* entre celui qui annonce l'Évangile et celui qui le reçoit. C'est ce qui ressort de la *forme même des évangiles* et qui détermine l'ensemble de la théologie chrétienne :

celle-ci ne pourra jamais parler de Dieu sans faire parler en même temps l'homme ; l'Évangile de Dieu n'existerait pas sans sa réception[2].

Dans cet esprit, nous allons traverser maintenant l'ensemble du *Quatrième évangile* auquel nous devons le terme « Incarnation ».

« *Et le Verbe s'est fait chair* » *(Jn 1, 14)*

Remarquons d'abord que le prologue de l'évangile selon saint Jean a été écrit à la fin. C'est une préface, et chacun sait qu'une préface s'écrit en dernier lieu quand tout le livre est déjà rédigé. Le prologue de Jean est la préface de l'ensemble de l'itinéraire de Jésus.

Or, dans la tradition chrétienne, l'Incarnation a été souvent abordée selon une *représentation* que nous éprouvons aujourd'hui comme gênante (voire comme mythique) : il y aurait d'abord Dieu et sa Parole, le Verbe, dans l'éternité ; *puis*, à un moment donné de l'histoire, le Verbe serait descendu du *ciel*, se faisant chair : l'Incarnation est alors identifiée au *commencement* de l'existence *terrestre* de Jésus ; ensuite viendrait le récit de sa vie, sa crucifixion, sa résurrection et son départ vers le *ciel*. L'ensemble du mystère chrétien est alors représenté selon un *schéma linéaire* : tout – Dieu et l'homme, ciel et terre – est situé sur un même plan.

Il faut nous laisser dessaisir de cette image linéaire, et surtout de l'image de Dieu qui sous-tend ce schéma. C'est une véritable conversion dont il s'agit. Les disciples suivent Jésus sur *son itinéraire* et ils découvrent progressivement *qui il est* et *qui ils sont*, jusqu'à ce que Philippe pose au chapitre 14 la question décisive : « Seigneur, montre-nous le Père. » (*Jn* 14, 8) Il faut avoir suivi tout l'itinéraire de Jésus pour pouvoir comprendre la réponse à la question de Philippe : « Je suis avec vous depuis si longtemps, dit Jésus, et cependant, Philippe, tu ne m'as pas reconnu ! Celui qui m'a vu, a vu le Père. » (*Jn* 14, 9) Voir Jésus, c'est découvrir le Père, parce que c'est percevoir son *origine*. Son itinéraire *tout entier* est le Verbe-fait-chair du Père ; il est la Parole ultime de Dieu.

L'Incarnation ne se limite donc pas au début de l'itinéraire de Jésus ; elle indique le sens de la *totalité* de son chemin. Comme si le Nazaréen nous disait : qui me voit, découvre que mon itinéraire tout entier est la Parole ultime de Dieu, adressée à l'humanité. *La totalité de son itinéraire*, voilà ce qu'est l'Incarnation, le Verbe qui s'est fait chair : *chair* de Jésus, *à savoir son itinéraire recomposé à partir de ses multiples épisodes de rencontres.* C'est là la parole ultime de Dieu. Jean de la Croix va même jusqu'à affirmer que Dieu n'a plus rien d'autre à nous dire parce qu'« il a tout dit en son Fils, en nous donnant le Tout, qui est son Fils »[3]. *Il s'est vraiment dit lui-même en son Fils.* Or, cette Parole n'est achevée – accomplie (*Jn* 19, 30) – qu'à la fin de l'itinéraire de Jésus quand, inclinant la tête, il remet l'Esprit.

Quand, dans la chair de Jésus, Dieu a tout dit, se révélant lui-même comme mystère, une *fin* est arrivée qui ne peut être suivie que par son silence et la croissance de la liberté humaine, jusqu'à devenir capable de tenir debout face à ce mystère. Le processus complexe que nous appelons en Europe la « sécularisation » est un résultat de cet événement spirituel dont l'humanité ne prendra conscience que très progressivement.

« C'est votre avantage que je m'en aille, sinon le Paraclet ne viendra pas à vous » (Jn 16,7)

L'Incarnation de Jésus va jusqu'à son effacement et à sa disparition. Celle-ci commence avec le lavement des pieds (chap. 13). L'apôtre Paul parlera de sa *kénose* (*Ph* 2, 7) ; Jean, lui, nous donne le discours d'adieu où Jésus dit qu'il est bon qu'il disparaisse afin que l'Esprit puisse venir. Cette disparition signifie *qu'il passe en nous.* Ce point est si essentiel qu'il fait partie de la forme même des récits évangéliques : ceux-ci racontent ce que le Nazaréen devient non seulement *pour* ceux et celles qu'il rencontre mais aussi et surtout *en* ceux et celles dont il croise le chemin. C'est là l'œuvre de l'*Esprit*, Paraclet que le Père nous donnera à la demande de Jésus (*Jn* 14, 16). Quand celui-ci disparaît, il peut passer *en nous et nous, nous pouvons devenir « autre Christ ».* Que deviendrions-nous si Jésus n'était pas réellement parti ? Y avons-nous déjà pensé ?

Chez Jean, l'Incarnation, le Verbe-fait-chair ne s'arrête donc pas à Jésus ; il faut aller *jusqu'à nous* : l'Incarnation s'achève en nous, c'est-à-dire en *ce qu'il devient en et pour ceux et celles dont il croise le chemin.*

Ce point est absolument essentiel : en un sens, tout s'achève dans l'histoire de Jésus et sur son chemin ; mais il faut dire *en même temps* avec les évangiles (et celui de Jean en particulier), que, tant qu'il y a des gens qui peuvent le rencontrer – quiconque, le disciple, l'apôtre –, il est et il sera encore question d'Incarnation. Pour revenir enfin à la sacramentalité de la « vie » (*Jn* 1, 4), il nous faut donc la situer dans la relation *entre Jésus et nous*, jamais l'un sans l'autre.

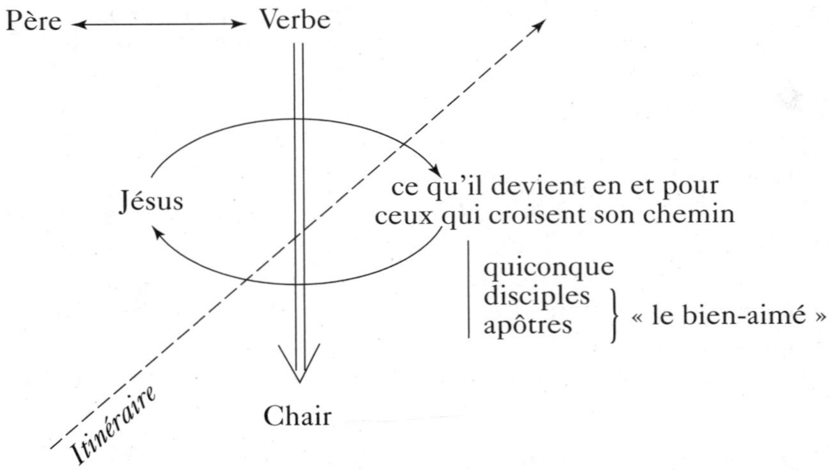

L'incarnation désigne la totalité de l'itinéraire de Jésus de Nazareth

Le lien entre le Verbe fait chair et la sacramentalité de la vie

Mais parlons d'abord de Lui et repérons ses « titres » dans le premier chapitre de Jean.

Dans l'*évangile de Jean*, il s'agit d'emblée de l'identité de Jésus. Or, pour comprendre l'identité de quelqu'un, on se réfère fréquemment à des images, voire des idées préfabriquées. Pour identifier Jésus, ses contemporains utilisent donc spontanément des « titres » reçus de leur tradition juive. Le Baptiste qui inaugure ce « procédé » avec la figure de l'*Agneau de Dieu* (*cf. Jn* 19, 36 ; *Ex* 12, 46 et *Nb* 9, 11sv ; *Is* 53, 7) – métaphore du don de soi face à la violence – tombe juste ; l'image de l'Agneau est en effet la figure centrale du Quatrième évangile. Vient ensuite celle du *Fils de Dieu ;* puis l'évangéliste revient à l'*Agneau de Dieu*. Dans le récit de l'appel des premiers disciples, il s'agit aussi de Jésus, *inséparablement*. Pour les premiers, il est le *Rabbi*. Ensuite pour Pierre, il est déjà le *Messie*. Puis, au milieu, vient son nom propre *Jésus, fils de Joseph, de Nazareth :* il est ici identifié par sa lignée. Et, enfin, viennent ses titres *Fils de Dieu* et *roi d'Israël* et celui de *Fils de l'homme* au-dessus duquel les anges de Dieu montent et descendent.

Les titres de Jésus dans Jn 1, 19-51

Au milieu de vous se tient celui que vous ne connaissez pas (1, 26)

– L'Agneau de Dieu (1, 29)

– Le Fils de Dieu (1, 34)

  – L'Agneau de Dieu (1, 36)

    Rabbi (1, 38)

    Messie (1, 41)

      – Jésus, le fils de Joseph, de Nazareth (1, 45)

    Fils de Dieu (1, 49)

    Roi d'Israël (1, 49)

  – Fils de l'homme (1, 51)

Il faut encore ajouter le « titre » de *Verbe de Dieu* (dans le Prologue) qui identifie Jésus définitivement comme la Parole ultime de Dieu dans la chair. Tout le reste, les autres images et surtout le titre de roi, est soumis à des « malentendus ».

L'*évangile de Jean* utilise non seulement la technique littéraire du malentendu, mais il l'intègre aussi dans sa théologie de la chair. Les malentendus commencent avec Nicodème[4] qui ne comprend pas ce que veut dire « naître d'en haut » : « Comment un homme pourrait-il naître s'il est vieux, entrer une seconde fois dans le sein de sa mère ? » (*Jn* 3, 4) Ils continuent avec la Samaritaine : « l'eau que je lui donnerai, deviendra source en elle » (4, 14), lui dit Jésus ; mais elle comprend qu'elle n'a plus besoin de travailler ... malentendu qui permet à Jésus de s'expliquer davantage sur la qualité de cette eau.

Il faut en effet comprendre le malentendu comme un tremplin. Il se présente tout simplement parce que nous ne sommes pas d'emblée accordés les uns aux autres ; il y a comme un voile entre nous : c'est exactement ce que l'Évangile appelle « chair ». Et il n'y a pas de chair sans malentendu. Le malentendu peut dégénérer en refus de comprendre, et finalement en violence. C'est le cas des Juifs de l'évangile de Jean. Leur non-compréhension conduit vers la mort violente de Jésus qui s'expose comme Agneau innocent à la violence d'autrui, donnant sa vie pour la multitude. L'autre possibilité est de *comprendre progressivement*. Le malentendu peut donc aussi produire un « entendre » : s'entendre soi-même et entendre les autres ; et dans la mesure où l'on entend les autres, on s'entend soi-même. Il y a en français un terme magnifique, celui de l'« entendement » qui récapitule ce que je viens de dire : il y a entendement quand on s'entend mutuellement, quand on traverse patiemment les malentendus qui constituent l'épaisseur de notre chair humaine.

Mais qu'est-ce qui est à entendre ? Avec cette question nous passons maintenant de notre côté : quand Jésus croise le chemin de quiconque ou le nôtre, cela se fait dans la chair. Se présentent alors des *signes* qui le révèlent à travers nos malentendus et qui en même temps révèlent à eux-mêmes ceux et celles qui croisent son chemin. Dans les synoptiques, on ne parle pas de signes mais de *manifestations de force* (selon le terme grec *dynamis*). Dans ma première contribution, j'avais parlé de « santé » et de « courage d'être ».

Quels sont ces signes chez Jean ? Il y en a sept, à savoir six plus un !

Les signes dans l'Évangile de saint Jean et la sacramentalité de la vie

1. *Jn* 2,1-12	*Les Noces de Cana :* situation profane où l'on vient à manquer de l'essentiel, à savoir du vin.
2. *Jn* 4, 43-54	*L'officier royal et son fils malade qui vit ;* après le mariage dans le premier signe, Jean évoque ici la génération.
	48 : « Si vous ne voyez signes et prodiges, vous ne croirez donc jamais ».
3. *Jn* 5, 1-18	*Le paralytique marche ;* il s'agit de marcher, avant de voir …
4. *Jn* 6	*Tous furent rassasiés.*
	15 : « Sachant qu'on allait venir l'enlever pour le faire roi, il se retira ».
5. *Jn* 9	*L'aveugle voit*
	38 : « "Je crois, Seigneur", et il se prosterna devant lui ».
6. *Jn* 11	*Un mort revient à la vie :* que signifie la mort au cœur de la vie ?
7.	*Jésus – lavant les pieds de ses disciples* (*Jn* 13)
	– *l'Agneau de Dieu* (*Jn* 19, 34-37)
	– *le tombeau vide* (*Jn* 20, 8sv)
	19, 35 : « Celui qui a vu a rendu témoignage, et son témoignage est conforme à la vérité … afin que vous aussi vous croyiez ».

Quel est le septième signe ? On peut hésiter, se demander s'il y a signe. S'agit-il du Lavement des pieds (*Jn* 13), de l'Agneau de Dieu (*Jn* 19, 31-37) ou de la manifestation du Ressuscité, le tombeau étant vide ? En tout cas, à la fin du chapitre 19 le texte revient au point de départ en apposant la signature du rédacteur. C'est le seul endroit où, dans l'*évangile de Jean*, on ouvre la porte à une interprétation « sacramentelle » au sens traditionnel du terme : « ... et aussitôt, il en sortit du sang et de l'eau ».

Récapitulation

• Quand Jésus croise les hommes et les femmes de son temps, dans leur humanité, quelque chose se passe. Il s'agit, chaque fois, de situations élémentaires, désignées, chez Jean, par le terme de « chair » : se marier, avoir un fils en bonne santé, marcher, manger, voir, mourir. Si l'on ajoute le chapitre 4, avec la rencontre de la Samaritaine, on touche aussi à l'économique (au travail), aux relations entre les hommes et les femmes et à la religion. Rien n'est idéalisé. Le *Quatrième évangile* rend présent la vie telle qu'elle est, avec ses dimensions variées, jusqu'à la religion.

• Le Verbe fait chair, la Parole, provoque dans la chair un déplacement, une *conversion*. Quel est ce *changement* ? L'eau changée en vin ? Le pain en abondance ?

Les signes sont ambigus. Ils peuvent être demandés et reçus comme des prodiges ; rien n'a été alors compris : « Si vous ne voyez signes et prodiges, vous ne croirez donc jamais ! » (*Jn* 4, 48). Mais il est possible qu'à la place des prodiges se produise le *véritable signe qu'est la rencontre*, la rencontre vraie et gratuite entre Jésus et la personne qui croise son chemin.

Prenons comme exemple le deuxième signe de Cana :

> « 43 Deux jours plus tard, Jésus quitta ces lieux et regagna la Galilée.
> 44 En fait, Jésus lui-même avait attesté qu'un prophète n'est pas honoré
> dans sa propre patrie. 45 Cependant lorsqu'il arriva en Galilée, les Galiléens lui firent bon accueil : ils étaient allés à Jérusalem pour la fête, eux aussi, et ils avaient pu voir tout ce que Jésus avait fait.
>
> 46 Jésus revient donc à Cana de Galilée où il avait fait du vin avec de l'eau. Il y avait là un officier royal dont le fils était malade à Capharnaüm.

> 47 Ayant entendu dire que Jésus arrivait de Judée en Galilée, il vint le trouver et le priait de descendre guérir son fils qui se mourait. 48 Jésus lui dit : « Si vous ne voyez pas de signes et de prodiges, vous ne croirez donc jamais ! » 49 L'officier lui dit : « Seigneur, descends avant que mon fils ne meure ! » 50 Jésus lui dit : « Va, ton fils vit. » Cet homme crut à la parole que Jésus lui avait dite et se mit en route. 51 Tandis qu'il descendait, ses serviteurs vinrent à sa rencontre et dirent : « Ton enfant vit ! » 52 Il leur demanda à quelle heure il s'était trouvé mieux et ils répondirent : « C'était hier, à la septième heure, que la fièvre l'a quitté. » 53 Le père constata que c'était à cette heure même que Jésus lui avait dit : « Ton fils vit. » Dès lors il crut, lui et toute sa maisonnée. 54 Tel fut le second signe que Jésus accomplit lorsqu'il revint de Judée en Galilée. » (*Jn* 4, 43-54)

Ce n'est pas la vie du fils du centurion – l'objet de la demande – qui est le signe mais le fait que la parole qui lui avait été dite s'est accomplie : « Le père constata que c'était à cette heure même que Jésus lui avait dit : "Ton fils vit". Dès lors il crut, lui et toute sa maisonnée » (*Jn* 4, 53). Ce n'est donc pas le don (tel ou tel cadeau qu'on peut donner à quelqu'un) qui est le signe, mais *la relation entre le donateur et le bénéficiaire.*

Quand, dans nos situations élémentaires, le Verbe devient chair, nos relations humaines prennent une forme nouvelle, un goût de « vie » jusqu'alors inconnu : le don s'efface au profit de la relation entre donateur et bénéficiaire. C'est cela le véritable changement : les personnes elles-mêmes deviennent subitement *significatives* – « signes » de vie et de santé – les unes par rapport aux autres ; elles deviennent « personnes en relation sacramentelle » (selon le vocabulaire introduit dans le premier chapitre).

• Le passage, dans notre chair, du prodige au signe est le passage d'un manque qui se fixe sur tel ou tel « objet » à obtenir (y compris les meilleurs : la vie du fils), au goût de la rencontre vraie. Ces passages passent inévitablement par les multiples « malentendus » dont il a été question à l'instant. L'itinéraire de transformation est admirablement retracé dans le récit de la rencontre entre Jésus et la Samaritaine. Quand la Samaritaine entend Jésus lui promettre « que l'eau qu'il *lui* donnera, deviendra *en elle* source jaillissante en vie éternelle » (*Jn* 4,13), elle comprend que cette eau la dispenserait de venir puiser au puits ; malentendu qui nie la condition humaine (celle du travail), mais qui permet aussi de continuer le dialogue sur la véritable soif. Pourquoi cette femme en est-elle à son sixième « mari » ? Parce que – justement –

elle n'a pas la source en elle. Or, l'eau que Jésus *donne* (« Si tu connaissais le *don* de Dieu et *qui* est celui qui te dit "donne-moi à boire !" ... »), cette eau que Jésus donne est d'avoir la source en soi. C'est ici que peut s'enclencher une troisième étape du dialogue qui porte sur la religion : adorer sur cette montagne ou à Jérusalem. Le plus grand désir de Dieu – dans l'évangile de Jean – est que nous ayons la source en nous. La relation entre le Père (*Jn* 4, 23), donateur de tout bien, et nous n'est pas de l'ordre de la dépendance. *Le Père désire que j'aie – que nous ayons – la source en moi-même – en nous-mêmes.*

La traversée de la chair nous conduit, de malentendu en malentendu, jusqu'au point où nous découvrons la source en nous. Alors, c'est le « moment » de *l'adoration en esprit et en vérité.* Le croyant n'a plus besoin de courir ici ou là, ou de répéter indéfiniment tel ou tel rite pour adorer. Le désir du Père s'est réalisé : l'homme a la source en lui-même, ce qui lui permet d'entrer enfin – dans la chair – dans une relation vraie avec autrui. *C'est ce processus, cet itinéraire que j'ai appelé « sacramentalité de la vie ».*

• Puisque Jésus *a* « la source jaillissante en vie éternelle » en lui-même, il *est* « sacrement », Agneau de Dieu qui donne sa vie pour la multitude. L'Incarnation – nous l'avons vu plus haut – ne le concerne pas lui seul, mais également nous tous qui sommes dans la chair – quiconque, le disciple ou l'apôtre –, quand nous croisons son chemin dans nos situations les plus élémentaires. Il disparaît en ceux et celles qu'il rencontre – il donne sa vie pour la multitude – , pour qu'ils puissent devenir comme lui : « Verbe fait chair », « Parole de Dieu ».

Le *Quatrième évangile* souligne que le Verbe peut prendre « demeure » (*Jn* 1, 14 ; 1, 38 ; 15, 1-10) dans la chair de *tout* homme. C'est pour cela qu'il met en valeur nos lieux de vie et nos situations les plus élémentaires, « relativisant » tout ce qui serait trop particulier (comme par exemple l'adoration à Jérusalem ou sur la montagne de Samarie). C'est la « vie de *tout* homme » (*Jn* 14,9) qui l'intéresse – la sacramentalité de la vie –. Peut-être est-ce pour cela que Jean ne nous raconte ni l'institution des « Douze » ni celle de l'Eucharistie, laissant seulement apparaître au moment de la crucifixion la symbolique de l'eau et du sang.

Le *Quatrième évangile* est celui de l'in-culturation, c'est-à-dire le Verbe qui touche la chair de tout homme : les situations élémentaires qui sont celles de quiconque, des disciples et des apôtres.

Présence du Christ en toute réalité humaine – Originalité du disciple du Christ

Sur la base de la lecture de l'*évangile selon saint Jean*, je voudrais répondre maintenant aux deuxième et troisième questions soulevées par le premier chapitre de cette partie[5]. J'entends dans ces questions comme une inquiétude : quelle est l'originalité du disciple du Christ, l'originalité de sa foi, par rapport aux personnes qui l'entourent. Si toute la vie est sacramentaire, pourquoi l'Incarnation ?

Deux réalités sont à tenir ensemble, l'originalité du disciple *et* la présence de l'autre, la richesse de ceux qui nous entourent *et* ce qu'elle provoque, notre surprise *et* notre émerveillement. Cette richesse des autres traditions pourrait en effet nous inquiéter. Mais cela voudrait dire que nous ne sommes pas très au clair avec notre identité. Les autres « relativisent » notre propre perspective, oui ! Mais qu'entend-on par « relativiser » ? N'est-ce pas *mettre en relation* notre point de vue avec celui de l'autre[6] ?

Pensons au Christ de l'*évangile selon saint Luc* et à l'épisode de l'esclave du centurion et du cri d'admiration de Jésus : « Même en Israël, je n'ai pas trouvé une telle foi. » (*Lc* 7, 9) Il admire les richesses de l'autre. De même, pour la syro-phénicienne, qui permet à Jésus de prendre conscience que sa mission ne concerne pas seulement Israël mais aussi les autres (*Mc* 7, 24-30 et //). Et nous, ne pourrions-nous pas dire que le Christ nous est donné par ceux et celles que nous rencontrons, qui croisent notre chemin ? Il nous est redonné par eux dans des dimensions toujours inattendues. Nous pensons le connaître et, en croisant les chemins des autres, ceux-ci nous révèlent quelque chose du Verbe de Dieu que nous ne connaissions pas encore.

Il faut donc tenir ensemble la présence du Christ en toute réalité humaine et l'originalité du disciple de Jésus.

L'originalité du disciple

C'est Jean qui donne la meilleure formulation. Ce qui caractérise le disciple en sa racine, c'est sa question : « Rabbi, où demeures-tu ? » (*Jn* 1, 38) C'est là notre recherche qui nous met sur le chemin du « devenir disciple ». L'apôtre Paul parle de la « connaissance intérieure du Christ-Jésus » (*Ph* 3, 7-14).

L'interrogation « Rabbi, où demeures-tu ? » (*Jn* 1, 38) est, en fait, une question sur l'identité de Jésus : qui es-tu ? La question est posée d'abord en extériorité, mais nous ne sommes qu'au début du chemin. Elle trouve sa réponse quand, à la fin de la lecture du récit évangélique, elle retentit réellement *en* celui qui la pose et lui fait découvrir que le maître demeure en lui : « Demeurez en moi comme je demeure en vous » (*Jn* 15, 4 ; ... ce qu'il devient *en* et pour *ceux et celles* qui croisent son chemin). C'est à ce moment-là que l'existence du disciple s'accomplit. L'apôtre Paul utilise une formule analogue pour dire cette intériorisation radicale : « le Christ selon la chair, maintenant nous ne le connaissons plus » (*2 Co* 5, 16). « Je vis, mais ce n'est plus moi, c'est Christ qui vit en moi » (*Ga* 2, 20).

Voilà l'originalité de l'itinéraire d'amour du disciple, qui commence toujours par une « séduction » : « Où demeures-tu ? ». Pour nous, il passe par la connaissance des Écritures, des évangiles en particulier : « Ignorer les Écritures, disait saint Jérôme, c'est ignorer le Christ »[7].

Une manière de rencontrer l'autre

Il s'agit de rencontrer les autres, ici les musulmans, à la manière de Jésus : se laisser surprendre, c'est-à-dire passer de l'inquiétude à la surprise, à l'étonnement, voire à l'admiration des valeurs humaines de tel autre, de sa manière de partager ses confidences, de m'accueillir avec amitié, etc. Ma confiance en l'autre est-elle comparable à celle du centurion qui s'engage sur la parole qui lui a été dite. Nous citons trop souvent Matthieu 25 (« Chaque fois que vous l'avez fait à l'un de ces plus petits ... ») pour évaluer notre *agir*. Or, la première réaction de Jésus est plutôt de l'ordre de *l'étonnement*. Comme lui, nous pouvons *recevoir dans l'expérience de la rencontre du plus petit*, de celui qui ne partage pas notre tradition, la révélation de notre propre identité. D. Sd

Peut-on pour autant dire que les « autrement-croyants » sont « sacrement » pour nous ? Que le peuple algérien est « sacrement » pour vous ? Je reviens ici à une des questions posées[8] : mais si toute la vie devient « sacrement », quelle est la nouveauté de l'Incarnation ? Pour ne pas se payer de mots, il faut apporter quelques nuances.

Ce que nous recevons des autres, c'est *la présence du Verbe dans la chair du monde*, dans ce peuple, ici et maintenant : « Au milieu de vous (dans la chair de ce peuple) se tient Celui que vous ne connaissez pas ... », dit le Baptiste du Quatrième évangile (*Jn* 1, 26). Mais en un sens nous non plus, nous ne le connaissons pas, dans la mesure où nous sommes encore sur un itinéraire où il faut apprendre à le reconnaître.

Tous les Pères de l'Église nous l'ont dit à leur façon : *là où il y a relation vraie, là est le Verbe.* Une approche anthropologique permet de préciser cette grande intuition. Il faut alors distinguer d'abord Parole et discours. Ce n'est pas parce que je tiens un « discours sur » ceci ou cela que je dis une parole. La parole s'adresse toujours à quelqu'un ; elle a toujours la forme charnelle d'un geste. On ne peut pas parler tout seul ; pour qu'il y ait parole il faut quelqu'un d'autre pour l'entendre ou ne pas l'entendre. C'est en ce sens que le Verbe implique une relation. On peut donc dire inversement que là où il y a relation dans ce peuple (comme dans d'autres peuples), il y a *déjà* le Verbe ; je ne dis pas : le Christ, mais *le Verbe comme donnée anthropologique fondamentale.*

En tant qu'humains, nous sommes des êtres parlants. Or, notre histoire humaine est faite d'une pluralité de langues, toutes les langues étant langues de Dieu et pas seulement l'Arabe. Mais la pluralité des langues engendre des malentendus qui peuvent conduire vers la rencontre ou dégénérer en violence. Croire en la présence du Verbe de Dieu dans toute la création, dans tous les peuples et toutes les langues signifie alors qu'en toute situation élémentaire, nous comptons sur un *dynamisme mystérieux vers* la Parole ou *vers* la rencontre vraie, dynamisme qu'avec les Écritures nous appelons *Esprit.* Affirmer sa présence ici en Algérie, c'est croire qu'un *dynamisme spirituel* (au sens johannique du terme ; *cf. Jn* 4, 23 sv) traverse tous les malentendus – et je dirais : même la violence –, visant à rendre possible des rencontres vraies, à savoir le « sacrement de la rencontre » où l'un devient signe pour l'autre, même si ce n'est que pour un instant.

Une fois encore : l'originalité du disciple de Jésus

Pour entrer dans ce dynamisme, comme Jésus, et pour recevoir des autres, en vérité, leurs richesses, il nous faut, à nous disciples :

- connaître l'itinéraire de Jésus consigné dans les Écritures, chemin qui nous permet de décoder la présence cachée du Verbe dans la chair de ce peuple ;
- recevoir le « sacrement » au sens fort et biblique du terme ; Jésus-Christ étant lui-même le sacrement, le septième signe, l'eau et

le sang pour la multitude, l'Agneau qui est en même temps le Berger qui donne sa vie pour ses brebis. En effet, il ne suffit pas de comprendre et de discerner la présence du Verbe autour de nous, de la recevoir des autres ; il nous est encore donné de nous identifier à la présence même du Verbe fait chair : manger la chair du Fils de l'homme qui se donne à manger pour que nous puissions le recevoir, c'est devenir capable de nous donner à l'autre comme il l'a fait. Découvrir la sacramentalité de la vie suppose les Écritures et le sacrement qu'est le Christ lui-même en relation avec tant et tant d'hommes et femmes. C'est là l'originalité du disciple de Jésus qui, à la fois, vit des Écritures et vit du sacrement qu'est le Christ pour nous. Par ce chemin, il discerne la présence du Verbe en toute chair et entre dans la dynamique de l'Esprit qui le conduit vers la rencontre vraie.

Présence du Verbe en toute réalité, vivre en disciple, être envoyé comme apôtre : comment ces trois réalités s'articulent-elles ?

Je viens de parler de la présence du Verbe en toute chose et de l'originalité du disciple de Jésus. Qu'en est-il des apôtres ou des envoyés ? Dans les questions qui me sont parvenues, il n'y en a pas concernant l'identité de l'apôtre. C'est sans doute lié à la situation ecclésiale que vous vivez.

Pour ce qui est de la définition du terme « apôtre », je renvoie à la dernière partie du premier chapitre[9]. Je prends « apôtre » au sens fort du terme : les synoptiques et Jean l'appliquent *grosso modo* au groupe des « Douze », ceux qui prennent littéralement la place du Christ en tant qu'« évangélistes » et bergers, appelés à donner leur vie comme lui. Or, tandis que les synoptiques font la distinction entre « disciples » et « apôtres » (ces derniers restant bien évidemment des disciples ; *cf. Mc* 8, 33), le Quatrième évangile rend la frontière à nouveau mobile. Jean ne fait *presque* pas de différence entre disciples et apôtres ; je dis « *presque* » parce que, dans le chapitre 21, il applique bel et bien la figure du berger (*Jn* 10, 1-18) à Pierre : « Pais mes brebis » (21, 15-19). Peut-être y a-t-il une singulière proximité entre votre contexte ecclésial et l'Évangile selon saint Jean, dans la mesure où votre situation de « re-fondation » (*cf.* ce qui a été dit précédemment sur l'ecclésio-*genèse*) vous met tous et toutes – plus ou moins – dans une « position apostolique » ; mobilité johannique des limites pourtant clairement établies dans les synoptiques et dans la tradition de l'Église.

À la suite de Pierre, les apôtres ont toujours eu la fonction d'identifier l'unicité du Christ (cf. *Mc* 8, 27-30 et // et *Jn* 6, 66-71), son originalité. Ils ont veillé à ce que le Christ ne soit pas « dissout », à ce que personne ne l'accapare. Il est vrai que l'exercice de cette fonction est très risqué. À force de souligner l'originalité du Christ, on court le danger de le poser *en extériorité*. Or, l'originalité du Christ, son unicité, consiste en *son effacement* au profit de tous : *tous* sont importants pour le Berger, surtout les derniers. Mais pour qu'il puisse s'effacer au profit de l'humanité, au profit de tel peuple, il doit d'abord être posé en extériorité – il doit être élevé (comme le serpent de bronze dans le désert, selon *Jn* 3, 14), son originalité doit être dite. L'apôtre souligne sans cesse cette originalité, pour initier, par là, la communauté des disciples à l'effacement eucharistique (ou au lavement des pieds) au profit de tous, à l'image du Verbe qui désire prendre chair de manière unique en tout être humain.

Ici et maintenant, la sacramentalité dans l'interface avec le monde arabo-musulman

J'en viens donc maintenant à la toute première des quatre questions[10]. Je pense que des éléments importants de réponse ont été déjà donnés : j'ai tenté, en effet, d'interpréter la tradition chrétienne, son originalité, de telle manière qu'elle puisse être rendue présente ici et maintenant. C'est pour cela que je me suis concentré presque exclusivement sur l'évangile selon saint Jean que j'ai appelé aussi l'évangile de « l'inculturation ». Ce terme chrétien a été formé après le concile Vatican II en s'inspirant du concept d'« Incarnation », la chair étant aussi celle de notre culture plurielle. Dans une perspective de naissance (ou d'ecclésio-genèse), le concept d'Incarnation tel qu'il a été expliqué plus haut *implique* aujourd'hui celui de l'inculturation. On a tendance à considérer la Tradition chrétienne comme achevée (le dogme, les 7 sacrements ...), et c'est juste, mais insuffisant. Le propre de la Tradition chrétienne est d'être sans cesse en Incarnation, en inculturation. À chaque nouvelle étape de l'histoire, chaque fois que des chrétiens se situent dans une nouvelle situation culturelle, ils doivent d'abord retourner à leur propre tradition et l'interroger de manière critique : ne l'avons-nous pas trop sclérosée ? Nous rend-elle capable d'affronter l'histoire concrète d'un pays, les épisodes de vie des individus, des groupes et des institutions qui la composent ?

Pour répondre à cette question, il faut repartir du troisième schéma, donné dans le premier chapitre, et le considérer à partir de la sphère de la « vie »[11]. L'Évangile de Jean nous a familiarisé avec le concept de « vie » (*Jn* 1, 4) qui se précise tout au long du texte par la traversée des signes, et en particulier au chapitre 4 qui distingue bien ce qui est de l'ordre du travail (l'économique), des relations (structures élémentaires) et de la religion. Je me contente de quelques remarques pour ouvrir un chantier.

Les structures élémentaires de nos relations

Il y a intérêt à observer concrètement les relations. On y observe la présence de traditions, de pratiques, de rites qui rythment la vie des gens ; il s'agit d'une vie toujours déjà marquée par une culture (calendrier, relations homme / femme, père / fils, mère / fille, etc.), culture plurielle en Algérie, composée de Berbères, d'Arabes, de Musulmans, d'Européens aussi, etc.

Or, l'émergence de la conscience au sein de nos pratiques quotidiennes constitue l'événement spirituel le plus important du XXe siècle. Nous sommes bien sûr, avec cet événement, en deçà de la sphère religieuse de la culture : la conscience concerne la manière de nous rapporter les uns aux autres. Schématiquement on peut distinguer deux catégories de personnes :

- ceux qui habitent totalement leurs pratiques et qui ne connaissent aucun « ailleurs ». Ils sont de plus en plus rares ;
- ceux qui habitent leur tradition mais qui, en même temps, s'y réfèrent librement à partir leur conscience. Disons que la conscience émerge quand quelqu'un commence à se parler à soi-même pour négocier intérieurement sa manière de se situer par rapport à telle ou telle pratique. Beaucoup de cas de figures peuvent être envisagés, la distance intérieure, voire extérieure par rapport à sa propre tradition pouvant être très variable.

C'est à cet endroit que se produisent les ruptures entre générations, avec l'extrême difficulté de nos sociétés (même des plus traditionnelles) à transmettre des pratiques, difficultés renforcées en Occident par la cohabitation d'une pluralité de traditions. À long terme, cela peut produire des déstructurations mais aussi ouvrir un espace où chacun est appelé à marcher selon sa conscience.

Pour nous chrétiens, « la conscience est le centre le plus secret de l'homme … »[12]. Sans conscience, il ne peut pas être question d'une présence du Verbe, d'une rencontre vraie au-delà des frontières entre traditions ou pratiques : quand on est en relation avec quelqu'un d'une autre tradition, c'est à sa conscience que l'on s'adresse. C'est la condition minimale de la sacramentalité de la vie.

Les religions

Pour beaucoup de nos contemporains les religions constituées font partie de la « vie ». Elles se superposent aux pratiques quotidiennes en proposant à leurs adeptes des théories d'interprétations. Les affrontements que nous connaissons entre traditions se produisent surtout à un second niveau où ils résultent d'une comparaison frontale entre « dogmes » et entre images de Dieu : l'unicité du Dieu transcendant – la Trinité, etc. Les discussions d'idées produisent presque toujours des malentendus et, dans le pire des cas, des violences religieuses.

La *perspective de l'inculturation*, telle qu'elle a été développée plus haut, exige alors un déplacement prodigieux. Votre situation en Algérie vous permet d'« aider » d'autres Églises à vivre ce *déplacement* d'une comparaison entre contenu religieux *vers une manière d'être disciple de Jésus*. Vous savez en effet par expérience que si vous vous situez au niveau d'une comparaison entre votre foi au Fils de Dieu, Christ et Verbe de Dieu, et le Dieu unique de l'islam, le malentendu est insurmontable. Il faut *se déplacer*, quitter les abstractions du dogme et situer le centre de gravité de la foi chrétienne dans une manière d'être disciple, une manière d'être autre Christ, *et* d'être en relation avec « quiconque », style ou manière d'être à laquelle Dieu lui-même s'est lié en son Fils, le Verbe fait chair.

Deux critères permettent de repérer cette « manière » ou ce style, caractérisé par les deux termes de santé et de sainteté :

- la concordance entre l'intérieur (pensées), les paroles et les actes de quelqu'un ;
- l'application de la règle d'or, même dans des situations de violence, quand il s'agit de « se mettre à la place d'autrui » sans jamais quitter sa propre place.

Cette manière d'être, nous l'admirons aussi chez d'autres hommes et femmes, membres d'autre traditions, chez tel ou tel musulman par exemple, tout en nous interrogeant sur une certaine distorsion qui existe parfois entre leur manière d'être et la doctrine ou la religion qu'ils défendent. Avouons-le, nous ne connaissons pas l'avenir de nos traditions religieuses, ce qu'elles vont devenir dans notre monde moderne et post-moderne. Mais nous croyons que le Dieu chrétien, lié, en sa transcendance, à l'humanité – à savoir à une manière d'être et à une manière de devenir saint comme lui *(Mt* 5, 43-48) – dépasse infiniment les frontières de la tradition chrétienne instituée. Nous croyons que ce fait-là – le fait chrétien – a déjà produit quelque chose dans l'histoire, a déjà transformé l'histoire de l'humanité et aussi l'histoire de ce peuple-ci. Tout en étant particulière, la tradition chrétienne insiste en effet sur la concordance absolue entre *ce* que nous croyons et *cette manière d'être, Dieu communiquant sa sainteté à tous les hommes.* C'est peut-être ce que l'islam a du mal à penser ; mais nous nous heurtons à la même difficulté dans la mesure où nous nous situons trop souvent au niveau d'un affrontement entre religions constituées. Or, *la foi – chrétienne – ne fait pas nombre avec les religions du monde ; elle se situe sur un autre plan même si elle porte le vêtement religieux de telle ou telle culture*[13]. Nous retrouvons ici en effet « l'adoration en esprit et en vérité » (*Jn* 4, 20-24) qui dépasse la question religieuse symboliquement représentée, dans le *Quatrième évangile*, par Jérusalem et le mont Garizim.

La vie en société

Selon une toute première approximation de la dimension culturelle de la « vie », on peut repérer trois niveaux. Chaque fois, c'est un même discernement qui s'y opère :

– entre les pratiques quotidiennes et la conscience,

– entre les systèmes religieux et l'adoration en esprit et en vérité,

– entre les systèmes religieux et la vie en société ou la citoyenneté.

C'est un troisième lieu de crise, dans toutes nos sociétés et bien sûr en Algérie. J'en distingue deux aspects :

• La *conscience éthique* émerge dans une société dès qu'une opinion publique plurielle commence à exister. C'est la naissance de la conscience de citoyenneté. Désormais la *loi* ne se manifeste plus comme loi religieuse mais comme *règle de respect et de justice*, applicable à tous, quelle que soit par ailleurs leur position sociale ou leur religion : le « tu es respecté comme sujet » vaut pour tous. La loi protège donc individus et groupes contre la violence.

La crédibilité de l'État se joue dans sa manière de mettre en œuvre sa force : l'exerce-t-il pour protéger les intérêts d'un groupe ou pour appliquer la loi du respect et de la justice ? Si l'État est défaillant, la religion risque de revenir pour combler ses lacunes, se greffant sur les situations d'injustice ou de non-droit. C'est un problème connu dans toutes les sociétés et dans toutes les traditions. D'où d'ailleurs l'importance d'une opinion publique plurielle capable de susciter et d'entretenir le débat éthique dans une société.

• Ce qui vient d'être rappelé nous renvoie donc à nouveau à la question religieuse. L'islam a du mal à accepter et à penser une certaine autonomie de la loi et de l'État, une certaine « sécularisation » donc[14]. Mais ce n'est pas ce point que je voudrais souligner pour finir.

J'ai beaucoup insisté, dans cette première partie, sur la dimension sacramentelle de la rencontre vraie et significative (quand les enjeux de la vie sont la santé et la sainteté), dimension sacramentelle qui, tout en s'enracinant dans les gestes sacramentels de Jésus et de l'Église – le baptême, l'onction, l'Eucharistie, etc.[15] –, dépasse les frontières du christianisme institué. Cela suppose que les disciples de Jésus et l'Église comme corps constitué ne cessent de s'intéresser à tous (au « quiconque »), quelles que soient leurs religions et leurs positions sociales. *En ce sens*, l'Église est sacrement *dans* et *pour* la société, c'est-à-dire signe que « tous » doivent vivre ensemble selon les règles humaines de respect et de justice. Le sacrement renvoie donc à ce qui n'est pas sacramentel, nos institutions humaines, la gestion difficile et toujours provisoire de la vie commune, etc. Ainsi, le sacrement est un signe qui s'efface au profit de tous, laissant place à une conception profane, « sécularisée » de la société. Dans la mesure où l'Église se présente comme ce signe public, elle introduit, déjà par sa simple existence, une certaine pluralité dans une société qui se veut homogène ou unifiée autour d'une seule tradition. Elle devient recours pour d'autres minorités.

C'est là le troisième niveau de l'interface entre foi chrétienne et monde arabo-musulman. Les chrétiens sont parfois tentés de réduire leur présence sacramentelle aux relations individuelles et personnelles et d'oublier qu'ils vivent dans une société, *avec ses pratiques*, *ses religions*, *ses institutions où doit s'introduire progressivement la conscience, une conscience éthique.* L'Église est sacrement dans la mesure où elle s'efface au profit d'une vie en société, où elle rappelle sans cesse que la dignité et la justice sont *pour tous*. C'est une longue histoire pour elle. Il lui faut traverser la chair et les malentendus qui peuvent se transformer en entente mais aussi dégénérer en violence.

Nous sommes alors renvoyés à la figure sacramentelle de l'Agneau de Dieu ou du Berger qui donne sa vie pour la multitude.

Notes

1. Le lecteur trouvera ces questions dans l'introduction, plus haut, p. 19.
2. Pour davantage de précision, cf. *La Révélation … Tout simplement,* 52sv.
3. S. Jean de la Croix, *La montée au mont Carmel,* Livre II, chapitre 22, *Œuvres complètes,* Paris, DDB, 7, 4ᵉ éd. 299sv ; *cf.* aussi *La Révélation … tout simplement,* 162sv.
4. Mais déjà la scène de la purification du temple (après le premier signe à Cana) pose le malentendu principal : « Alors les juifs lui dirent : "Il a fallu quarante-six ans pour construire ce temple et toi, tu le relèveras en trois jours ?" Mais lui parlait du temple de son corps » (*Jn* 2, 20-22).
5. *Cf.* plus haut, p. 19.
6. *Cf.* ce qui a été dit plus haut, p. 44sv, sur la règle d'or.
7. *Cf. Dei Verbum,* N^{O} 25.
8. *Cf.* plus haut, p. 19.
9. *Cf.* plus haut, p. 49-51.
10. *Cf.* plus haut, p. 19.
11. *Cf.* plus haut, p. 36, 41 et 50.
12. *Gaudium et spes,* N°16.
13. Dans la deuxième partie (*cf.* plus loin, p. 104-126), je reviens plus en détail sur les rapports, difficiles à penser, entre la foi chrétienne et les religions.
14. *Cf.* plus haut, p. 57.
15. *Cf.* plus haut, p. 48sv.

Deuxième partie

... DANS L'HISTOIRE ET LA SOCIÉTÉ ALGÉRIENNES...

I

UN PARCOURS

Pour l'an 2000, vos Évêques proposent aux chrétiens « un pèlerinage intérieur à leurs Églises », comme ils le disent dans le beau cahier « Les Églises du Maghreb en l'an 2000 ». Je suis très heureux de pouvoir participer, à ma manière, à ce pèlerinage en venant de l'Europe. Nous avons pu partager déjà beaucoup de choses depuis deux ans et, ces jours-ci, nous allons poursuivre notre démarche intérieure.

C'est ainsi que j'introduisis, le 31 août de cette même année 2000, la session inter-diocésaine, en expliquant d'abord son orientation, puis une manière de procéder et enfin sa structure. Je garde cette présentation du parcours parce qu'elle rappelle que la lecture des évangiles, telle qu'elle a été développée dans la première partie de ce livre, ne doit jamais être isolée de l'histoire et de la société où elle a lieu. Si le lecteur veut aller au bout de son chemin avec les Écritures, il lui faut donc s'interroger sur la société dans laquelle il vit et sur le moment historique qui est le sien : il ne doit pas seulement ausculter le corps social auquel il appartient, au point d'y discerner le travail de l'Esprit ; mais il doit encore prendre conscience des manières possibles d'y vivre en chrétien. La deuxième partie de ce livre ne fera pas ce travail à sa place ; mais elle lui proposera une démarche, voire une méthode.

Une orientation

« Quelle présence évangélique dans une société algérienne, prise entre ses recherches identitaires et la mondialisation ? » Ce titre avait été adopté tout à fait au début de la phase préparatoire qui a duré environ un an et demi. C'est un long processus : certains ont écrit des textes ; nous avons formulé quelques questions et obtenu des réponses dont la synthèse accompagnera nos travaux[1].

Dans la dernière phase de préparation, un déplacement significatif s'est produit ; il fait partie de l'orientation donnée à notre session. On aurait pu en effet prendre les trois termes clef, les uns après les autres. Il nous a semblé cependant qu'il fallait choisir une autre entrée, peut-être moins intellectuelle, mais davantage ancrée dans l'histoire : si l'on veut parler de l'Incarnation, il faut en effet d'emblée prendre au sérieux la dimension historique de notre foi, dans l'esprit de deux livres du Nouveau Testament sur lesquels nous pouvons nous appuyer, les *Actes des Apôtres* et l'*Apocalypse*.

Une manière de procéder

Cette manière de nous situer ensemble dans notre histoire suppose différentes attitudes :

– une *attitude contemplative*, par rapport au passé et par rapport au présent : qu'est-ce qui a grandi tout au long de ces dernières années ? « La semence qui germe et grandi ; celui qui l'a semée ne sait comment … » (*Mc* 4, 26-29)

– une *capacité d'analyse* : il y aura un travail intellectuel à fournir, ensemble ; il nous sera proposé d'« ausculter » la société algérienne. Nous pratiquerons un peu l'art du médecin qui lit des symptômes et qui les interprète ensuite pour dire l'état de santé de son patient. Je ne veux pas dire par là que la société algérienne est malade ; mais c'est la méthode de la médecine qui a marqué celle des sciences humaines : relever des symptômes et les interpréter, pour mieux comprendre ce qui se passe dans cette société. C'est donc à ce moment précis de la session que les deux thèmes « mondialisation » et « revendication identitaire » vont revenir, bien situés dans l'expérience des participants.

– une attitude contemplative, une capacité d'analyse et, enfin, un *regard ouvert et confiant en direction de l'avenir* ; un regard qui ne recule pas devant les décisions à prendre. Nous savons que l'avenir nous enlève nos images, nos représentations ; nous ne pouvons pas imaginer notre avenir. Souvent on voudrait simplement voir le passé et le présent se prolonger dans l'avenir ou on rêve de grands renversements. Or, l'avenir est toujours autre que nous pouvons l'imaginer ; c'est pour cela qu'il nous parle de Dieu et suscite notre foi et notre confiance en « ce qui doit arriver bientôt » (*Ap* 1, 1). C'est ce que Jean, le prophète, voit et qu'il écrit aux sept Églises. Ceux et celles qui connaissent le livre de l'*Apocalypse* savent qu'au chapitre 10 de ce dernier livre du Nouveau Testament intervient une formule étonnante à laquelle nous allons réfléchir un peu : elle nous parle de « l'accomplissement du mystère de Dieu » (*Ap* 10, 7). Comme si, dans le mystère de Dieu, quelque chose était encore inaccompli. Pourquoi ? Parce que le Dieu de l'*Apocalypse* est très radicalement lié à notre histoire.

Je voudrais donc donner à notre route l'image directrice de l'Exode ou de l'invitation de Jésus de Nazareth – après son discours parabolique – à « passer sur l'autre rive » (*Mc* 4, 35) ; l'autre rive que nous ne pouvons pas imaginer mais que nous rejoindrons bientôt quand s'accomplira le mystère de Dieu. Certes, nous ne pouvons pas nous représenter l'avenir ; à la fin du parcours nous nous poserons la question : *quelle présence évangélique pour demain ? Que désirons-nous pour notre Église ? Quelles préoccupations pour demain ?* Le mot « préoccupation » a un double sens : être préoccupé, cela peut vouloir dire être inquiet mais cela peut aussi signifier être soucieux au sens le plus fondamental du terme – le mot désir le dit bien : que désirons-nous pour notre Église ? Nous pouvons désirer sans pouvoir nous représenter l'avenir ; et peut-être ces deux expériences sont-elles même liées. Certes, notre parcours n'est pas un synode, mais peut-être faut-il quand même dire qu'une véritable prise de conscience commune qui remonte du passé et qui se repose dans le présent est toujours suivie du courage d'envisager un avenir. Et qu'est-ce que cet avenir sinon « Celui qui Est, qui Était et qui Vient » (*Ap* 1, 8).

Une structure

L'objectif de la *première étape* du parcours est donc de faire le point, de regarder, de contempler ce qui a grandi ces dernières années. L'équipe de préparation a désiré respecter non seulement la diversité des quatre diocèses, mais regarder *ensemble* ce que la plupart d'entre vous connaît déjà en y associant les nouveaux venus. Contempler ensemble ce que la plupart d'entre vous connaît peut produire comme une multiplication d'énergie. C'est dans cet esprit là qu'il faut aborder

« l'état des lieux » et aborder ensuite « les questions qui se posent ». Il ne s'agit pas seulement de vous regarder vous-mêmes – qui êtes-vous, qui sommes-nous ? – mais aussi et surtout de partager votre « trésor caché », ceux et celles que vous rencontrez. On peut en faire une description personnelle – la rencontre est toujours une réalité individuelle et relationnelle – ; mais souvent la rencontre suppose aussi des structures institutionnelles. Vous évoluez dans des structures assez différentes.

La question décisive qui va s'imposer à nous à travers la multiplicité *des* questions à aborder – qui sommes-nous ? Que sommes-nous devenus ? Qui sont ces gens que nous rencontrons individuellement et collectivement – sera celle-ci : *Pourquoi sommes-nous toujours là* ? On peut évidemment poser cette question décisive de multiples manières et, dans son histoire, elle s'est posée différemment à l'Église d'Algérie. Elle pourra être la question susceptible de communiquer à notre parcours une sorte de principe et une énergie qui nous poussera à y répondre à la fin de la session, individuellement et en Église. Le lecteur européen n'a probablement pas traversé les mêmes épreuves que les chrétiens en Algérie. Mais il peut faire mémoire ici et se demander comment il a traversé ses propres précarités individuelles et ecclésiales, et commencer ainsi le chemin qui le conduit de son expérience personnelle vers la lecture du « texte » qu'est la société dans laquelle il vit.

Viendra ensuite la *deuxième étape* qui porte le titre « Les transformations de la société algérienne ». Si l'image directrice de la première étape est la parabole de la semence qui pousse toute seule (*Mc* 26-29), la deuxième sera portée par la vision d'une « foule immense que nul ne pouvait dénombrer » (*Ap* 7, 9) ; nous ne savons pas ce qui se passe au sein de la société et pourtant nous tentons de l' « ausculter » comme un corps. Trois sous-titres nous indiquent le chemin : l'émergence lente et difficile d'une société civile ; les recherches identitaires : pluralité des références culturelles et unité de la personne ; l'identité humaine et l'identité religieuse : quelques cas de figures. Je reprends ces trois temps, pour déjà en dire quelque chose, tout en rappelant au lecteur français qu'il a intérêt, pour lire son propre contexte, de se servir des analyses de société en cours chez lui et de travailler, à plusieurs, les questions qu'il trouve dans la suite du parcours. Le deuxième chapitre de cette partie lui donnera encore d'autres indications[2].

• *Premier temps* : « L'émergence lente et difficile d'une société civile ». Un exposé global sur la société algérienne traitera à la fois de l'ouverture de cette société aux autres sociétés du monde – ce qu'on appelle « la mondialisation » – et de la réaction à cette ouverture – la « recherche identitaire »[3]. Je voudrais surtout souligner le lien intime entre ces deux termes de notre parcours – mondialisation et revendication identitaire – et préciser d'abord le sens de ces termes.

– Le terme « mondialisation ». Il faut distinguer trois modes différents de mondialisation. Dans l'histoire de l'humanité, la première mondialisation a été vécue sous l'égide de l'Espagne et du Portugal aux XVe et XVIe siècles ; elle conduit vers un premier partage du « monde » par le traité de Tordias en 1494 sous l'autorité du Pape. La deuxième mondialisation est reliée aux péripéties de la colonisation pendant les XVIIIe, XIXe et la première moitié du XXe siècle. Nous assistons, à l'heure actuelle, à une troisième mondialisation, celle qui mérite vraiment ce nom si l'on adopte la définition la plus simple : *potentiellement le monde entier est présent dans la vie de chaque pays et de chaque individu.*

Il s'agit d'un phénomène complexe qui comporte plusieurs niveaux, fondé probablement sur l'extension progressive des moyens de communication. Avec la radio et la télévision le monde entier entre *chez nous* ; avec le petit portable et avec Internet, *nous pouvons entrer en communication avec le monde entier.* Sur cette base s'est produite une transformation gigantesque de l'économie : aux deux premiers marchés – le marché des produits (depuis que l'humanité existe, on échange des biens) et le marché du travail, s'est ajouté progressivement un troisième marché : celui des capitaux. La dérégulation s'y est introduite précisément par les nouveaux moyens de communication – grâce à eux les capitaux peuvent se déplacer dans le monde entier sans qu'il y ait possibilité de contrôle. Le troisième niveau est culturel. Certes, la multiplicité des langues continue à exister ; mais il y a des langues plus fortes que d'autres. Le latin a été remplacé progressivement par l'anglais qui, à l'heure actuelle, devient langue universelle. Mais plus que par la langue, c'est par des images que nous communiquons ; c'est par elles que se créent des styles de vie standardisés, une sorte de civilisation universelle qui s'introduit jusqu'au dernier village, jusque dans la plus petite maison du globe.

Un des effets les plus puissants de cette triple mondialisation est de fragiliser progressivement le « politique » qui reste, lui, lié au territoire. Comment contrôler, régler un processus de mondialisation totalement dérégulé ? C'est ici que se situe la vocation des grandes organisations politiques internationales comme l'Union Européenne, des organisations analogues en Amérique latine et ailleurs, mais aussi les grands organismes mondiaux qui tentent, d'une manière ou d'une autre, de maîtriser cette extraordinaire explosion.

Je voudrais encore ajouter un point important que j'emprunte à un texte de la Commission sociale des évêques de France et qui pose la question du « moteur » de la mondialisation[4]. Ce n'est plus le Pape, comme à la fin du XVe siècle ; ce ne sont plus les puissances coloniales. Le texte nous dit qu'il y a trois moteurs. Le premier est la révolution informatique. Mais à elle seule, cette révolution n'aurait pas pu produire la « mondialisation » ; il fallait aussi la tendance des États-Unis à exercer un rôle de superpuissance économique. Cependant le moteur le plus puissant à long terme est la logique des grandes entreprises. Pour ce qui est des États-Unis, la défaite au Vietnam a constitué une prodigieuse humiliation ; les grandes entreprises américaines ont provoqué à ce moment là, au Congrès, une législation qui leur était favorable. Et dès cette époque, les États-Unis luttent pour une plus grande déréglementation ; ce sont évidemment les firmes américaines qui ont le plus profité de cette nouvelle situation. D'une certaine manière, la première guerre du Golfe est liée à ce tournant vécu par les États-Unis, pesant sur la déréglementation. À la suite de la chute du mur de Berlin en 1989, les pays dits socialistes entrent dans une même logique ; l'Inde et la Chine aussi. Cette dérégulation, liée à la puissance informatique et à celle des grandes entreprises qui en ont profité, a conduit progressivement vers l'état actuel du globe, qu'on désigne aussi par le terme de « globalisation ».

– Or cette mondialisation nous oblige et oblige l'humanité tout entière à payer un prix humain incalculable, il faut bien le dire. C'est à cet endroit qu'apparaît l'autre terme-clé de notre parcours : « revendication identitaire ». Comment réagir par rapport à la dérégulation ? Ce ne sont pas seulement les inégalités entre le monde développé et le monde en voie de développement qui nous menacent, mais encore et surtout les inégalités au sein même des pays en voie de développement. Ce prix humain énorme provoque un sentiment de peur. Devant la non-transparence de ce phénomène que personne ne semble pouvoir maîtriser, la crainte de perdre son identité se transforme en réflexe de revendication identitaire.

Comment évaluer l'ensemble de ce phénomène ? Faut-il utiliser des critères religieux ? Nous chrétiens, nous nous référons à l'universalisme chrétien ; on pourrait donc porter un jugement sur la situation du monde à partir de ce type d'universalisme. Mais il y a aussi un universalisme islamique ... Ce qui nous conduit ici vers la question plus radicale : faut-il juger la mondialisation à partir de critères religieux ? Je ne le pense pas. Regardons à nouveau le cahier « Les Églises du Maghreb en l'an 2000 » qui pose exactement ce problème de l'évaluation[5] auquel nous reviendrons le moment venu. Mais retenons déjà que le sous-titre choisi pour cette étape, décisive à mes yeux, est « l'émergence lente et difficile d'une société civile ». Cette émergence doit en effet s'appuyer en dernière instance sur des critères éthiques qui ne sont pas directement tributaires d'une tradition religieuse ou d'une autre. Comment alors déterminer ces *critères éthiques*, plus communs que les « universalismes » traditionnels éprouvés – face à la mondialisation et face aux prétentions des religions – comme trop particuliers.

• *Second temps* : « Recherches identitaires : pluralité de références culturelles et unité de la personne ». Notre identité est faite d'une pluralité d'« identités » ou d'appartenances. Il s'agit donc d'une « composition ». Celle-ci est le fruit, plus ou moins provisoire, d'un « processus d'intégration » qui se joue à l'intersection de plusieurs groupes humains mais qui n'est pas uniquement social. Ceux qui ont fait de la psychologie ou de la psychanalyse savent très bien que l'identité advient grâce à un travail personnel qui se dit *dans l'élément du récit* et qui a besoin d'une *oreille avertie* qui l'écoute. Ainsi, nous vivons avec plusieurs appartenances et chacun de nous doit les recomposer à sa manière ; c'est l'extraordinaire problème qui se pose dans toutes nos sociétés, mais peut-être davantage encore ici. Si les références sont plurielles pour tout Algérien : arabo-musulmane, berbère, urbaine, rurale, etc., quelle est donc l'unité de la personne ? Que peut-on dire de l'émergence de la conscience ? Comment peut advenir, dans et par ce processus, l'unité de la personne et finalement l'unicité d'une conscience ?

• *Troisième temps* : « L'identité humaine – l'identité religieuse ». Il nous a semblé important de distinguer ces deux niveaux : l'identité humaine ou l'émergence de la conscience et l'identité religieuse. Il faut patienter avant de poser la question décisive de l'articulation de ces deux niveaux de notre identité. Il y a plusieurs manières de les relier : beaucoup tiennent à une intégration totale – certains refusent même la distinction entre conscience et identité religieuse, la conscience étant d'emblée conçue comme religieuse – ; d'autres (on est déjà avec eux sur la voie d'une certaine laïcisation) tiennent à ce qu'on distingue bien conscience et identité religieuse.

Après avoir contemplé ce qui a grandi ces dernières années, et après avoir ausculté la société algérienne, il faut revenir à notre question initiale « Pourquoi sommes-nous toujours là ? » et la reformuler en nous tournant vers l'avenir : « Quelle présence évangélique *pour demain* ? » Ce sera l'objectif de la *troisième étape* du parcours, composée à nouveau de plusieurs temps. Cette étape pourra avoir un intérêt particulier pour nous ici en Europe qui sommes davantage attentifs aux différences entre sensibilités ecclésiales, toujours à comprendre dans leur rapport à l'avenir des communautés chrétiennes au sein d'une société donnée. Les derniers chapitres de cette partie ne veulent donc pas seulement aider le lecteur à mieux percevoir l'enjeu de ces différents langages, schèmes et perspectives mais encore à prendre, individuellement et collectivement, des décisions en cohérence avec son intelligence du contexte où il vit et des Écritures.

• Nous commencerons par réfléchir aux mots que nous utilisons pour dire notre existence ici : « présence », « témoignage », « mission », « accompagnement ». Comment fonder théologiquement la présence des chrétiens en Algérie ?[6] Il faut ici prendre acte de nos différences. Je propose (à partir des situations évoquées) une sorte de typologie des différentes manières de vous situer : générations différentes, spiritualités différentes ; vous avez suivis des itinéraires personnels ; vous avez sans doute des théologies différentes. Il s'agira donc de réfléchir à toutes ces différences.

• Le *2e temps* portera sur « le discernement évangélique du travail de l'Esprit dans la société »[7]. Là encore il y a différentes manières de procéder, différentes façons de se situer. Dans le cahier « L'Église du Maghreb »[8], on a adopté le langage patristique qui se réfère à l'Incarnation du Verbe dont on affirme l'universalité. Le langage biblique, choisi à la fin du même document, est un peu différent : les synoptiques ont leur manière propre d'aborder la présence dans la société à travers la figure de la « foi » de quiconque. Saint Jean a, lui, une autre façon encore de la traiter. On se saisira donc de ces diverses manières théologiques de dire la « présence » de la foi chrétienne dans la société.

• Le *3e temps* de cette dernière étape porte le titre « Foi chrétienne et islam – le concept de catholicité ». Là encore, et pour la troisième fois, il y a différentes manières, présentes dans l'Église d'Algérie, de penser et de vivre le rapport entre foi chrétienne et islam. Pourquoi faire intervenir ici la dimension de « catholicité » de notre foi ? Parce qu'on pourrait dire que le christianisme a un projet de mondialisation qu'il vise par le terme de catholicité. Les évêques font bien remarquer, dans le cahier déjà plusieurs fois cité, que ce mot peut cacher de grandes ambiguïtés. Faut-il comprendre la catholicité en terme spatial, comme la colonisation ou un certain concept de mission ? Comment la comprendre ici, dans un pays marqué simultanément par la mondialisation et par des revendications identitaires ? Que mettre derrière le terme « catholicité de la foi » ?[9]

On s'approchera alors de la conclusion. Je pense que cette troisième étape nous permettra, à travers ses différents temps, de réfléchir aux termes « présence évangélique » et « témoignage évangélique ». Il nous faudra alors conclure ensemble en nous posant la question « Quelle préoccupation pour demain ? Que désirons-nous pour notre Église ? » Quelles sont les décisions humbles et petites qui sont à notre mesure, même si nous ne pouvons jamais nous représenter l'avenir et nous en faire une image. Cela est réservé à Dieu !

Notes

1. *La session sacerdotale inter-diocésaine. 31 août – 4 Septembre 2000. Alger – Maison diocésaine. Compte rendu des travaux, 1er fascicule,* 27-30.
2. *Cf.* plus loin, p. 86-92.
3. On trouve le résumé des interventions de Monsieur Daho Djerbal et de Monsieur Hamdi Cherif dans le *1er fascicule,* 12-16.
4. Commission Justice et Paix – France, *Maîtriser la mondialisation,* dans *DC* 96 (1999/7), 330-343.
5. *Les Églises du Maghreb en l'an 2000,* dans *DC* 97 (2000/5), 235.
6. Voir plus loin le troisième chapitre de cette partie, p. 93-103.
7. Voir plus loin le quatrième chapitre de cette partie, p. 104-113.
8. *DC* 97 (2000/5), 233.
9. Voir plus loin le cinquième chapitre de cette partie, p. 114-126.

II

LES TRANSFORMATIONS DE LA SOCIÉTÉ ALGÉRIENNE

L'analyse des transformations de la société algérienne durant la dernière décennie, proposée pendant la deuxième étape de ce parcours, se situe à deux niveaux. Le premier est le plus accessible pour nous, lecteurs de quotidiens : le repérage et la description d'un certain nombre de symptômes. Ensuite se posera – comme pour le médecin qui ausculte le corps de son patient – l'épineux problème de leur interprétation. Rappelons que le but des réflexions qui vont suivre n'est pas d'informer le lecteur de la situation algérienne, mais de l'initier à une démarche qu'il peut adapter à ses préoccupations, voire à une manière de percevoir ce qui se passe dans le contexte qui est le sien.

Repérage de quelques symptômes

Notre capacité d'observation peut être stimulée par un questionnaire, éventuellement élaboré avec un spécialiste. Il importe que sa *pointe* ou son orientation soit bien définie et les concepts utilisés clarifiés – dans le cas précis, il s'agit de repérer les « manifestations de violence » et « l'émergence lente et difficile d'une société civile » – ; il est aussi nécessaire que soit fait appel à *l'expérience des participants* et leurs rencontres effectives avec des personnes et des groupes – ils ont été interrogés ici sur ce que ces personnes et groupes révèlent de leurs intérêts et de leur recherche identitaire (arabité / berbérité ; tribus / clan / confréries ; partis / associations ; modes vestimentaires / musique, etc.) ; enfin, il est capital que soit suscitée *la compréhension que les participants ont déjà de leur contexte*, en les invitant à communiquer tel extrait de journal dans lequel ils se reconnaissent ou à écrire eux-mêmes une page, données précieuses qui pourront servir comme point de départ d'un travail en commun.

Voici quelques symptômes qui ont été ainsi repérés :

• Le plus important concerne les transformations de *l'autorité parentale*. À l'occasion de l'explosion démographique et de l'urbanisation des dernières années, de nombreux hommes salariés ont perdu leur rôle de pourvoyeur de la famille, ce qui a provoqué une crise d'autorité. Elle touche à la fois à l'identité des individus et à la fonction de la famille. Les questions économiques et les questions psycho-sociales et culturelles y sont donc intimement liées. Tout le monde ici observe très concrètement ce symptôme. Il est central, au point que certains disent qu'il représente une clé importante pour comprendre la violence au sein même de la société algérienne.

• Les transformations de *l'école* algérienne. Il semble qu'elle devienne de plus en plus une école « confessionnelle », fonctionnant selon la logique de la répétition, à partir de contenus caricaturaux et non intégraux ; le maître devient alors le passage obligé et la perte du rôle du père conduit à rechercher une compensation dans un prophète superstar.

• Le développement d'*une économie parallèle*, seule alternative pour des groupes sociaux qui sont exclus de l'accès aux produits de première nécessité, et la naissance de *puissants groupes d'intérêts* qui dessaisissent l'État de son rôle.

• Le développement du *mouvement associatif* permet l'émergence de forces politiques nouvelles et cristallise une force électorale plurielle ; ce processus cependant est entravé par une misère grandissante.

La paupérisation et le fait qu'elle ne devient pas objet de débat dans les partis, produisent une génération qui revendique la justice et le droit.

Une interprétation

Rassembler ces quelques symptômes, et bien d'autres encore, et les interpréter dans une vision globale de ce qui se passe, voire confronter plusieurs interprétations possibles est une tâche difficile. L'expérience quotidienne de l'imprévu, faite par les participants, invite tous à l'humilité devant ce qui se passe. Il faut cependant oser interpréter les choses. C'est le travail qui incombe aux experts. Il suffit ici de rendre en quelque sorte ce qui a été entendu pendant la session, à titre d'exemple bien sûr.

• C'est *une approche historique* qui nous a été proposée par les experts : la question de la « transformation de la société algérienne » exige ce genre de démarche ; nous avons donc évoqué les années 1980 et 1990, et nous sommes remontés jusqu'à l'époque de l'Indépendance et même avant. Pareillement la question des « revendications identitaires », voire plus simplement le problème de nos identités demande à être traité historiquement. Une même démarche historique s'impose encore quand il s'agit de comprendre la foi chrétienne : Dieu s'est lié à la destinée de l'humanité. L'intérêt pour l'histoire est donc un premier terrain commun entre nos deux intervenants extérieurs et nous.

• *Comment envisager cette histoire* ? La démarche adoptée a été d'abord celle de la démographie. La suite des générations est en effet à la base de tout le reste et un des lieux principaux de nos « malentendus ». L'explosion démographique en Algérie pose la question essentielle : la génération qui émerge va-t-elle trouver sa « place » ? « Place » est ici à entendre à tous les niveaux et non seulement au sens économique du terme. Nous touchons donc, avec cette question, au mystère de la vie et de la mort.

Certes, l'histoire se fait avec des chiffres ; mais les chiffres ne disent pas tout. Elle se réalise entre la ville et la campagne, avec des phénomènes d'urbanisation rapide. Elle se joue aussi au niveau économique : c'est là où se situe le développement gigantesque d'une économie parallèle, née au moment où l'ajustement structurel de l'économie algérienne, provoqué par la Banque mondiale, a mis le travail salarial en crise, phénomène suivi d'une crise du syndicalisme. De nouveaux acteurs arrivent alors sur la scène économique et politique ; l'État, dans ses débuts encore très largement marqué par une image « française » ou jacobine de lui-même, est dessaisi de certaines de ses prérogatives, la question de la « représentation » et de la signification des dernières élections étant un indicateur essentiel de la maturité de la société civile. L'ensemble de ces différents « niveaux » est traversé par une mutation culturelle très profonde, liée en partie à l'essor de la famille et à l'affaiblissement de l'autorité parentale, à la perception des différences culturelles internes à la société algérienne et au destin de l'islam.

L'historien nous a parlé d'une certaine « logique » de l'histoire. Il y a des causes ou plutôt des rapports de forces. Un schème de compréhension très éclairant en sciences sociales est sans doute fourni par le principe de « sélection » : c'est le plus fort qui gagne, d'après un certain darwinisme historique. Face à ce type d'interprétation nous pouvons avoir une double réaction : une réaction « morale » qui la condamne d'emblée ou – ce qui en est l'envers et le plus répandu – un sentiment fataliste : l'évolution de la société algérienne est apparemment soumise à un certain nombre de nécessités géographiques, démographiques, économiques, etc. Ce qui m'a profondément touché dans la traversée proposée par l'historien, c'est la présence de *l'éthique* dans son discours, sous une forme tout à fait élémentaire et essentielle : *une « place » est à accorder aux générations futures !* En d'autres termes : le discours éthique naît quand une nouvelle génération arrive et que la précédente prend conscience qu'elle a le devoir envers ceux qui arrivent sur la scène de l'histoire de leur transmettre la vie. L'éthique a été évoquée ensuite dans l'analyse de la « paupérisation » : « L'histoire n'est pas le lieu de l'absolu, de la vérité, de la justice, etc., mais le lieu d'un peu plus de justice, d'un peu moins de pauvreté, d'un peu plus de vérité ». C'est là un deuxième terrain commun entre nos deux intervenants et nous.

• Au cœur de la transformation historique de l'Algérie, il y a ce qui a été appelé « *l'émergence lente et difficile d'une société civile* ». Une définition a été proposée : l'individu se distingue de son appartenance familiale, devient « sujet » en relation avec d'autres « sujets », fonde des groupes d'intérêts divers et, s'appuyant sur cette base nouvelle, projette de peser sur l'histoire. La *différenciation* qui caractérise la société « moderne » commence donc avec la naissance du « sujet » en relation avec d'autres « sujets » pour qui la question de leur appartenance familiale n'est plus centrale : la « conscience » singulière et le respect d'autrui peuvent alors devenir des références ultimes possibles.

Cette reconstruction schématique est cependant menacée par l'abstraction. Cela a été noté, par exemple lorsque le problème de la formation a été abordé, l'initiation traditionnelle et l'éducation contemporaine ne fonctionnant pas de la même manière. Mais cela dit, une fois née au sein des relations parentales, la conscience rend possible l'émergence d'une société civile : des groupes d'intérêts et des associations se forment (dont la position ambiguë en Algérie a été soulignée) ; le multipartisme permet que les intérêts des uns et des autres commencent à s'exprimer (tout en étant dangereusement fermé par exemple à la grave question de la paupérisation). La clé de voûte de cette société civile, enfin, est le débat entre ses différentes composantes, si difficile à amorcer en Algérie.

• Ce processus historique retracé à grands traits passe actuellement par *des déstructurations terribles et des violences innommables*. L'expression suivante a été utilisée à deux reprises : « La société algérienne a traversé plusieurs traumatismes historiques d'échelle majeure ». L'intelligence historique nous aide en effet à comprendre la question lancinante : « Mais pourquoi la violence ? »

Notre premier devoir éthique est de démasquer, par notre intelligence, les mécanismes de la violence. C'est ce que l'historien a fait en nous empêchant surtout de la diaboliser. Dans la tradition chrétienne, on ne parle d'ailleurs que très peu du diabolique : *il ne se trouve plus sur la terre*, Kant l'avait déjà remarqué. Analyser les mécanismes de la violence, c'est donc remarquer que celle-ci est presque toujours déjà une réponse à d'autres violences ; qu'elle s'exprime à travers des intérêts qu'elle poursuit jusqu'au bout, au détriment d'autres intérêts ; qu'elle est liée, dans ses formes les plus extrêmes, à des crises très profondes du vivre ensemble des « consciences », au moment où celles-ci adviennent à elles-mêmes, etc.

L'émergence d'une société civile est le seul antidote que l'histoire a trouvé à opposer à la violence ; à condition cependant de comprendre la société civile comme porteuse d'une éthique, c'est-à-dire d'un *sens du bien commun*. L'alternative, évoquée à l'instant, entre une logique des forces et le principe de sélection, d'un côté, et le respect comme référence ultime, de l'autre, revient ici. Selon nos Écritures, la règle d'or qui existe d'ailleurs dans toutes les cultures – « Tout ce que vous voulez que les autres fassent pour vous, faites-le pour eux ! » – a ici sa place fondamentale[1]. Elle permet par exemple de repérer à quel point le bien commun est menacé par la paupérisation de celui qui est à mes côtés.

Ce qui vient d'être dit suppose cependant une profonde transformation des mentalités et l'instauration d'un nouveau rapport entre la société civile et l'État. Comment peuvent-ils un jour sortir, comme nous le disait l'un des intervenants, de leur diabolisation mutuelle ? Quand l'État est instrumentalisé par quelques acteurs sociaux, tous les autres le diabolisent et, pour en venir au bout, ils ne peuvent agir que comme lui. C'est ce qui a été défini comme la « capture » de la société civile par l'État et de l'État par la société civile.

À plusieurs reprises, il a été question de la *mondialisation* comme facteur important des évolutions décrites à l'instant :

– à propos du Fond monétaire international et de l'ajustement structurel, de la question de la dette, de la fin du chômage déguisé et de l'émergence du chômage réel ;

– lorsque la nouvelle politique de la Banque mondiale a été abordée. Il semble qu'elle applique le principe de « sélection »[2] dans sa simplicité la plus brutale : il n'est pas possible de laisser un pays se dégrader totalement ; il faut donc y injecter à nouveau quelques « ressources » pour que l'ensemble de la machine mondiale ne se grippe pas … pratique peut-être « cynique » qui laisse pourtant, ici et là, quelques niches pour des actions positives ;

– au moment où nous avons parlé du problème, beaucoup plus visible, de la communication, des modes et styles de vie, de l'extrême difficulté des consciences à émerger à elles-mêmes et à sortir du mimétisme ;

– enfin, j'introduis ici un concept qui n'a pas été utilisé jusqu'alors, celui de « glocalisation » ; c'est une contraction de « globalisation » et de « localisation ». Pourquoi la globalisation peut-elle avoir un effet sur l'histoire de l'Algérie ?[3] Parce qu'elle trouve, en quelque sorte, une tête de pont dans ce pays où elle a su placer ses acteurs qui peuvent jouer le rôle de relais. Parfois un tel procédé génère des résultats positifs dans le pays lui-même, à condition cependant que le « politique » et un sens du bien commun y aient émergé pour tirer localement profit de la mondialisation. On revient ici à la question de la société civile et de l'État. Tant que le politique ne fonctionne pas vraiment, il ne pourra jouer que le rôle du relais et de la tête de pont d'une mondialisation externe.

• On nous a expliqué, pour finir, que, dans ce processus de mondialisation, s'opère aussi une transformation très radicale de la religion, à savoir surtout de *l'islam*. Cette mutation a été abordée de deux manières : par le biais d'une distinction naissante, dans la population, entre un *sens* de l'humainement acceptable, d'un côté, et une identité religieuse, de l'autre – ce qu'on appelle parfois la « sécularisation du religieux » ; par une analyse des partis religieux et des processus d'instrumentalisation du religieux. Deux exemples ont été donnés : le FIS[4] instrumentalise le politique en vue du religieux et le HAMAS[5] utilise le religieux au service du politique. Mais il faut ajouter immédiatement que tout peut être instrumentalisé, notamment les Droits de l'Homme qui ont été en effet utilisés dans certaines négociations internationales.

Comment définir, dans cette situation de grande mutation, les rapports entre éthique et religion ? Personnellement je fais intervenir ici « l'immanence » de l'éthique comme principe fondamental : si le discours éthique, le sens du bien commun et les références ultimes de la vie ne surgissent pas du plus profond des consciences et de la société algérienne, il ne sert à rien de vouloir les « importer » de l'extérieur. Le processus d'apprentissage qui est en jeu prend nécessairement du temps. Les consciences adviennent à elles-mêmes quand elles commencent à s'interroger. Or, il s'agit ici d'une triple interrogation :

- l'auto-interrogation de la *société algérienne* par rapport à son être ensemble, son lien social traversé par les violences qu'on connaît ;
- l'auto-interrogation de *l'islam* – ce n'est pas nous qui pouvons interroger les musulmans mais nous pouvons être « témoins » de leurs questions – ;
- à condition cependant que *nous* aussi – et *notre tradition chrétienne* – nous soyons capables de nous interroger sur nous-mêmes.

Le grand théologien d'Alexandrie, Origène, a dit un jour que « Dieu cherche une voie pour que *nous fassions volontairement* ce qu'il veut ». C'est le mystère de l'histoire et le mystère de la société algérienne. Dieu cherche une voie, ai-je envie de conclure, pour que les Algériens fassent volontairement ce qu'Il veut : la vie et sa transmission ne peuvent donc pas leur parvenir de l'extérieur ; elles doivent et peuvent émerger totalement de l'intérieur d'eux-mêmes et de leur société. Mais pour que cet « événement » puisse se produire, *l'autre* a un rôle fondamental a jouer : il prête l'oreille et ouvre les yeux et, puis, devient « témoin » de ce qui advient.

Notes

1. *Cf.* plus haut, p. 44sv.
2. *Cf.* plus haut, p. 88sv.
3. *Cf.* la définition de la « mondialisation » et ce qui a été déjà dit du « prix humain incalculable » qu'elle coûte à l'humanité, plus haut, p. 81-83.
4. Front Islamique du Salut. Il a fait son apparition en 1989 après la libéralisation des partis politiques, suite aux émeutes du 5 octobre 1988. Il a été dissous comme « anticonstitutionnel » en février 1992 avec l'arrivée du Président Boudiaf. Ses dirigeants les plus connus sont Abassi Madani et Ali Benhadj. Ceux-ci ont été arrêtés en juin 1991 suite à la grève insurrectionnelle du printemps 1991. Condamnés à douze ans de prison, ils viennent d'en sortir.
5. C'est le parti de Mahfoud Nahnah, considéré comme un islamiste modéré. Le sigle est formé à partir des initiales de la dénomination arabe du parti. En français : « Mouvement de la société islamique pour la Paix ». Pour se mettre en accord avec la nouvelle loi qui interdit aux partis politiques de se réclamer de l'islam, il a changé de nom et s'appelle maintenant MSP – Mouvement de la Société pour la Paix. Son fondateur, le cheikh Mahfoud Nahnah, est décédé récemment.

III

PRÉSENCE, TÉMOIGNAGE, MISSION, ACCOMPAGNEMENT

Après avoir ausculté la société algérienne, nous allons revenir à la question centrale de notre parcours : « Pourquoi sommes-nous toujours là ? » Question que nous allons reformuler maintenant en nous tournant vers l'avenir. Durant ces dernières années, cette interrogation a reçu des réponses très diversifiées ; je pense que le moment est venu d'envisager ces différences. Celles-ci sont d'ordres divers ; il suffit de vous regarder mutuellement : vous appartenez à différentes générations ; il y a parmi vous plusieurs traditions spirituelles, sans parler de vos itinéraires personnels – ils sont aussi nombreux que vous êtes nombreux –. Derrière cette richesse se profilent, bien sûr, des théologies différentes. Mais avant d'y venir, dessinons d'abord le profil de vos communautés.

Des différences de générations, de spiritualités, d'itinéraires personnels

Des générations cohabitent et se succèdent

Il suffit de relire le texte « L'Église du Maghreb en l'an 2000 » pour bien se rendre compte que différentes générations se sont succédé sur cette terre d'Algérie et y vivent encore ensemble. Je reprends brièvement deux exemples :

– Entre 1951 et 1957[1], c'est la perspective du « développement » qui est centrale parce qu'elle a véhiculé, à l'époque, quelque chose comme un universalisme ou un humanisme universel. Je lis la phrase suivante : « Parfois on constate des tensions entre une vocation de plus grande proximité aux frères du Maghreb et le Service pastoral des chrétiens […]. L'Église a fait le passage à un service plus humble et davantage ouvert aux réalités du pays ». Retenons donc, pour cette génération de chrétiens, la question du développement.

– De 1978 à 1990[2] : « Au milieu de ces peuples se réclamant de l'islam, la place de nos Églises allait en s'amenuisant numériquement parlant (bonne précision : « numériquement parlant » !). Pris dans la dynamique du développement – le thème central d'une génération précédente revient –, nous n'avions pas toujours assez tenu compte de la composante religieuse de nos sociétés ». À cette époque paraît donc un nouveau terme : « la composante religieuse de nos sociétés ». « Un certain renouveau de l'islam et de notre existence minoritaire au milieu d'un peuple musulman nous oblige à réfléchir sur les raisons profondes de notre présence parmi eux ». Voilà notre question ! Se manifeste ici une sorte de tension, caractéristique d'une génération, mais qui est peut-être aussi une question théologique : est-ce le « développement » – valeur humaine –, qui fonde votre présence ici ou est-ce une présence religieuse, pacifique et différente de celle de l'islam ? Pointe ici une autre manière de comprendre et de fonder théologiquement l'existence ecclésiale en Algérie ; et c'est la suite du texte qui la développe ; j'y reviendrai le moment venu. Affaire de génération assurément, mais aussi et peut-être différence théologique.

Des spiritualités s'enrichissent mutuellement

J'en donne quelques exemples :

– La référence à Charles de Foucauld. Dans le cahier de vos évêques, Charles de Foucauld revient à plusieurs endroits, par exemple quand y est évoqué le temps de Nazareth. Voilà une spécificité spirituelle : « partage tout simple de la vie des hommes, allant parfois jusqu'à l'enfouissement sans résultat apparent »[3] ; cet enfouissement de Nazareth est bien évidemment lié à la présence cachée de l'Eucharistie. Plus loin, on fait tout un éloge de Charles de Foucauld « qui, malgré son environnement culturel et politique (et je dirais même, malgré sa théologie), a su redécouvrir peu à peu l'attitude évangélique du témoignage »[4]. Voilà encore un autre terme à retenir.

– La référence à saint François d'Assise. Dans le cahier des évêques, on cite la *Regula non bullata* au chapitre 16 de ce célèbre texte de 1221. Je cite quelques extraits : « Les frères peuvent promouvoir avec les infidèles des rapports spirituels de deux façons différentes ». Il existe donc pour les frères deux manières différentes de fonder leur « présence ». La première manière est « qu'ils ne fassent ni litige ni dispute » – une façon d'évoquer la non-violence et la douceur de saint François – « mais qu'ils soient soumis, par amour de Dieu, à toute créature humaine et qu'ils confessent qu'ils sont chrétiens ». Retenons cette très belle formule : « soumis, par amour de Dieu, à toute créature », c'est l'attitude du *Poverello*, de l'homme doux, en manque d'autrui. Nous pouvons dire en effet qu'autrui est celui qui me manque le plus, au point de me soumettre à lui, comme le fit Jésus, Dieu lui-même étant Celui qui se soumet à sa propre créature, lui lavant en quelque sorte les pieds. Voilà une première attitude. François n'exclut pas une seconde possibilité : « lorsque les frères verront que cela plaît au Seigneur » – extrême prudence ! – « qu'ils annoncent la parole de Dieu ».

– La référence à saint Ignace et à sa spiritualité : chercher Dieu en toute chose. Cette présence de Dieu en toute culture a toujours une connotation libératrice. Il s'agit de mettre l'autre debout en transformant les conditions de son existence – d'où l'intérêt pour l'école, pour l'éducation, la santé, etc.

L'Église d'Algérie est riche de beaucoup d'autres références spirituelles encore. Je n'ai pas parlé des Pères Blancs et des Sœurs Blanches, si présents pourtant dans votre Église, ni des Pradosiens, ni de la Mission de France, etc. Je voulais simplement souligner, au début de cette troisième étape de notre parcours, que nos spiritualités nous offrent des manières différentes de nous situer ici et de structurer ou de fonder notre présence. Je pense que vous gagneriez à entrer davantage dans un partage à ce niveau de profondeur.

Des itinéraires personnels

Différence de générations, différence de spiritualités, et j'ajoute tout de suite : *différence d'itinéraires personnels*. Quand nous allons parler des différences théologiques entre nous, il ne faut pas perdre de vue ces enracinements que je viens d'évoquer ; elles sont à la fois d'ordre historique, générationnel, spirituel et personnel.

Des différences théologiques

Je voudrais maintenant construire une petite typologie des manières de fonder votre présence ici en utilisant différents mots – ils se trouvent dans le titre de ces quelques réflexions. Ce sont des mots qui circulent partout dans vos textes : le mot « mission » – mot le plus classique, le plus ancien – ; le mot « accompagnement », terme plus récent ; le mot « présence » et le mot « témoignage ». Je vous invite donc à vous sensibiliser davantage aux mots que vous utilisez, et nous allons voir pourquoi.

Mission

Ce mot est le mot le plus traditionnel ; il a, dans le langage des Écritures et de la tradition, deux connotations différentes. C'est notre chance historique de prendre conscience de cette différence. Le sens fondamental s'est progressivement précisé à Vatican II. Vous lisez dans *Lumen gentium* cette célèbre phrase, d'ailleurs citée dans le document de vos évêques : « L'Église étant dans le Christ en quelque sorte le sacrement, c'est-à-dire à la fois le signe et le moyen de l'union intime avec Dieu et de l'unité du genre humain, elle se propose de mettre dans une plus vive lumière, pour ses fidèles et pour le monde entier, en se rattachant à l'enseignement des précédents conciles, *sa propre nature et sa mission universelle* »[5]. Langage un peu curieux, c'est vrai, comme si on pouvait déterminer d'abord la nature de l'Église et ensuite sa mission. Mais on n'est pas encore à la fin du Concile ; si vous lisez *Ad gentes* – le texte sur l'activité missionnaire de l'Église, promulgué un an après *Lumen gentium*, en 1965 –, vous trouverez cette phrase audacieuse mais théologiquement parfaitement cohérente avec notre tradition : « *Par nature,* l'Église durant son pèlerinage sur terre *est missionnaire* »[6]. C'est le véritable sens du terme mission : l'Église *est* missionnaire puisque elle tire son origine de la mission du Fils et de la mission du Saint Esprit, selon le dessein de Dieu le Père. Nous reviendrons plus tard à cette formule « *selon le projet de Dieu*, l'Église est missionnaire ». Cela a été le grand désir de Jean XXIII – certainement pas celui de Pie IX – de présenter au monde une Église totalement *décentrée,* décentrée par rapport à l'Évangile et par rapport aux nations. Et ce n'est que lorsqu'elle est décentrée qu'elle peut être *signe / sacrement.* Sinon à quoi renverrait-elle ? À elle-même ! Or la signification fondamentale du mot mission – *de sa nature même l'Église est missionnaire* – est l'identité décentrée de l'Église.

Cette signification fondamentale a pris dans l'histoire du christianisme des figures différentes. À l'époque des Pères – nous les retrouvons maintenant, d'une certaine manière, et je préciserai cela – l'Église est missionnaire par son *rayonnement évangélique* dans la société méditerranéenne ; on pourrait dire qu'elle est missionnaire par contagion. Ensuite, à partir du VIe siècle – environ à partir du pape Grégoire le Grand –, on peut parler d'une initiative missionnaire, au sens classique du terme : l'envoi de missionnaires chez les Anglais, chez les Germains ... C'est la naissance d'une conception *spatiale* de la mission *et* de la catholicité ; on y reviendra. Le XVIe siècle s'inspirera encore de cette conception : la perte de certains pays du Nord de l'Europe sera compensée par l'Amérique latine, les Indes, la Chine, le Japon – *c'est la première mondialisation.* Aux XVIIIe et XIXe siècles, avec la collusion entre la mission et la colonisation, nous restons dans la ligne d'une conception spatiale (mission *ad extra*). En même temps, plus précisément à partir des papes Léon XIII, Pie XI et Pie XII, commence en Europe l'idée d'une mission *intérieure* : la reconquête intérieure qui donne naissance à l'idée de l'Apostolat des laïcs, des mouvements d'Action Catholique, etc.

Vous trouverez tout cela dans votre cahier « Les Églises du Maghreb ». Il propose une relecture succincte mais très précise de l'histoire de la mission[7], en y ajoutant d'ailleurs une réflexion critique sur le terme « mission ». Pour en comprendre l'enjeu, il faut relier ici deux passages du texte. En parlant de la différence des cultures des deux rives de la méditerranée, les évêques écrivent : « Sans sombrer ni dans l'idéologie de la fin de l'histoire, ni dans celle du choc des civilisations, on peut dire que deux universalismes se trouvaient face à face. Ils ont la caractéristique commune d'être des universalismes de l'espace. Nous entendons par là des universalismes qui pensent se réaliser en occupant tout l'espace mondial. L'un prend davantage ses inspirations dans ses sources passées. L'humanité ne pourra trouver la paix qu'en retrouvant une pureté originelle qui, en fait, n'a jamais existé. L'autre est tourné vers l'avenir. Il cherche à construire un Nouvel Ordre Mondial dont le moteur est essentiellement économique, voire même financier, mais dont les conséquences culturelles et sociales sont très importantes »[8]. Et voici l'autre passage : « Il faut reconnaître, d'autre part, que le mouvement missionnaire chrétien, qui a été favorisé par l'expansion européenne de ces derniers siècles, relève, en partie, de la même problématique »[9]. Vous repérez, là encore, la prédominance de la problématique de l'espace.

Accompagnement

Je dirai que ce mot s'inscrit dans le renouveau de la conception missionnaire, issu de *Ad gentes*. Il ne se réfère donc plus à une problématique spatiale mais se situe davantage dans un champs *relationnel* ; et c'est un passage important. Nous connaissons le langage relationnel à partir de nos expériences d'accompagnement psychologique ou spirituel. Mais il faut *veiller* ici parce que ces types d'accompagnement sont nécessairement provisoires, basés sur une asymétrie : quelqu'un – le psychologue ou l'accompagnateur spirituel – accompagne quelqu'un d'autre ; situation temporaire et provisoire parce qu'orientée vers l'effacement de la relation d'accompagnement ou vers une relation de symétrie. C'est à cet endroit précis qu'apparaît dans votre vocabulaire le terme « accompagnement *mutuel* » qui vous sert pour dire votre présence ici.

Tel d'entre vous est davantage sensible aux *implications culturelles* de ce terme, montrant qu'il peut prêter à malentendu : en arabe (*asafa* ou *isaaf* en dialectal) il véhicule en effet « quelque chose » qui est de l'ordre de la séduction ou de la diplomatie de celui qui se soumet à l'autre pour arriver subtilement à ses fins : « l'accompagnement de l'autre à son rythme, dans son sens, en évitant tout heurt, toute violence ». D'autres utilisent le vocabulaire de l'accompagnement mais en lui *superposant d'autres termes*. Un des textes préparatoires par exemple parle de l'« accompagnement où nous sommes quelquefois accompagnateurs, quelquefois accompagnés ». C'est le sens original : la symétrie entre les partenaires sur laquelle vous insistez. Mais le texte continue : « Dans ces accompagnements réciproques, dans ces rencontres où ce qui advient dépasse les uns et les autres, il y a bien une *annonce* qui se fait par les uns et les autres, l'annonce d'un homme nouveau [...]. C'est une grande annonce que nous faisons et que nous recevons ». La symétrie est, une fois de plus, centrale : « elle est au cœur de notre *mission* ». Subrepticement on revient au terme de « mission » : mais, ajoute le texte, « nous sommes des missionnaires *humbles et discrets*, car nous annonçons, certes, cette Bonne Nouvelle, mais nous la recevons » – voilà encore la symétrie. Les mots « mission » et « annonce » ne servent ici que comme prétexte pour justifier le discours, légitime en lui-même, de la symétrie et de l'accompagnement.

Pourquoi ces deux exemples ? Parce qu'ils me paraissent significatifs de quelque chose à quoi nous avons intérêt à réfléchir ensemble avant d'examiner les deux dernier mots.

Le langage de *l'accompagnement* est un langage d'humanité, un langage anthropologique ; je viens de le signaler. Or, il est utilisé de deux manières différentes :

– Dans le premier cas, on est sensible à sa signification *culturelle* : que veut dire en effet « accompagnement » pour les oreilles de ceux qui font partie de la culture ou des cultures algériennes ? Dans le deuxième cas on lui superpose d'autres langages, pour, en quelque sorte, le mettre en accord avec des *mots chrétiens* plus traditionnels.

– Dans le premier cas, on perçoit alors la *violence* que le vocabulaire de l'« accompagnement » peut cacher et qui est ici liée à une différence culturelle extrêmement fine. Ceux, par contre, qui, comme dans le deuxième cas, insistent trop rapidement sur la *symétrie* risquent de se faire des illusions sur ce décalage qui se cache dans un accompagnement mutuel : tandis que les uns accompagnent et expriment une réciprocité, les autres se situent au niveau d'une attitude intelligente et diplomatique face à l'Occidental, globalement perçu comme oppresseur.

Cette connotation culturelle de tous nos mots m'oblige à ajouter deux petites réflexions avant d'aller plus loin :

• Dans l'Église post-conciliaire marquée par la constitution *Gaudium et spes* et dans la génération qui s'en est inspirée – il en est question dans votre cahier (1951 à 1977)[10] –, le langage anthropologique de « l'humanité » devient tout d'un coup décisif. Je retiens une très belle formule d'un texte de Jean Franchimont : « Le Christ est venu pour épouser l'humanité ». Le langage de l'humanité se présente ici comme langage universel ! Or, ces dernières années, vous éprouvez tous la même difficulté à accéder à ce qui est véritablement « humain ». Quelle est cette humanité que le Christ est venu épouser ? Quelles sont ces valeurs universelles que nous évoquons ? Comment y accéder ? Nous avons tous fait l'expérience, à un moment donné, de nous étonner de la violence, non seulement de la violence directe, mais de celle qui se manifeste dans les propos de nos voisins et de celle que nous découvrons en nous-mêmes. La nouveauté de votre situation est peut-être là. Je ne veux pas dire qu'il faudrait abandonner le langage de l'« humain » – c'est le langage le plus élémentaire – ; mais nous avons différentes manières d'accéder à cet « humain ». *L'humain est d'emblée et inévitablement marqué par nos appartenances culturelles.* Les « malentendus » (j'en ai parlé longuement dans mes réflexions sur l'Incarnation[11]) sont inévitables quand des personnes, appartenant à des cultures différentes, se rencontrent : le « mal-entendu » peut se transformer en violence mais il peut aussi devenir le tremplin d'une rencontre en vérité s'il suscite la volonté de comprendre et de se faire comprendre.

• Ma deuxième réflexion concerne notre rapport aux mots. C'est l'autre versant de la même difficulté. À l'époque post-conciliaire on a souvent dit : « vivons plutôt que de parler ! Nos mots sont piégés ! » Il y a là un certain scepticisme par rapport aux mots comme si les mots nous empêchaient de rencontrer l'autre en vérité. On trouve cet aspect des choses dans certains des témoignages entendus. Mais ici, en Algérie, les mots se mettent à vibrer. On ne peut pas renoncer aux mots. Il faut parler et, en toute rencontre, même la plus simple, on parle. La question n'est donc pas de « parler ou de ne pas parler » ; la question est plutôt « *quel langage* parler ? » Dès que nous nous posons cette question, nous devenons aptes à nous mettre à l'école des Écritures, à l'école même de Jésus qui nous apprend à parler, par exemple en paraboles. La question n'est pas de renoncer aux mots pour laisser faire la vie ; c'est une illusion *parce l'homme est – par définition – être parlant.* Mais la question est « comment parler ? »

Ces deux réflexions nous permettent déjà de comprendre pourquoi il y a eu hésitation, lors de la préparation de ce parcours, sur les mots « présence » et « témoignage » – les deux derniers mots à examiner maintenant[12].

Présence et témoignage

Il y a risque d'identifier la présence au silence absolu et de la pousser finalement en direction de l'insignifiance, de la confusion où il n'y a plus de différence. Se méfiant alors d'une « simple présence », menacée par l'insignifiance, on préfère l'autre mot, celui de « témoignage ». Mais là encore on risque de le pousser en direction d'une annonce explicite ; témoigner signifierait alors qu'on utilise un langage religieux particulier. On comprend parfaitement ce que raconte l'un d'entre vous : « Dans un échange à la demande des étudiants, il m'est possible d'expliquer les choix de vie que j'ai faits, le pourquoi de telle ou telle position, *dans des termes neutres*, qu'ils rapportent à leur expérience et ce qu'ils savent du Coran. Ils apprécient la valeur de ces choix, mais doutent que je puisse être pleinement solidaire de leur démarche. Ma présence n'a rien d'une nécessité économique, et elle ne peut être perçue que comme celle d'un missionnaire, mot qui évoque à plusieurs d'entre eux les croisades ». Le problème du langage revient à nouveau : comment parler ? – « dans des termes neutres » ? – qu'ils rapportent ... eux, aux croisades. Les mots sont piégés, ils sont difficiles. Le risque est donc soit qu'on se réfugie dans une « simple présence » en la poussant finalement au silence ou, au contraire, qu'on renforce l'idée de « témoignage », comprenant alors ce mot comme annonce explicite et religieuse. Une formule proposée dans un texte de synthèse tente alors d'articuler les deux significations : « Par sa *présence* continue ici, l'Église *témoigne* de sa confiance dans le peuple algérien et son avenir. »

Je prends d'abord le mot « témoignage », mais en revenant à sa signification originelle qui est lucanienne (*Ac* 1, 8) et surtout johannique ; c'est le terme clef de la littérature johannique, non seulement dans le Quatrième Évangile mais aussi dans les lettres et surtout dans l'*Apocalypse*. Le témoin, c'est d'abord le Baptiste qui rend témoignage ; c'est ensuite Jésus lui-même qui est décrit comme témoin (*Jn* 18, 37), on risque de l'oublier – l'*Apocalypse* dira de lui qu'il est « le témoin véridique et fidèle » (*Ap* 3, 14) – ; c'est enfin le narrateur lui-même, celui qui témoigne face au crucifié (*Jn* 19, 35sv), et à sa suite la Samaritaine et beaucoup d'autres encore : à partir d'un centre, la signification du terme s'élargit. Mais il faut surtout retenir que le terme « témoin » vient dans un contexte de procès ; il faut lui garder cette connotation. Le sens de ce terme est donc beaucoup plus limité, plus précis que celui des mots « accompagnement » ou « présence ». Normalement le témoin peut revendiquer l'immunité. Ici il est appelé à témoigner face à la violence. L'évangile de Jean – j'ai expliqué cela dans mes réflexions sur *l'Incarnation*[13] – utilise la technique du « mal-entendu ». L'humanité est sans cesse traversée par des mal-entendus et *le* mal-entendu. Dès qu'il y a un étranger, il y a possibilité de mal-entendu : l'étranger est d'abord étrange. Le mal-entendu peut alors basculer dans la violence ou devenir le tremplin d'une « entente ». Le témoin, dans le langage johannique, – le martyre – est celui qui, au prix de sa vie, rend possible un *entendre.* « Heureux celui qui a des oreilles pour entendre ». Je laisse, pour le moment, en suspens la question : « que-ce qui est à entendre ? » Vous êtes souvent dans cette situation du « témoignage ».

Venons-en maintenant au terme de « présence ». Il est plus large ; il partage avec celui de l'« accompagnement » l'enracinement anthropologique. Quand on dit « présence » on entend ce mot toujours avec celui de l'« absence ». Présence et absence ; et il y a un mot très important pour vous qui n'a pas encore été évoqué – et il vient maintenant – le mot de « rencontre ». On peut être tout à fait présent, tout en restant absent, nous le savons très bien. Il faut donc ajouter une connotation spécifique, ce que, par exemple, nous appelons « présence d'esprit ». Ce très beau terme signifie la concentration de tout notre être ; concentration non seulement physique mais de nos sens qui sont alors ouverts, notamment l' « entendre ». Ce que je viens d'évoquer est très élémentaire ; mais c'est « l'unique nécessaire ». J'entends encore dans le terme « présence » la capacité d'être à la même hauteur qu'autrui. Sinon, il n'y aurait pas « présence » mais « hiérarchie ». La présence à autrui exige donc que je sois à la même hauteur que lui, à la hauteur de sa voix et de ses oreilles, au même niveau que ses yeux et son regard. Dans la troisième partie de sa *Somme théologique*, saint Thomas a une réflexion magnifique sur ce qu'il appelle le « *modus conversationis Christi* ». Tout le monde comprend : « mode de conversation » ; mais le latin est plus riche : il faut traduire « manière d'être avec autrui ». Les premiers Dominicains ont beaucoup insisté sur ce point : on n'évangélise pas à cheval, on évangélise à hauteur des yeux et de la voix d'autrui ; voilà la « présence ».

Vous comprenez à quel point ce mot est chargé de sens, si on le prend vraiment au sérieux. Je voudrais citer, pour finir, une belle formule qui se trouve dans un de vos documents : « La présence évangélique n'est-ce pas le fait d'être là et d'y vivre selon la pratique de Jésus, pratique aux aspects multiples » ; et l'auteur continue : « pour ce faire, chacun de nous et l'Église sommes invités à *laisser le champ libre à l'Esprit* pour qu'il nous inspire dans nos attitudes, nos actes et nos paroles »[14].

On a parlé, il y a quelques instants, des mots et de la vie. La formule citée articule vraiment l'intérieur (les attitudes, la conscience), les paroles et les gestes : voilà notre être corporel en présence d'autres êtres corporels ; et ne limitons pas cette présence au domaine privé. Quand je dis « présence évangélique », j'entends présence « christique ». On pourrait dire que la rencontre est présence du Christ. Et puisque le mot « présence » a non seulement une connotation corporelle mais rappelle aussi la racine « le présent », à savoir le cadeau, on peut encore ajouter que la véritable présence est toujours un présent, un cadeau, que ce soit l'autre qui m'est présent, étant par là un présent, ou que ce soit l'inverse ou encore les deux. C'est alors qu'apparaît l'élément sacramentel de la rencontre dont il était question dans mes deux premières séries de réflexions[15].

Je voudrais plaider simplement pour ce mot « présence évangélique » parce qu'il permet d'intégrer au mieux – sans dichotomie aucune – les différentes dimensions indiquées à l'instant. Ce mot nous aide à sortir de la dichotomie entre notre intérieur – nos attitudes, nos pensées ou notre conscience –, nos paroles et nos gestes. La présence suppose l'articulation des trois. Ce terme nous vient des évangiles ; mais, je le redis, chacune de nos traditions spirituelles donne à ce terme une connotation différente.

Notes

1. *Les Églises du Maghreb en l'an 2000,* dans *DC* 97 (2000/5), 232sv.
2. *Ibid.,* 233sv.
3. *Ibid.,* 238.
4. Les évêques du Maghreb, *Les Églises du Maghreb en l'an 2000,* version originale avec des annexes, Archevêché d'Alger, janvier 2000, 31.
5. *Lumen gentium,* n° 1.
6. *Ad gentes,* n° 2.
7. Un petit chapitre annexe sur le message de François d'Assise, avec une référence à Charles de Foucault (*Les Églises du Maghreb en l'an 2000,* version originale, p. 30).
8. *Les Églises du Maghreb en l'an 2000,* dans *DC* 97 (2000/5), 235.
9. *Ibid.,* 236.
10. *Ibid.,* 232sv.
11. *Cf.* plus haut, p. 59-63.
12. Je me réfère ici à la synthèse des réponses reçues au questionnaire préalable à la session interdiocésaine ; *cf. 1er fascicule,* 29sv.
13. *Cf.* plus haut, p. 59-63.
14. *Ibid.,* 29.
15. *Cf.* plus haut, p. 42-51 et 58-73.

IV

DISCERNER LE TRAVAIL DE L'ESPRIT DANS LA SOCIÉTÉ

Abordons maintenant l'autre versant de notre interrogation sur « la présence évangélique *dans une société algérienne*, prise entre la mondialisation et les revendications identitaires ». C'est la question de l'universalisme chrétien qui est posée. En effet, l'universalisme propre à notre tradition chrétienne s'avère aujourd'hui problématique, non seulement dans une société comme la société algérienne qui est déjà habitée par un autre type d'universalisme – celui de l'islam – et qui est traversée (au sens fort du terme) par l'imaginaire et la réalité de la mondialisation, mais dans toutes les sociétés où plusieurs types d'universalismes risquent de s'affronter.

L'universalisme de notre tradition chrétienne est fondé sur Jésus de Nazareth qui annonce – en parole et en actes – la venue imminente de Dieu, de « Celui qui était, qui est et qui vient ». Il est également fondé sur la vision de Paul : à savoir la grande typologie du premier et du second Adam. Les historiens ont crédité le christianisme primitif d'une singulière puissance de transgression de toutes les frontières, ethniques, culturelles et politiques ; et l'universalisme occidental, la première, la seconde et la troisième mondialisation, sont – comme on le dit parfois à juste titre – le fruit détourné de l'universalisme de Jésus de Nazareth et de Paul. Mais dans la communauté primitive se manifeste très tôt un paradoxe auquel il faut réfléchir parce qu'il est d'une brûlante actualité. En dépit de la fécondité des premières communautés chrétiennes, elles restent un tout petit troupeau, durant les premiers siècles et jusqu'au tournant constantinien. Saint Paul dit : « Je me suis fait un point d'honneur de n'annoncer l'Évangile que là où le nom de Christ n'avait pas encore été prononcé [...]. Et c'est bien ce qui, à maintes reprises, m'a empêché d'aller chez vous. *Mais maintenant, comme je n'ai plus de champ d'action dans ces contrées*, j'ai un vif désir d'aller chez vous, quand j'irai en Espagne ... » (*Rm* 15, 20-24). Apparemment la partie Est de l'Empire est évangélisée. Or, il n'y a qu'un petit troupeau dans chacune des grandes villes ...

Un petit troupeau qui veut comprendre sa minorité tout en tenant à l'universalité de son Dieu : voilà le paradoxe de l'universalisme chrétien qui situe l'« universalité » d'abord et avant tout du côté de Dieu – *c'est Dieu qui est catholique*. Comment alors va-t-il penser ce paradoxe ? Il le fait à travers le vocabulaire « trinitaire » du « Verbe de Dieu fait chair » et de l'« Esprit répandu sur toute chair ». Comment comprendre aujourd'hui que le Dieu de Jésus-Christ, le Dieu de cet homme de Nazareth, est présent, agit, travaille en tout être humain, en toute chair, et cela en dehors des frontières visibles du christianisme institué ?

Dans la mesure où nous sommes revenus, surtout ici en Algérie mais aussi ailleurs, à une situation analogue à celle des Églises anciennes du bassin méditerranéen, nous utilisons tout spontanément leurs schèmes pour penser notre propre situation. Vous trouvez ce point dans le cahier « Les Églises du Maghreb ». Dans un premier temps, nous allons donc lire ensemble la page concernée. Ensuite j'essaierai de montrer que nous sommes appelés non pas à renier ce schème mais à le nuancer. Comment ? Précisément en revenant aux schèmes bibliques qui sont d'emblée pluriels et beaucoup moins abstraits que le langage de l'Incarnation qui est global. Cela sera mon deuxième point. Pour finir, je voudrais indiquer un principe de discernement : comment comprendre le travail de l'Esprit dans la société, ou quel est le critère de discernement de sa présence. En revenant aux interventions de nos amis algériens, j'ai mis en valeur le critère éthique[1] ; comme chrétien et théologien, je propose maintenant de le compléter par le critère théologal de « sainteté ». Entre ces deux critères il y a en effet un lien intime qui doit être précisé.

La reprise actuelle du schème patristique

Ce schème nous est proposé pour la première fois par saint Irénée. Vous connaissez de saint Irénée surtout le terme de « récapitulation », tiré de la Lettre aux Éphésiens : « récapituler l'univers entier dans le Christ ». L'universalisme chrétien est un *universalisme qui récapitule tout.*

Origène et d'autres Pères utilisent un autre terme, celui des « semences du Verbe », qui se trouvent en toute religion, en toute société. Dans le document de vos Évêques, vous trouvez ce schème théologique classique pour discerner la place de l'Esprit non pas dans la communauté chrétienne mais autour de nous, dans la société :

> « Dans un souci de loyauté, nous avons cherché à penser et à exprimer nos relations de manière acceptable par tous. Nous voulions respecter la tradition religieuse de nos amis tout en exprimant la place centrale que Jésus-Christ tient dans notre foi. Notre réflexion s'orienta sur deux pistes : la vocation commune à tous et la dimension universelle du mystère du Christ. Toutes les personnes ont une même vocation fondamentale ; elle est un appel à la croissance en humanité, dont l'étape ultime est la rencontre avec Dieu. Mais la croissance des individus ne se sépare pas de leur croissance collective et donc de leur environnement culturel et religieux. Jésus-Christ est le premier homme qui ait réalisé pleinement sa vocation religieuse, pour que tout homme réalise aussi la sienne en lui et par lui. L'incarnation du Verbe a une dimension universelle, et elle se déploie à travers l'histoire jusqu'à la fin des temps. Cette dimension se manifeste par l'Esprit Saint dont l'action se situe au sein même de tout dynamisme humain conforme à la vraie vocation de l'homme et dont les fruits peuvent être reconnus par tous : les valeurs de justice, de vérité, de liberté, de paix et d'amour. La présence du Verbe dans l'histoire est signifiée par l'Église, « sacrement universel du salut », c'est-à-dire le signe visible et efficace d'un dessein de Dieu qui concerne chaque homme et l'humanité tout entière »[2].

Ce passage fortement marqué par le schème patristique appelle plusieurs commentaires :

• Dans les traces de la tradition de l'Église, on distingue deux types d'universalisme qui se croisent – selon le dessein universel de Dieu – en Jésus-Christ. D'abord la vocation commune à tout être humain qui est en dernière instance religieuse : l'homme, créé à l'image *et* à la ressemblance de Dieu, qui réalise cette vocation librement en croissant en humanité – certains Pères de l'Église aiment beaucoup distinguer les mots « à l'image » et « à la ressemblance », situant entre les deux un chemin d'humanisation où se situe la liberté, créée à l'image en vue de la ressemblance –. Ensuite la dimension universelle de l'Incarnation, Jésus-Christ étant compris ici comme dernier Adam qui a « pleinement » réalisé sa vocation religieuse « pour que » tout homme puisse réaliser la sienne. L'Esprit Saint intervient pour combler, si je puis dire, la différence entre la particularité de Jésus-Christ, visible à nos yeux, et son universalité encore cachée. C'est la thèse des Pères de l'Église, de saint Irénée à Origène et bien au-delà – le concile Vatican II inclus –, qui synthétisent ainsi l'enseignement de Jean (le prologue de son Évangile), de Paul (les figures du premier et du dernier Adam) et de l'épître aux Éphésiens (le concept de récapitulation).

• Retenons encore l'insistance du texte de vos évêques sur la vocation *religieuse* de l'homme, reliée à son environnement collectif, à la fois religieux et culturel – point que nous avons précisé lors de la deuxième étape de notre parcours –, sans confondre cette vocation religieuse et le *dynamisme humain* des êtres ; le texte évoque les valeurs des Droits de l'Homme et ajoute celle de l'amour. Les « modernes » n'aiment pas trouver ce terme qu'ils ont privatisé dans le catalogue des valeurs ; ils l'ont remplacé par la « solidarité ». Le Verbe fait chair récapitule donc potentiellement *toute* l'humanité dans ses dimensions individuelle et collective, comme le dit encore merveilleusement la première partie de *Gaudium et spes*. Dieu nous y est présenté comme un pédagogue qui prend tout son temps et qui, dans sa « condescendance », se met à notre portée pour que, grâce à l'Esprit, nous puissions nous « accoutumer » à notre destinée.

• L'Église lit l'histoire des sociétés à l'aide de ce schème : elle lit les « signes des temps », comprenant par exemple les Droits de l'Homme comme manifestation de la vocation universelle de l'homme ; mais, de ce fait, elle se présente elle-même comme « signe » ; signe de l'universel humain, dans la mesure où elle se met à son service.

Tout y est, dans ce bref paragraphe qui dit l'essentiel de manière très succincte. C'est un schème de pensée, parfaitement juste. Je ne vais donc pas le critiquer mais le nuancer en fonction de ce que je perçois de la situation actuelle de l'Église en Algérie.

Personnellement j'estime que l'Église d'Algérie vient de passer *un double seuil* qu'il faut maintenant tenter de penser. Celui-ci nous oblige à passer du schème parfaitement juste qui vient d'être présenté à une pluralité des schèmes, tels qu'ils se trouvent dans nos Écritures. Quel est ce double seuil ?

– Une première difficulté du schème que je viens de présenter vient de sa globalité. Il est tellement général qu'il devient difficile de le mettre en contact réel et fécond avec ce que nous avons entendu sur le pays. Comment faire le passage d'une analyse historique et sociologique de cette société à une lecture de foi et une interprétation théologique ? Nous avons déjà rencontré cette difficulté pendant la deuxième étape de notre parcours quand nous nous sommes demandé comment passer d'une analyse des symptômes à une vision globale des transformations de la société algérienne. Il est impossible de mettre ce que nous avons entendu en relation directe avec le schème exposé à l'instant. Celui-ci ne connaît pas la « différentiation » des niveaux d'analyse (démographie, urbanisation, économie, politique, culture, religion) dont nous ont parlé l'historien et le sociologue[3]. Or, une certaine différentiation se retrouve au cœur de l'Évangile. Il n'y a pas un seul évangile, il y en a quatre ; il n'y a pas seulement quatre évangiles, mais aussi Paul ; il n'y a pas seulement Paul, mais encore Pierre et Jean ; il y a les *Actes* et l'*Apocalypse*. Et on peut encore continuer l'énumération : il y a plusieurs spiritualités, plusieurs mots pour dire votre présence, une multitude d'itinéraires. Le schème, que je viens d'exposer, est trop global pour atteindre la finesse des situations.

– Ensuite une deuxième difficulté, liée à un deuxième seuil : le schème d'interprétation qu'on vient d'exposer tient-il suffisamment compte des violences qui traversent l'humanité ? Le mystère des différences et le mystère de la violence. Le concept d'humanité comme le concept des Droits de l'Homme et des valeurs fondamentales risquent de glisser dans l'abstraction et d'être instrumentalisés ; nous l'avons entendu. Or, nos Écritures sont une longue méditation sur ce mystère des différences (Babylone), de la violence et de la manière « divine » de la vaincre. D'où l'intérêt pour nous de revenir, dans notre manière de parler entre nous, aux schèmes bibliques.

Les schèmes bibliques

Dans les deux chapitres de la première partie, j'ai tenté de nous sensibiliser davantage à ces schèmes bibliques. Le premier, traitant de la sacramentalité de l'Église, porte davantage sur les évangiles synoptiques et le deuxième, qui aborde le problème de l'In-carnation et de l'in-culturation, s'appuie sur l'évangile de Jean. Les évangiles sont des *itinéraires*, des récits de « rencontres » où il est question de « présence ».

Qui est rencontré ? Dans les évangiles synoptiques, on distingue facilement trois figures différentes. D'abord la rencontre du tout-venant sans que ce « quiconque » soit invité à devenir disciple du Nazaréen ; c'est important parce que nous avons là la racine de l'universalisme chrétien. Il met « quiconque » debout, le guérit, le libère de sa culpabilité, le réconcilie avec lui-même, il le singularise en le faisant sortir de la foule. Jésus lui dit : « c'est ta foi qui t'a sauvé ». Quelle foi ?

Ensuite vient la figure des disciples dont l'existence est caractérisée par leur amour de Jésus ; et enfin celle des « Douze ». Jean connaît, lui aussi, ces trois figures, mais la troisième, celle des Apôtres est très peu présente. On la trouve, par exemple à la fin du chapitre 6 : « À qui irions-nous, dit Pierre, c'est toi qui as les paroles de la vie éternelle, tu es le Saint de Dieu ». Par contre la figure du disciple occupe une place importante : les cinq premiers disciples qui très vite sont appelés « témoins ». Et le « quiconque » ? Il est sujet des « signes » ou celui auquel ils sont adressés ; et avec ces signes, ... on traverse toute la réalité de la société[4].

La société algérienne est donc composée d'abord et avant tout de ces « quiconque », ceux que vous rencontrez quotidiennement, celui dont vous découvrez *une foi élémentaire mais qui contient tout* – l'élémentaire étant toujours du concentré –. Une foi qui contient tout, sans qu'elle fasse du croyant un disciple. Il y a des existences contagieuses de vie, de santé et de sainteté qui suscitent ce genre de foi, mais qui découvrent *en même temps* que cette foi les précèdent déjà dans les personnes rencontrées. De quelle foi s'agit-il ? C'est une attitude fondamentale de l'homme, un courage d'être qui s'avère, dans toutes les situations, plus fort que la mort – un courage d'être, une « conscience » en deçà et au-delà de nos appartenances, qu'elles soient familiale, religieuse, nationale.

J'exprime mon admiration devant la formulation d'un des groupes de travail : « Y a-t-il en Algérie une annonce évangélique qui peut être adressée à tout homme et qui est quelquefois attendue par lui, sans être un appel à une conversion *religieuse*, mais qui est un appel sur son chemin d'humanité, c'est-à-dire, sur son chemin de croissance personnelle et citoyenne ? » Nous pouvons traduire la pratique de Jésus de Nazareth de cette manière-là. Peut-être faudrait-il nuancer tel ou tel mot : « Y a-t-il en Algérie une annonce évangélique ? » Elle existe, bien sûr, et cette annonce est adressée à tout être humain. Mais *qu'est-ce qui* est à entendre ? Je reviendrai au seul mot qui est à entendre, le mot « heureux ». L'unique mot – l'Évangile – : les « Béatitudes » ou les sept

« Heureux » de l'*Apocalypse*. « Y a-t-il en Algérie une annonce évangélique ? » Le mot « heureux », adressé à tout être humain, retentit-il ici ? Il n'y a pas d'autre mot à faire entendre, et sans appeler par là à une conversion *religieuse*. Toutefois, il s'agit bien d'une conversion parce qu'il nous faut partir de l'hypothèse que, dans nos sociétés, nous avons les oreilles bouchées. Qu'il est difficile en effet d'entendre réellement ce mot « Heureux » ! L'évangile de Jean a raison de mettre en scène tant de « mal-entendus ». Une conversion s'avère donc nécessaire pour accéder à son humanité. Il n'y a pas de véritable chemin d'humanité sans cet événement. Mais un tel événement suppose que ceux qui font retentir ce mot le fassent de manière crédible : en pensée, en parole et en acte. C'est cela que les Évangiles désignent par le mot « sainteté » ; j'y reviendrai dans quelques instants.

Dans les deux chapitres de la première partie, j'ai donc essayé de montrer que les Écritures dans leur pluralité, leur diversité, peuvent nous aider à lire ce qui se passe entre nous et dans la société humaine. *Pour discerner le travail de l'Esprit, il faut donc mettre en relation la Galilée des évangiles et la Galilée de la société algérienne.* Il faut lire ces textes ainsi que les symptômes qui se manifestent dans la société *d'une manière rigoureuse.* « Quiconque » n'est pas un « disciple », un « disciple » n'est pas nécessairement un « apôtre » et Jean ne dit pas cela à la manière de Luc, de Matthieu et de Marc.

L'Église de Vatican II n'a sans doute pas mesuré l'enjeu quand elle nous a donné, pour la première fois depuis 2000 ans environ, les quatre évangiles à lire dans la liturgie dominicale du Peuple de Dieu. Les péricopes, lues le dimanche, sont des fragments, mais tout le récit évangélique y est chaque fois présent et, au cours de l'année, nous le lisons dans sa totalité. De même aujourd'hui, toute rencontre est un fragment, mais toute une vie peut s'y jouer même si son intégralité nous échappe encore. Comme les Écritures, le schème patristique nous propose une vision globale ; mais comparé aux évangiles, aux *Actes* et à l'*Apocalypse*, il reste abstrait parce qu'il ne tient pas compte du fragmentaire ni des multiples symptômes à interpréter ; il n'est pas passé par la multiplicité des rencontres.

Dans les discours que nos amis algériens nous ont tenus, quel était le critère ultime de leur vision de la société algérienne ? La réponse est claire : leur engagement éthique. Le dernier mot d'une analyse de la société algérienne n'est pas l'esprit de la jungle, mais la « conscience » qui émerge et qui lentement et progressivement s'oriente vers le bien commun. C'est leur espoir, leur espérance et c'est pour cette raison que nous avons éprouvé une si grande connivence entre eux et nous. Le discernement du travail de l'Esprit doit donc se référer d'abord à la conscience et à la relation éthique entre consciences ; mais comme théologien, je dirai maintenant qu'il doit surtout s'inspirer d'un critère de sainteté. C'est ce que je voudrais encore montrer brièvement.

Le critère théologal de « sainteté »

Nous trouvons au cœur du livre de l'*Apocalypse* la figure du Prophète qui est un « voyant » ; nos deux amis algériens sont à leur manière des « voyants » regardant leur propre société. Le prophète de l'*Apocalypse* pleure. Pourquoi pleure-t-il ? Parce qu'il ne sait pas comment répondre à l'unique question : « Qui est *digne* d'ouvrir le livre ? » Le livre, il ne faut pas le prendre ici dans son sens islamique – il s'agit plutôt du livre de l'histoire de l'humanité, de l'histoire d'un peuple. Qui est digne d'ouvrir le livre de l'histoire de l'Algérie ? Le prophète pleure.

Comment comprendre ce qui arrive à ce peuple, dans le dessein même de Dieu ? Le texte de l'*Apocalypse* – il faudrait que vous puissiez lire l'ensemble de ce livre magnifique, difficile mais tellement important pour vous maintenant – donne la réponse à notre question : c'est l'Agneau de Dieu, l'Agneau égorgé depuis la fondation du monde. Ou plus précisément : l'Agneau et ses associés ; ceux qui viennent de la grande épreuve, qui ont lavé leur robe ; ils l'ont blanchie dans le sang de l'Agneau. L'Agneau et ses innombrables compagnons et compagnes. Le texte utilise deux langages différents pour dire *l'identité* de cette foule. Il emploie d'abord le langage de la pureté : « le vêtement blanc », vêtement liturgique, ou « l'absence de souillure » ; puis il change de registre : « Ils n'ont pas aimé leur vie jusqu'à craindre la mort » (*Ap* 12, 11), et, en *Ap* 14, 5, on lit : « Dans leur bouche ne s'est point trouvé de mensonge, ils sont irréprochables ». Le critère de sainteté se situe au croisement de ces deux affirmations.

Comment définir donc la sainteté ?

– D'abord par le respect de la vérité jusqu'au prix de sa propre vie (« Dans leur bouche il n'y a point de mensonge »). Il en est d'innombrables exemples ici et ailleurs. C'est ce respect qui caractérise l'existence et la pratique de Jésus : pensées, paroles et actes forment une seule unité. C'est aussi cela qui nous a touchés chez nos amis algériens.

– Cette unité ou le respect de la vérité est gravement menacé quand subitement surgit la violence. Le Saint est celui qui ne riposte pas à la violence par la violence, qui applique – jusqu'au bout – la fameuse règle d'or : c'est « celui qui n'aime pas sa vie jusqu'à craindre la mort ».

– L'*Apocalypse* nous montre que cette sainteté dépasse toutes les frontières, qu'elles soient religieuses, ethniques, culturelles et politiques. Un seul exemple : au cours de l'ouverture des sept sceaux apposés sur « le livre », on parle des saints, avant même d'évoquer le destin d'Israël. Cette transgression des frontières fait partie de la définition de la sainteté[5]. Parce que la sainteté est absolument unique pour chaque être humain. Personne ne peut la vivre à la place d'autrui. Il ne faut jamais la confondre avec l'héroïsme : certes, c'est démesuré d'être vrai au prix de sa propre vie ; mais cette démesure s'avère paradoxalement à la mesure de tel ou telle.

– C'est ce paradoxe qui nous conduit d'une approche éthique de la situation actuelle vers la question, proprement théologique : qu'est-ce qui rend possible, dans l'histoire de l'humanité, une « sainteté » capable de vaincre la violence ? C'est là la question du prophète qui pleure, question lancinante déjà présente lors de la deuxième étape de notre parcours. Qui est digne d'ouvrir le livre ? Qu'est-ce qui rend possible de rester dans la vérité au prix de sa vie, c'est-à-dire sans craindre la mort ?

La réponse à cette question vient de l'unique parole nécessaire : seul celui qui a entendu, à un moment donné de son histoire, le mot « heureux » – et personne ne peut l'entendre à la place de l'autre – seul celui-là est capable de rester dans la « pratique de Jésus » et de respecter la vérité, de sauvegarder l'unité de ses pensées, de ses paroles et de ses gestes, même dans une situation de violence, au prix de sa propre vie. Vous comprenez alors pourquoi les paraboles de Jésus sont toujours encadrées des mêmes paroles : « Qui a des oreilles pour entendre, qu'il entende ! »

Beaucoup de choses ont été enlevées à l'Église durant son histoire deux fois millénaire. Si elle a une raison d'être, c'est parce qu'elle continue à faire retentir en vérité ce mot « heureux » – en vérité, c'est-à-dire en paroles et en actes. Elle doit et elle peut le faire d'une manière crédible, c'est-à-dire en se situant au cœur des « malentendus » de l'humanité. C'est là sa place.

Le discernement du travail de l'Esprit *dans* la société n'ajoute *rien de l'extérieur* à la lecture des transformations, proposée par l'historien et le sociologue. Le critère de la sainteté précise et détermine ce qu'ils ont simplement suggéré en terme éthique, sans pouvoir réfléchir aux *conditions théologales* du « don de l'existence », en réalité si répandu dans la vie quotidienne de beaucoup de nos contemporains. L'émergence lente et difficile d'une société civile, les mouvements démographiques, les échanges économiques, l'urbanisation, la vie associative, le politique, les religions, *aucun de ces terrains n'est étranger au travail de l'Esprit* : chaque fois que *la conscience et la relation* sont vainqueurs de la violence, chaque fois qu'un lien se constitue et se fortifie au gré d'une rencontre significative, et cela parfois au prix de la vie de quelqu'un, *l'Esprit de sainteté* est au travail. Quelque part et souvent sans que nous sachions comment, le « Heureux es-tu ! » s'était déjà fait entendre.

La « sainteté » serait-elle finalement le véritable « universel » introduit par la tradition chrétienne dans l'histoire de l'humanité ? C'est dans le chapitre suivant que je répondrai à cette question.

Notes

1. *Cf.* plus haut, p. 88-92.
2. *Les Églises du Maghreb en l'an 2000*, dans *DC* 97 (2000/5), 233.
3. *Cf.* plus haut, p. 89sv.
4. *Cf.* plus haut, p. 60sv.
5. Cette affirmation centrale s'appuie en particulier sur une lecture de l'*Apocalypse* dont il sera rendu compte dans la troisième partie de cet ouvrage ; *cf.* plus loin, p. 142 et 167-173.

V

LA CATHOLICITÉ DE LA FOI ET LA CATHOLICITÉ DE L'ÉGLISE ?

Je voudrais à présent revenir aux concepts d'« universalisme » et de « catholicisme ». La rencontre de l'autre – de tel ou tel musulman, par exemple – est toujours une interrogation adressée à notre propre tradition. Avec le concile Vatican II, il nous faut réapprendre le sens de l'antique adage *Ecclesia semper reformanda est* – « l'Église est toujours à réformer » –. En effet, l'auto-interrogation et la réforme de nous-mêmes ne concerne pas seulement les individus que nous sommes mais aussi la totalité de l'Église.

On procédera en trois temps. Il faut d'abord revenir sur le chemin déjà parcouru. Dans un deuxième temps, on appliquera le terme de « catholicité » à l'acte de foi. En un sens, seul Dieu est « catholique ». Mais que faisons-nous quand nous donnons à l'Église des « titres divins » ? Le Père Congar les traduisait ainsi : l'Église est en voie de « catholisation », d'« apostolisation », en voie d'« unification » et en voie de « sanctification ». C'est ce qu'il faudra expliciter dans un dernier temps.

Sainteté et appel à entendre la béatitude : « heureux ! »

Commençons par regarder le chemin parcouru. On a pu s'étonner que la « sainteté » se trouve érigée en critère ultime d'universalité. Or, ce critère nous est proposé par l'*Apocalypse*. Ce livre, le dernier de la Bible, n'est pas seulement un album d'images fantastiques, mais il nous initie à relire l'histoire de l'humanité sous l'angle de la violence et de ce qui s'y oppose, la sainteté. D'autres critères de discernement auraient pu nous guider, ceux qui sont fournis par une interprétation du christianisme comme *religion* ou par sa *structure ecclésiale* ou encore par le *dogme* dans sa forme initiale, celle du Credo de Nicée-Constantinople.

Une parole ultime

Avec l'*Apocalypse*, nous prenons comme critère la pointe ultime de la tradition chrétienne : sa conception de la sainteté. La complexité que l'on reproche souvent à cette tradition – vérités à croire, rites à pratiquer, etc. – se concentre dès lors dans un « unique nécessaire » ; elle n'y est pas réduite mais concentrée dans l'essentiel. Nous procéderons ainsi pour deux raisons :

- Dans la modernité, la question éthique devient la question majeure de toute société civile : la conscience de quelqu'un ou sa liberté en relation de respect avec d'autres libertés, ainsi que les décisions prises sur cette base sont la référence « ultime » à partir de laquelle une société peut se construire. Or, il y a un lien intime entre l'expérience éthique la plus élémentaire des êtres humains et l'expérience de sainteté.
- La deuxième raison se trouve tout simplement dans notre expérience du « Dieu trois fois saint ». Pensons à la vision d'Isaïe (*Es* 6, 1-13), à l'*Apocalypse* (*Ap* 4, 8) ou au *Sanctus* de nos liturgies. Que confessons-nous dans la tradition chrétienne ? Dieu n'a rien fait d'autre que de communiquer sa propre sainteté à tout être humain, et tout être humain est appelé à entrer, de manière unique, dans cette sainteté : « Soyez saints comme Dieu est saint » (*Lv* 19, 2 et *Mt* 5, 48 //). Le mystère de la Trinité est déjà impliquée dans cette expérience[1].

Mais que veut dire sainteté ?

• La sainteté a un *versant éthique* recevable par tout être humain : « Il n'y a pas de mensonge dans leur bouche » (*Ap* 14, 5) ; ce qui veut dire qu'ils – les saints – vivent leur existence de manière authentique ou dans la concordance de leurs pensées, de leurs paroles et de leurs actes. Et cela au prix de leur vie, même face à la violence. Rester vrai, sans entrer dans une crainte de la mort qui nous pousserait à mentir (comme le suggère *Ap* 12, 11), voilà ce qui caractérise d'abord les saints. L'insistance sur ce versant éthique est d'ailleurs la seule manière de « protéger » le concept de « sainteté » ou de « martyre » contre l'usage qui en est fait dans les milieux terroristes.

• Vient alors une deuxième précision proprement *théologale*. L'*Apocalypse* identifie les saints avec les compagnons de l'Agneau ; on découvre l'Agneau grâce aux siens et les siens grâce à l'Agneau. Or, cet Agneau ne renvoie pas d'abord à l'animal égorgé pour le *sacrifice* (*Ex* 12, 46 et *Nb* 9, 11sv), mais « à la brebis qui n'ouvre pas la bouche devant ceux qui la tondent », etc. (*Es* 53, 7) ; il est donc une *figure de la non-violence*. L'« exposition » à la violence, la faiblesse et la fragilité qu'elle implique, sont vécues comme une force par celui qui est sans mensonge. C'est pour cette raison qu'il n'a pas besoin d'ouvrir la bouche devant la violence. Face à ses accusateurs le Christ se tait … il est l'Agneau.

Et les siens, où sont-ils et qui sont-ils ? Retenons d'abord qu'ils se trouvent en deçà ou au-delà de toutes les frontières humaines. C'est un point essentiel dans l'*Apocalypse* : avant qu'elle nous raconte l'histoire propre du Salut en se servant du chiffre 12 – les douze tribus d'Israël, etc. –, elle a déjà parlé du sort des saints (*Ap* 6, 9-11). Plus tard, le lecteur découvre qu'« ils n'ont pas aimé leur vie jusqu'à craindre la mort » (*Ap* 12, 11). Comment ont-ils perdu cette crainte ? Quelle est cette mystérieuse force qui les habite, eux et l'Agneau, face à l'adversité, et comment leur a-t-elle été donnée ? *Ils ont entendu une parole de vie qui a entièrement recréée leur existence : l'Évangile.*

Avec ce terme, nous restons encore dans l'orbite du prophète Isaïe : l'Évangéliste (*Es* 52, 7) et Jésus lui-même annoncent la Bonne Nouvelle de Dieu par toute leur existence – en pensées, en paroles et en actes – et, ainsi, d'une manière crédible. Il est remarquable que cet unique Évangile, par la suite, soit ponctué par une série d'« heureux ! » : les « Béatitudes » toujours, d'une manière ou d'une autre, accompagnées par leur contraire, des « malheureux ! » ; il en est de même dans l'*Apocalypse* où les sept « heureux » (*Ap* 1, 3 ; 14, 13 ; 16, 15 ; 19, 9 ; 20, 6 ; 22, 7 et 22, 14) restent escortés – pendant un temps – par des « malheureux », « Malheur à Babylone, malheur au dragon, malheur à la prostituée ».

Comment ces « heureux » peuvent-ils être entendus ?

Il ne suffit pas d'énoncer ces « heureux » de manière crédible ; il faut encore qu'ils soient entendus. Et on peut dire que le miracle de l'Église primitive est qu'*ils ont été entendus*. C'est là aussi l'unicité du *Nouveau* Testament : on y raconte l'itinéraire d'une communauté qui avoue d'un bout à l'autre du texte que « ses oreilles ont été bouchées, ses yeux fermés » (encore Isaïe – *Es* 6, 9-11). C'est l'itinéraire des disciples, des apôtres ; ils ne comprennent pas bien de quoi il s'agit avec Jésus… et pourtant le texte atteste que les « heureux » ont été effectivement entendus. Ils retentissent comme cri à travers l'ensemble du Nouveau Testament, aboutissant au seul *Alléluia* qu'on trouve *à la fin*, dans l'*Apocalypse*, juste avant la magnifique exclamation « *Heureux ceux qui sont invités au festin des noces de l'Agneau* » (*Ap* 19, 9). C'est là que résonne, tout d'un coup, l'Alleluia du psaume : « *Alleluia ! Car le Seigneur notre Dieu Tout Puissant a manifesté son règne* » (*Ap* 19, 6).

Pourquoi est-il si difficile d'entendre le « heureux » ? Peut-être d'abord parce que nous confondons fréquemment l'Évangile avec des vérités à croire, alors que ces vérités sont seulement des *repères*, des marqueurs qui dessinent un *chemin* et indiquent les *conditions* pour entendre l'unique « heureux ». Jamais il ne faut les confondre avec l'essentiel : soyons convaincus, chacun au plus profond de lui-même, par cet appel au bonheur.

Mais la véritable difficulté est ailleurs. Il est encore plus difficile d'entrer dans la béatitude parce qu'entre nous et Dieu, il y a la violence et la mort, comme une sorte de « malentendu » ultime. Comment découvrir – et seul Dieu peut nous le faire découvrir ! – que, d'une certaine manière, la mort, au lieu d'être la limite absolue, est le sceau de l'unicité de chacun ? Je dis bien *d'une certaine manière* parce que nous nous approchons ici d'un mystère si grand que les mots deviennent difficiles. Certes, nous redoutons la mort parce qu'elle contrarie nos rêves d'une vie qui continue indéfiniment. Mais imaginons-nous un instant que le vieillissement n'existe pas et que la vie ne s'arrête jamais. Ne serions-nous pas condamnés à nous répéter indéfiniment ? Nos choix les plus décisifs – ceux qu'on ne pose qu'une seule fois – ne perdraient-ils pas tout leur poids ? Avant d'être allés au bout de ce rêve absurde, nous commençons peut-être à réaliser que la perspective de la mort peut aussi nous signifier que nous n'avons qu'une seule vie et nous faire entendre que c'est « heureux » ainsi : « heureusement » je n'ai qu'une seule vie ! La mort devient alors le sceau de notre unicité ; unicité de ceux qui, tout en habitant désormais leur existence absolument singulière, « savent » qu'elle leur échappe en dernière instance. C'est donc par cette manière de prendre la mort (cf. *He* 2, 14sv) que nous accédons – « heureusement » – à ce qui nous rend uniques et ainsi semblables au Dieu unique[2] : voilà la Bonne Nouvelle que vous faites entendre, me semble-t-il.

Pour dire cette ultime immanence de Dieu en chacun de nous et entre nous, le Nouveau Testament reprend une tradition déjà présente dans l'Ancien : ce n'est pas uniquement de *l'eau* qui nous est communiquée ; en effet, si ce n'était que de l'eau, nous devrions retourner *sans cesse* à la source et ré-entendre ce que nous avons déjà entendu. Or, nous l'avons entendu *une fois pour toutes*. C'est donc la *Source* elle-même qui nous a été communiquée (*cf. Jn* 4, 14 et encore *Ap* 21, 6).

Qu'on me permette d'ajouter ici, de manière intempestive, qu'il est inutile de parler aux Algériens de l'absolu que représentent les Droits de l'Homme si leur « source » – qui n'est ni à Paris ni à New York où ils ont été rédigés – ne jaillit pas *en* eux. Ce n'est pas seulement l'eau mais la source elle-même qui nous est communiquée. Que de malentendus ne devons-nous pas traverser ... et quelle patience faut-il à Dieu !

Nos deux conférenciers algériens n'ont pas fait de la théologie ; ils n'ont pas parlé comme chrétiens. Mais celui qui a des oreilles a pu entendre ce qui les habite au fond d'eux-mêmes : le désir – éthique – que cette société ne reste pas une jungle mais que des êtres puissent s'unir et soulever, comme le levain dans la pâte, l'ensemble du corps social. La seule chose que nous pouvons ajouter à cela, comme croyants chrétiens, c'est que la pâte peut lever grâce au levain : « heureux ! ». Cet Évangile est adressé à tout être humain : il s'agit là d'une question de vie et de mort.

La « catholicité » de la foi

La « catholicité » de la foi est impliquée dans ce qui vient d'être développé. « Dieu seul est catholique » ; et quand nous disons Dieu, pour éviter de banaliser ce terme, entendons toujours avec le Nouveau Testament qu'il est d'abord « mystère ». « Dieu est catholique », cela veut dire qu'il est celui qui, sans compter, communique sa sainteté à une foule que nul ne peut dénombrer. Il la communique dans et par

Jésus, le « Saint de Dieu », « l'Agneau de Dieu ». Le Quatrième Évangile remplace en quelque sorte le titre « Christ » que Pierre donne à Jésus au moment de la confession de Césarée, par un autre titre, plus fondamental : « *À qui irions-nous ? Tu as des paroles de la vie éternelle. Et nous, nous avons cru et nous avons connu que tu es le Saint de Dieu* » (*Jn* 6, 68sv). Pierre ne dit pas *un* saint de Dieu mais *le* Saint de Dieu. Le Saint de Dieu n'est pourtant jamais seul. La fête de la communion des saints – de tous les saints – nous le dit à la suite de l'*Apocalypse* qui relie « l'Agneau de Dieu et les siens ».

En quoi consiste alors l'universalité du « Saint de Dieu » qu'est Jésus de Nazareth ? Pourquoi est-ce *lui* qui détermine *ultimement et définitivement* le sens du mot « sainteté » ? Pourquoi Lui ? Ce qui revient à se demander : pourquoi sommes-nous chrétiens ? La question est livrée à notre conscience ; pour ma part, je donne à cette question une triple réponse.

L'homme Jésus et son rapport au judaïsme

Jésus est juif et il reconnaît son appartenance juive. L'Église a redécouvert sa judaïté, surtout à Vatican II, et depuis elle n'a cessé de l'affirmer. Mais Jésus *ne se définit pas lui-même par son appartenance* au judaïsme. C'est ce qui le rend *unique à un premier titre* : il est juif mais, tout en étant juif, il ne l'est pas. Voilà le paradoxe ! Nous tentons souvent d'échapper à ce paradoxe christologique par des simplifications à outrance alors que nous faisons tous une même expérience. Tout en étant juif, le Nazaréen ne l'est pas : cela veut dire qu'il ne se définit ni par la circoncision, ni par la Loi, ni par le Temple. Il serait certes absurde d'affirmer qu'il n'est pas circoncis, qu'il ne va pas au Temple ou qu'il ne respecte pas la Loi. *Mais il ne se définit pas par ces marqueurs d'appartenance.* Sa judaïté n'est pas annulée mais elle est ainsi « relativisée » *parce que son identité lui vient d'ailleurs*. Cette véritable identité émerge à « l'endroit » où intervient sa relation de Fils *unique* à celui qu'il appelle son Père.

C'est par l'émergence de cette unicité que nous pouvons comprendre la relation de Jésus à « quiconque ». « Quiconque », c'est celui qui, peut-être, ne se définit pas par la circoncision, la Loi ou le Temple ; « quiconque », ce peut être aussi le transgresseur de la Loi, l'exclu, etc. ; « quiconque », c'est enfin l'autre qui se situe au-delà des frontières d'Israël comme la syro-phénicienne ou le centurion. Cette ouverture « catholique », la plus radicale qui soit de toutes les frontières, devient *possible* parce que Lui, tout en étant juif, ce n'est pas sa judaïté qui le définit, mais l'unicité de sa relation au Père ou l'unicité de sa foi. Loin d'être abstraite, cette affirmation nous renvoie à notre propre manière de nous situer par rapport à nos appartenances.

Une multitude de fils

L'unicité dont il vient d'être question rend Jésus capable de découvrir et de susciter face à lui - les deux étant intimement liés – d'autres êtres uniques comme lui. Dans ses multiples rencontres, relatées par les évangiles, nous découvrons son « art » de quitter des rapports de type « hiérarchique » pour entrer dans des relations à égalité. Retenons la formule paradoxale qui conclut sa rencontre avec la femme hémorroïsse : « *Ma* fille, c'est *ta* foi qui t'a sauvée ». Jésus engendre cette femme à son unicité. Et, en même temps, il lui dit : « c'est *ta* foi qui t'a sauvée » ; elle est unique et à égalité avec lui qui vient de s'apercevoir qu'elle avait pris l'initiative de le toucher.

Ce qui vient d'être dit nous suggère un *deuxième sens* de la « catholicité » de la foi, lié au mystère de l'unicité de tout être humain. Pour le préciser, je reviens à l'évangile de Jean.

Commençons par nous demander où se trouvent, dans ce texte, les tentations de Jésus ? La réponse est donnée au milieu du chapitre 12, avant le lavement des pieds, quand les Grecs arrivent : « Il y avait quelques Grecs qui montaient à Jérusalem, pour adorer, à l'occasion de la fête. Ils s'adressèrent à Philippe qui était de Bethsaïda, en Galilée, et ils lui firent cette demande : "Seigneur nous voudrions voir Jésus". Philippe alla le dire à André. » (*Jn* 12, 20-22) C'est toujours la même démarche : un disciple n'est jamais seul ; dans le dialogue avec Jésus, des liens se sont créés. Jésus répondit donc à ses disciples en ces termes : « L'heure est venue où le Fils de l'homme va être glorifié. En vérité, en vérité, je vous le dis, si le grain de blé tombé en terre ne meurt pas, il reste *seul – monos –* » (*Jn* 12,24).

C'est à cet endroit qu'apparaît l'ambiguïté du vocabulaire de l'« unicité ». « Nul n'a jamais vu Dieu mais le Fils *unique – monos –*, qui est dans le sein du Père, nous en a fait l'exégèse » (*Jn* 1, 18), nous avait dit le prologue. Étant *depuis toujours* le Fils unique, Jésus s'affronte *sur son chemin* à la tentation ultime de rester « *seul* de son espèce ». Quelles conséquences cela aurait eu pour l'histoire de l'humanité si Jésus était resté *seul* – unique en ce sens ? Il découvre lui-même cette possibilité comme sa grande tentation – c'est la force du Quatrième évangile d'avoir situé cette ultime tentation juste avant « l'heure » – « En vérité, en vérité, je vous le dis, continue Jésus, si le grain de blé tombé en terre ne meurt pas, il reste *seul* (*monos*), mais s'il meurt, il porte des fruits en abondance. » Et amplifiant son propos, il continue : « Celui qui aime sa vie, la perd ; celui qui cesse de s'y attacher en ce monde, la gardera pour la vie éternelle. Si quelqu'un veut me suivre, qu'il se mette à ma suite et là où je suis, là aussi sera mon serviteur. Si quelqu'un me sert, mon Père l'honorera. » (*Jn* 12, 25sv ; cf. *Mt* 16,25-27 et //) Et le texte poursuit immédiatement : « *Maintenant mon âme est troublée*, et que dirai-je ? Père, sauve-moi de cette heure ? » (*Jn* 12, 27). Voilà la parole qui indique qu'il y a effectivement « tentation ».

Quel en est l'enjeu ? Nous avons une image trop simpliste de l'unicité : l'unique est celui qui est « seul de son espèce » ; c'est vrai et c'est faux. C'est vrai parce que chacun de nous est effectivement incomparable ; et cette condition introduit dans sa vie une *ultime solitude*. C'est en même temps faux parce que le *mystère* de notre unicité est précisément de ne pas rester seul ou stérile mais, *en disparaissant*, d'engendrer d'autres qui, comme nous, sont uniques et donc « autres que nous ». *L'Unique est celui qui engendre une multitude d'uniques.* C'est là le mystère de la fécondité du Saint de Dieu qui est saint *parce qu'il est en même temps l'Agneau de Dieu pour la multitude*[3].

Une magnifique formule, tirée de *l'épître aux Hébreux*, confirme autrement cette vision d'un « universel » engendré progressivement à partir de la fécondité de celui qui est « unique » : « Il convenait en effet – nous ne sommes donc pas dans l'ordre de la nécessité mais dans l'ordre de ce qui convient – à Celui *pour* qui et *par* qui tout existe et qui voulait conduire à la gloire une *multitude de fils*, de mener à l'accomplissement par la souffrance l'initiateur de leur salut, car le sanctificateur et les sanctifiés ont tous une même origine » (*He* 2, 10). Celui qui peut communiquer sa sainteté et ceux qui peuvent la découvrir et la recevoir ont tous une même origine ... quelle audace ! La tradition chrétienne ne l'a pas toujours eue ... Tous ont une même origine et le texte continue : « aussi ne rougit-il pas, le Christ, de les appeler frères ». Dieu veut avoir une multitude de fils. Or, nous renversons souvent l'argument, nous demandant d'abord : quelle est l'unicité du Christ ? Mais l'épître aux Hébreux nous aide à penser *d'emblée* que l'Unique n'est pas seul, qu'il engendre une multitude d'uniques : voilà le deuxième sens de l'universalité ou de la catholicité de la foi.

L'universalité de la foi

« Quiconque » est sauvé par *sa* foi : il faut y tenir avec Jésus. Cela veut dire que chacun (quiconque) est sauvé par sa manière d'aborder l'unicité de son existence ; et c'est cela sa « foi ». Aucune appartenance familiale, ethnique ou culturelle, aucune émission de télévision, aucun règlement économique ne peut affranchir le sujet de l'obligation d'affronter l'unicité de son existence. « C'est *ta* foi qui t'a sauvée ». Cette unicité est *d'emblée* en relation avec d'autres unicités. Comment pourrait-il en être autrement ? Ce n'est pas l'islam ou telle religion qui sauve, mais c'est la foi de « quiconque » qui le sauve. Ainsi ce n'est pas non plus le christianisme qui nous sauve mais notre lien de disciple à ce Jésus qui fait de nous d'autres « Christ » – *présences christiques* – passionnés pour détecter et susciter la foi de « quiconque ». Tenons bien ce paradoxe : il nous livre un troisième sens de « l'universel ».

Je suis chrétien, nous sommes chrétiens par une séduction libre de Jésus-Christ. Certains d'entre nous le sont peut-être d'abord par tradition. Vous êtes toujours ici – c'était notre question au début de notre parcours – et c'est aussi par une séduction libre de Jésus-Christ. Cela veut dire que d'autres à leur tour peuvent être séduits et peut-être baptisés ; il ne faut pas les empêcher. Une séduction libre : *c'est d'abord connaître Jésus-Christ de l'intérieur*, « ne pas ignorer ses Écritures ». Mais ce Jésus-Christ fait de nous *des passionnés de la foi de quiconque* en Galilée, en notre Galilée et en votre Galilée ici et non pas ailleurs. Passionnés par la foi de « quiconque », c'est à vous d'ouvrir, avec d'autres, le livre de l'histoire de ce peuple.

La catholicité de l'Église, unique Peuple de Dieu

Le « peuple messianique » du concile Vatican II

Que nous enseigne le deuxième chapitre de *Lumen gentium* ? Nous oublions souvent la belle expression « peuple messianique »[4]. Or, la troisième et dernière partie de ce chapitre porte sur la catholicité de ce peuple messianique qu'on identifie souvent à l'Église ; mais il ne s'agit pas que d'elle. L'unique Peuple de Dieu, c'est une foule que nul ne peut dénombrer[5] ! *Lumen gentium* introduit ici une distinction importante : le peuple messianique n'est pas uniquement « catholique », au sens traditionnel du terme.

Pour préciser ce point, le texte définit d'abord *des critères d'appartenance* à *l'Église* catholique : « Sont incorporés pleinement à la société qu'est l'Église ceux qui, *ayant l'Esprit du Christ*, acceptent intégralement son organisation et tous les moyens de salut institués en elle, et qui, en outre, grâce aux liens constitués par la profession de foi, les sacrements, le gouvernement ecclésiastique *et la communion* (on l'a ajoutée comme on avait déjà ajouté l'Esprit), sont unis, dans l'ensemble visible de l'Église, avec le Christ qui la dirige par le Souverain Pontife et les évêques »[6]. Le Concile détermine, par cette formule d'une extrême précision, tous les éléments de la « société » particulière qu'est l'Église et les critères qui lui permettent d'en réguler l'appartenance – *comme* Jésus qui n'a en rien renié sa judaïté avec ses critères d'appartenances.

Mais il faut aller plus loin en continuant la lecture du texte : « L'incorporation à l'Église, *cependant*, n'assure pas le salut… ». Ce n'est pas le christianisme comme tel qui nous sauve. « L'incorporation à l'Église, dit Vatican II, n'assure pas le salut pour celui qui, faute de persévérer dans la charité, reste bien *de corps* au sein de l'Église, mais non *de cœur* ». On peut donc parfaitement correspondre à tous les critères d'appartenance de la religion catholique *sans être sauvé*. On peut « en être de corps », c'est l'appartenance dont il ne s'agit pas d'annuler l'importance ; mais elle ne fournit pas le critère ultime : « Tous les fils de l'Église doivent se souvenir que la grandeur de leur condition doit être rapportée non à leurs mérites mais à une grâce spéciale du Christ. »

Redisons la même chose en langage biblique. Tandis que le langage « régulateur » du Concile parle d'une « grâce spéciale » du Christ, l'Écriture met en scène « le lien » avec lui, cette sorte de séduction libre qui est notre condition : ce n'est pas par nos mérites que nous sommes sauvés, mais par une libre séduction. « S'ils n'y correspondent pas, continue le texte conciliaire, dans leurs pensées, leurs paroles et leurs actes, ce n'est pas le salut que cette grâce leur vaudra, mais un plus sévère jugement ». Autrement dit, si nous ne vivons pas de la « pratique de Jésus-Christ », si nous ne devenons pas des « saints » comme lui, des personnes en lien avec lui, habités par sa passion de susciter et de découvrir autour de nous la foi de « quiconque », nous serons passibles du jugement.

Dans la perspective de la *sacramentalité de l'Église*, adoptée dès la première partie de cet ouvrage, il faut donc à la fois maintenir le caractère sacramentel du « seuil » passé par celui qui devient disciple du Christ – « seuil » traduit ici en terme d'appartenance ecclésiale – *et* ce qui le dépasse et le déborde infiniment : la charité ou la sainteté qui, tout en venant du Christ, nous surprend quand elle vient nous joindre à partir de la foi de « quiconque »[7] dont il est question plus loin dans le texte.

On peut alors dire le même mystère de la catholicité du peuple messianique d'une tout autre manière encore en évitant un langage qui introduit des frontières spatiales ou sociales et qui comprend l'Église d'emblée comme *société religieuse*. En réalité, la frontière de ce peuple traverse *chaque être humain* ; c'est ce que l'Église doit signifier. Saint Augustin le disait à sa façon : « Notre cœur est inquiet (*inquietus* – sans repos) jusqu'à ce qu'il repose en toi ». Notre Église en tant que corps est-elle traversée par cette inquiétude ? Peut-être est-ce plus particulièrement le rôle des chrétiens, vivants en situation de minorité ou de « diaspora », de « l'inquiéter », au sens que je viens de le dire.

Le jugement de l'histoire

L'Église doit donc relire sans cesse son histoire dans cette perspective de « catholicité », un peu à la manière du rabbi Gamaliel : « Si c'est des hommes que vient cette entreprise (des chrétiens) elle disparaîtra d'elle-même ; si c'est *de Dieu* vous ne pourrez la faire disparaître. N'allez pas risquer de vous trouver en guerre avec Dieu » (*Ac* 5,38-39). Le *Livre des Actes* est en effet le premier livre du Nouveau Testament à faire cette relecture et l'*Apocalypse* le fait aussi à sa propre manière.

Dans notre histoire humaine – qui est en même temps l'histoire de Dieu – sont inscrits une sagesse et un jugement qui traversent la société *et* nos Églises. Nous avons connu une conception de l'Église, que le Père Congar contestait avec force, dans laquelle la catholicité avait une signification spatiale. Comment était-elle née ? Il faut revenir aux grandes étapes de l'histoire de la Méditerranée. Après la chute de l'Empire d'Occident, l'espace méditerranéen a été coupé en deux aux VIe et VIIe siècles par l'arrivée de l'islam. Ensuite une autre rupture s'est produite en 1054 entre l'Orient et l'Occident chrétiens. Une troisième séparation a été introduite par la Réforme du XVIe siècle entre le nord et le sud de l'Église latine de l'Occident. Ce fut aussi le moment de la première mondialisation, avec le développement d'une catholicité spatiale et d'une conception spatiale de la mission. En même temps s'est produit un divorce entre spiritualité, théologie et droit. Depuis le XIIe siècle s'était d'ailleurs progressivement créé un espace homogène de droits, bien que le droit canonique en sa forme actuelle ne date seulement que de 1917 (avec une réforme en 1983).

Or Vatican II nous propose l'amorce d'une autre vision, celle d'une *catholicité relationnelle.* La situation que vous vivez vous invite à inquiéter l'Église (au sens de troubler sa tranquillité) et à lui faire ce cadeau d'une catholicité relationnelle, celle dont vous vivez déjà. Son esquisse se trouve dans *Lumen gentium* : « En vertu de cette catholicité, chacune des parties apporte aux autres et à l'Église toute entière le bénéfice de ses propres dons, en sorte que le tout et chacune des parties croissent par un échange mutuel *universel* et par un effort commun vers une plénitude dans l'unité »[8]. Certes, dans ce passage, nous trouvons encore le vocabulaire ambigu de la partie et du tout ; mais c'est la terminologie de l'« échange mutuel » qui est centrale et indique le véritable sens de la catholicité. Or, l'échange suppose le don ; Jésus, le premier, en a éprouvé l'effet de « multiplication » …

Le miel et le fiel

Je conclus avec l'*Apocalypse* : le prophète avait pleuré parce qu'il s'était posé la question : qui est digne d'ouvrir le livre de l'histoire de l'humanité et de tous les peuples, de votre peuple ? Au long de notre parcours, ce livre est devenu si petit qu'on peut même le manger. C'est ce que le prophète va faire (*Ap* 10, 10sv). En mangeant ce livre, il a comme du miel dans la bouche mais, dans l'estomac, cette nourriture devient amère. Prenez le livre de nos Écritures et lisez-le ! Vous y trouverez le « heureux » qui y retentit ; il est toujours unique pour chacune de nos oreilles et personne d'autre ne peut l'entendre à ma place : c'est du miel ! Mais, en même temps, nous restons dans l'histoire et pleurons avec le prophète qui, après avoir mangé le livre, éprouve en lui-même ce qui est amer.

Comment puis-je être heureux si la foule innombrable autour de moi n'a pas entendu comme moi cet « heureux » ? C'est le mystère de l'histoire et c'est pour cette raison qu'il n'y a pas beaucoup d'*alléluia* dans le Nouveau Testament. Le *Ps* 134 (135) le fait entendre : « *Alléluia !* Louez le nom du Seigneur. Louez-le, serviteurs du Seigneur, vous qui vous tenez dans la maison du Seigneur, dans les parvis de la maison de notre Dieu ». Mais il faut attendre la fin de l'*Apocalypse* pour l'entendre à nouveau, au moment des noces de l'Agneau (*Ap* 19, 5). Des « heureux » retentissent ; mais il y a aussi la douleur du prophète : « Qui est digne d'ouvrir le livre » (*Ap* 5, 2-4) dans cette société ? La force de l'*Apocalypse* se manifeste quand, au moment où le prophète mange le livre – presque ouvert et devenu tout petit –, elle nous parle de l'accomplissement du mystère de Dieu : « Mais le jour où on entendra le septième Ange, quand il commencera à sonner de sa trompette, alors ce sera *l'accomplissement du mystère de Dieu*, comme il en fit l'annonce à ses serviteurs les prophètes. » (*Ap* 10,7)

Cela signifie que le Mystère de Dieu est inaccompli ; c'est ainsi que j'avais commencé notre parcours. Seule l'*Apocalypse* ose le dire : le Mystère de Dieu est inaccompli jusqu'à ce que le dernier homme ait entendu le « heureux » et aucun de nous ne sait si son voisin l'a réellement entendu comme coulant de sa propre source Jusqu'à ce que chacun l'ait entendu, le mystère de Dieu restera inaccompli : l'*Apocalypse* le signifie en donnant ce nom à Dieu : « Celui qui est, qu'était et *qui vient* ». « Viens, Seigneur Jésus – *maranatha* » (1 *Co* 16, 22 et *Ap 22*, 20). La catholicité de notre foi et de celle de l'Église est de pouvoir faire retentir jusqu'à la fin des temps - et personne d'autre ne peut le faire à notre place – ce *maranatha* : Viens, Seigneur Jésus !

Notes

1. *Cf.* C. Theobald, *Pour une intelligence intérieure du mystère de la Trinité,* dans *Études* n° 3 926 (Juin 2000), p. 785-800.
2. On trouvera d'autres précisions dans la troisième partie de cet ouvrage ; voir plus loin, p. 153-173.
3. Pour davantage d'explication *cf.* C. Theobald, *L'Unique et ses frères,* dans Michel Fédou (direction), *Le Fils unique et ses frères. Unicité du Christ et pluralisme religieux,* Éditions facultés jésuites de Paris, 2002, 127-151.
4. *Lumen gentium*, n° 9.
5. *Cf. ibid.*, n° 13.
6. *Ibid.*, n° 14.
7. *Cf.* plus haut, p. 64-68. *Cf.* aussi *Lumen genium*, n°s 1, 9, 11, 14, 16, 39 et 40, numéros à mettre en lien.
8. *Ibid.*, n° 13.

Troisième partie

… AUX PRISES AVEC LA VIOLENCE…

LIRE AUJOURD'HUI L'*APOCALYPSE* DE JEAN EN ALGÉRIE

Dans l'histoire de la tradition chrétienne, déjà deux fois millénaire, on a lu l'*Apocalypse* à des moments très précis, souvent liés à des situations difficiles. Par exemple, en Afrique du Nord : après la chute de Rome, en 410, Augustin commence à écrire la *Cité de Dieu* et sous sa plume vient presque spontanément une exégèse détaillée de l'*Apocalypse*. Il y eut de longues époques plus calmes où l'on ne s'est pas intéressé à ce livre, voire des périodes où on l'a presque oublié comme au XVIIIe siècle en attendant son retour après la Révolution française ... Ainsi y a-t-il des moments et des lieux privilégiés pour lire ce livre : l'Algérie aujourd'hui pourrait bien être un de ces lieux et temps choisis.

Commençons donc par quelques remarques de méthode[1]. Nous allons lire le texte. Nous allons même le lire à voix haute, pour y entrer et le comprendre ensemble. Les thèmes traités ici vont se suivre selon le plan indiqué à la fin[2] et chaque thème est plus particulièrement lié à un passage du texte. Nous avons trop l'habitude de lire le livre de l'*Apocalypse* par petits morceaux. C'est ce que fait d'ailleurs la liturgie qui choisit des péricopes, comme par exemple, pour le 15 Août, le texte sur la femme au chapitre 12. Mais si on ne lit pas ce livre intégralement, on court le risque de remplir trop rapidement les vides laissés par le texte : « on en rajoute » ; et l'*Apocalypse* est le livre par excellence qui se prête à cette fâcheuse habitude. Il faut donc tout lire, *y entrer intégralement* pour pouvoir finalement sortir du livre. Sortir du texte parce qu'il nous faut vivre et nous ne sommes pas nés pour lire, mais pour vivre ! Tandis que nous traverserons la totalité de cet ouvrage, nous rencontrerons inévitablement des difficultés : la bête, les bêtes et des animaux, des chiffres, des couleurs, etc. Le texte est d'une prodigieuse intelligence : *progressivement*, il répondra à nos questions, à condition que nous nous armions de patience. Je vous invite donc à noter les questions qui se posent et, avec patience, attendre une réponse qui ne sera jamais immédiate.

Un dernier mot d'introduction : les neufs chapitres qui suivent regroupent des textes de forme différente : le début de chaque chapitre correspond presque toujours à une *introduction*, proposée avant la lecture commune du texte et le partage des observations et interprétations des uns et des autres ; la suite du chapitre consiste en une *reprise plus systématique* des questions abordées en assemblée ; d'où quelques répétitions qui, jugées utiles pour la compréhension d'ensemble, ont été gardées dans cette version finale[3].

I

LE LIVRE ET SES LECTEURS : *LE PROLOGUE (AP 1, 1-8) ET L'ÉPILOGUE (AP 22, 6-21)*

Les lecteurs

Entre le temps de Jésus – la durée de Jésus de Nazareth, son itinéraire – et nous aujourd'hui, il y a deux livres d'histoire : les *Actes des Apôtres* et l'*Apocalypse*. Dans ces deux livres du Nouveau Testament, on approche l'histoire de manière très différente. Dans les *Actes*, le rapport à l'Empire romain par exemple est positif. L'empire représente un état de droit : Paul fait appel à César ; on le conduit à Rome où il est très respecté. Il habite dans sa maison en attendant son procès. Par ailleurs, on ne dit rien de son martyre, ni de celui de Pierre : c'est donc une vision positive du pouvoir romain. Par contre, dans l'*Apocalypse*, les chapitres 17 et 18 sont d'une violence extrême. C'est une toute autre vision du pouvoir romain. Déjà cela explique un peu pourquoi on n'a pas toujours lu l'*Apocalypse*.

L'enjeu de notre travail est de faire le lien entre ce que nous vivons aujourd'hui, ici en Algérie (on pourrait le faire en d'autres situations particulières), et ce qui est arrivé à Jésus de Nazareth et aux siens, *en passant par le livre de l'Apocalypse*. Ce livre jouera le rôle d'une sorte de grille de lecture qui nous aidera à comprendre notre situation d'aujourd'hui, et à la comprendre comme chrétiens. Ce sont des chrétiens qui se réfèrent à Jésus de Nazareth.

*Qui sont les lecteurs de l'*Apocalypse *aujourd'hui ?*

Je distinguerai trois niveaux :

- *Chacun de nous avec son histoire et son itinéraire personnel* : on ne peut pas ne pas avoir en mémoire l'itinéraire de ceux et de celles qui sont vos martyrs. C'est d'eux dont parle l'*Apocalypse* ; mais aussi de la destinée de chacun de nous.
- L'histoire de chacun est situé dans *l'histoire d'un peuple* : ainsi le texte des évêques du Maghreb pour l'an 2000 propose-t-il une relecture de l'histoire de l'Algérie. L'*Apocalypse* nous livre la question centrale d'une telle relecture : « Jusques à quand ? » (*Ap* 6, 10). C'est votre question et celle de toute la société algérienne en situation de crise.
- En troisième lieu, l'*Apocalypse* parle de *notre Église :* nous ne l'aborderons qu'à la fin de ce parcours avec le texte des sept lettres ; et nous découvrirons peut-être que nous pouvons nous identifier à ces Églises d'Asie Mineure.

Il est donc important de nous mettre dans une disposition intérieure où chacun s'interroge sur lui-même, sur ses, sur nos solidarités avec le peuple algérien et finalement nos liens avec nos Églises. Voilà les trois sujets-lecteurs : je suis lecteur, l'Église est lectrice et, d'une certaine manière, le peuple algérien pourrait lire ce livre ; mais puisque nous sommes en solidarité avec lui, alors nous le lisons, d'une certaine manière, avec lui.

La littérature apocalyptique

Le film « *Apocalypse now* » a accrédité dans la conscience commune une conception très spectaculaire de l'*Apocalypse.* La plupart de nos contemporains identifie ce terme à une catastrophe, alors que nous savons bien que le sens véritable du mot est : *Révélation.*

Il faut parler d'abord de *littérature* apocalyptique : c'est un véritable genre littéraire de la littérature juive, qui apparaît environ deux siècles avant Jésus-Christ. Cette production littéraire – désignée aussi par le terme « littérature inter-testamentaire » (1800 pages dans l'édition de la Pléiade) – couvre donc une période qui commence avant la naissance du Christ et se poursuit jusqu'aux derniers écrits du Nouveau Testament. On peut définir cette littérature comme une littérature de crise. « Crise » est un terme médical qui désigne, dans l'évolution d'une maladie, l'état critique entre deux états d'équilibre du corps. Ce terme s'applique également aux sociétés. *On peut espérer que la crise de la société algérienne est le temps de passage entre deux équilibres* ; équilibre qui d'ailleurs ne signifie jamais stabilité définitive, ainsi la marche où chaque pas est une rupture d'équilibre.

La situation est bien évidemment beaucoup plus grave quand il s'agit de grandes crises où l'on peut se demander : « Jusques à quand cela va durer ? » Le peuple juif a posé cette question au temps de l'Exil ou... de l'Exode. Dans toute la littérature apocalyptique, l'Exode est la *figure* fondamentale. Mais, comme dans un fondu enchaîné, la littérature apocalyptique superpose différentes figures. Au premier plan, on voit l'Exode mais un regard exercé découvre derrière cette figure l'événement de l'Exil. Cette technique est le cœur même de la littérature apocalyptique : capacité à superposer des images, à introduire des comparaisons et, ainsi, à suggérer des passages. De cette manière-là, la littérature apocalyptique lit l'histoire juive comme une histoire d'espérance.

Mais après l'Exil, d'autres crises ont suivi. En 170 avant Jésus-Christ, Antiochus-Épiphane, roi hellénisé à Jérusalem, installe un sanctuaire païen sur le territoire du Temple. Quelle crise d'identité pour ceux dont le Temple est le lieu par excellence de leur identité ! Les frères Maccabées s'y opposent et deviennent martyrs. Le livre de Daniel nous rapporte la première *Apocalypse*. On peut évoquer d'autres dates : 63 avant Jésus-Christ et la destruction du Temple par les Romains ; 70 après Jésus-Christ : l'incendie du Temple par les Romains. Il faudra attendre la guerre des six jours en 1967 pour que les Juifs récupèrent leur lieu de culte, et encore... uniquement le Mur occidental.

Il s'agit, chaque fois, d'une crise radicale parce que ce sont les institutions d'Israël qui sont concernées : le Temple, lieu saint par excellence du judaïsme, et la caste sacerdotale qui défend le culte et la loi. C'est autour de cette expérience de crise que s'écrit l'histoire du peuple juif ; toute la littérature apocalyptique l'aborde dans cette même perspective.

Comment écrit-on ce genre d'histoire ?

Le sentiment d'être en danger de mort est le *point de départ* de ce genre d'écriture. C'est le moment d'une crise absolue où l'homme se retrouve au plus bas, sur la terre, « par terre ». Mais quand le peuple crie : « Jusques à quand ? », le visionnaire de la littérature apocalyptique révèle à certains qu'un « monde nouveau » viendra d'en haut, du ciel, « bientôt ». Il y a donc comme deux versants dans l'histoire, relue au cœur de la crise : à partir du point le plus bas, l'écrivain remonte jusqu'au commencement – l'alpha – ; et il va en même temps vers l'avenir – l'oméga –, à partir du point le plus haut (schéma ci-dessous). Entre ces extrêmes, au milieu de l'histoire, retentit la question : « Jusques à quand ? » et la réponse : « Bientôt ». C'est par l'intermédiaire de ce schème qu'après l'Exil le peuple juif commence à interpréter les multiples crises qu'il devra traverser. Mais ce n'est qu'après 170 avant Jésus-Christ que le besoin d'écrire l'histoire de cette manière se fait jour.

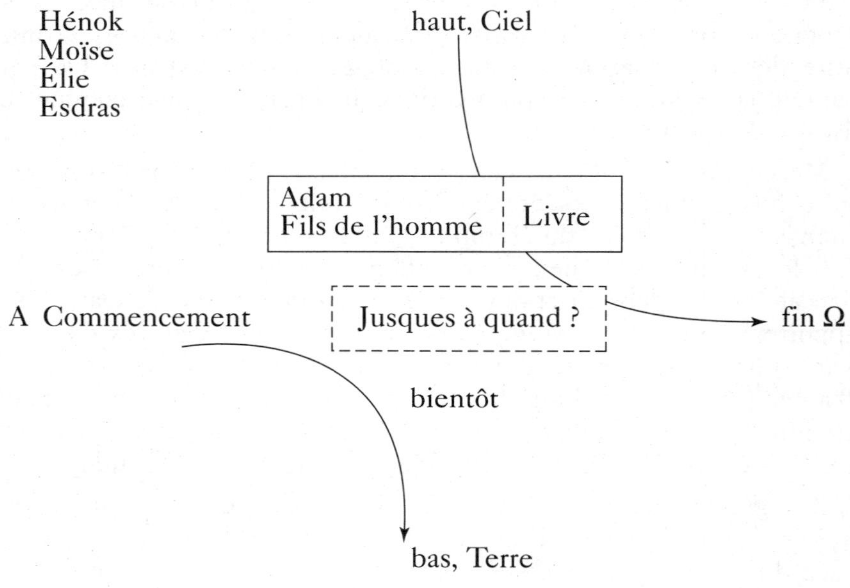

Deux précisions encore :

• Comment se produit la transformation qui s'annonce au cœur de la crise ? Une des grandes figures des temps anciens *revient* : Hénok dont la Genèse dit que « Dieu l'avait enlevé » (*Gn* 5, 21-24) vient révéler le *kairos*, chance qui passe et moment de la transformation du monde. Puis, ce sera le tour de Moïse et d'Élie ou encore d'Esdras qui a fait la réforme après le retour de l'exil, d'Adam et du Fils de l'homme de jouer le rôle de révélateur. L'apocalyptique ne parle pas de leur réincarnation mais de leur *retour*. Ce scénario est d'ailleurs fort présent dans les évangiles. Pensons par exemple à la Transfiguration qui situe Jésus entre Moïse et Élie. La question de son identité s'était posée auparavant : « Est-ce Jean-Baptiste qui revient ? Moïse ? Élie ? » (*Mc* 6, 14-16 et 8, 28 //). Chez Paul, c'est surtout la figure d'Adam qui renvoie à ce schème. *Dans une situation de crise de société comme celle que l'on traverse ici, on se dit parfois que seul « un homme véritable » pourrait rétablir la situation.* Qui serait cet homme ? « Un homme, un peu moindre qu'un Dieu. Tu lui as tout soumis, à ce fils d'homme. » (*Ps* 8, 6sv)

• Comment cette révélation parvient-elle jusqu'à l'homme ? Elle passe par l'intermédiaire d'un livre. *On en mesure ici l'enjeu face à l'islam qui donne une importance particulière au Coran.* Dans l'apocalyptique, l'auteur ne signe jamais le livre de la révélation de son propre nom mais il se cache derrière une des grandes figures du passé, évoquées à l'instant. Son livre reçoit un statut particulier grâce à une distinction qui paraît pour la première fois dans la littérature apocalyptique : il y a un premier « livre », et c'est la Création tout entière ; mais pour lire ce « livre » de la vie et de l'histoire, il en faut un second, celui que « l'auteur » reçoit de la main d'un des révélateurs. Certes, il y a eu beaucoup de textes dans l'histoire religieuse d'Israël : le Pentateuque, les Prophètes, les Psaumes, etc. ; mais ils ne servent à rien dans une situation de crise absolue et ultime, quand les repères de la tradition ont disparu : qui pourra déchiffrer le sens de ce qui se passe et ouvrir le livre de la vie ? *C'est encore notre situation en Algérie ;* c'était celle des juifs en 170 avant Jésus-Christ et en 70. Quel livre pourra répondre à la question : « Jusques à quand ? » La littérature apocalyptique court cependant un sérieux risque : les crises se succèdent et, volume après volume, les textes apocalyptiques se répètent. « Disent-ils vrais ? », nous demandons-nous alors. Quand on réitère la même opération d'écriture après chaque crise, le « bientôt » est chaque fois ajourné et... vient le moment où nous n'y croyons plus parce que la question « Jusques à quand ? » n'a toujours pas trouvé de réponse.

Dans le Nouveau Testament, *il n'y a qu'une seule Apocalypse,* et c'est le dernier livre de la Bible chrétienne : il y a là une énigme. Est-ce que la venue du Fils de l'homme (synoptiques), du nouvel Adam (*cf. Rm* 5, 12-21 et 1 *Co* 15, 21sv et 45-50) a vraiment changé quelque chose dans l'histoire de l'humanité ? Si la réponse est positive, on peut encore écrire une dernière *Apocalypse* mais après, c'est fini. On n'entre pas dans l'indéfini qui engendre le désespoir par la répétition des crises sans réponse. Le Nouveau Testament dit qu'avec la venue de Jésus-

Christ, nouvel Adam, Fils de l'homme, quelque chose a définitivement changé dans l'humanité : c'est un acte de foi. Lire l'*Apocalypse* devient alors une entreprise difficile parce qu'elle suppose *cet* acte de foi auquel nous devrons revenir tout au long de notre lecture.

Le dernier livre de la Bible

L'*Apocalypse* de Jean a probablement été écrite en 91/96, relativement peu de temps après l'incendie du Temple en 70[4].

Il y a un auteur *qui dit son nom* : c'est Jean le prophète. Il se met sous le patronage du disciple bien-aimé du Seigneur. On est ainsi orienté vers la littérature johannique, le Quatrième évangile et les lettres. Jean se donne un nom et un titre (*Ap* 1, 4 et 9) et il fait de même à la fin du livre (*Ap* 22, 8). Cet auteur *s'adresse à quelqu'un* : ici, ce sont les sept Églises. Sur la carte d'Asie Mineure, elles forment un cercle ; chacune a son individualité et, ensemble, elles forment une totalité, fragile présence en cette région. Éphèse est la première citée.

L'*Apocalypse* est le dernier livre du canon des Écritures. D'une certaine manière, il faut avoir lu tous les autres pour le comprendre. Il comporte donc trois niveaux historiques différents :

- Le témoignage des sept Églises qui parlent d'elles-mêmes, dans les années 91/96 sous le règne de Domitien, *un peu comme le texte des évêques du Maghreb est le témoignage de la vie de leurs Églises en 2000* ;
- Les premières soixante années de la vie de l'Église : l'histoire de Jésus de Nazareth, celle de ses compagnons – « les compagnons de l'Agneau », dira le texte – et celle des générations suivantes ;
- Tout l'Ancien Testament, avec la grande figure de l'Exode et les deux récits de la Création.

Avec ce dernier livre de la Bible, nous sommes donc ramenés aux premiers livres de la Bible. Nous retrouvons en effet, à la fin, la perspective du jardin et l'arbre de vie dans la Jérusalem d'en haut. Et de cette fin, le texte nous reconduit au commencement : des années 91/96 à l'histoire de Jésus de Nazareth et de là jusqu'aux premiers livres de la Bible, l'Exode et la Genèse. Le dernier livre de la Bible suppose donc une longue mémoire : c'est la mémoire des sept communautés d'Asie Mineure, entre 91 et 96.

La structure du livre

Le livre commence par un prologue. Celui qui parle doit se présenter, dire à qui il s'adresse et de quoi il parle. C'est la fonction de tout prologue : je parle, je vous parle, de quoi allons-nous parler ? Précisément ici, nous allons parler du Fils de l'homme. Ajoutons qu'il s'agit d'une scène de révélation dont on trouvera les « acteurs » dans le schéma qui suit :

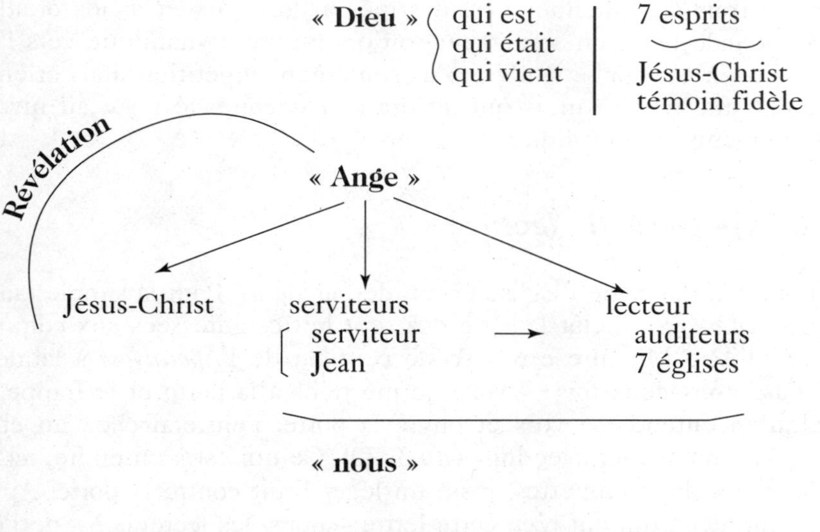

Le prologue est suivi de plusieurs septénaires qui vont beaucoup nous intéresser. « Sept », c'est le rythme fondamental de la vie : 7 jours de la semaine, 7 jours de la création, etc. Il est inscrit dans le judaïsme ainsi que dans l'islam et le christianisme. En s'approchant de la fin, ce rythme change : *le temps s'étire quand la situation fait surgir la question : « Jusques à quand ? »* L'*Apocalypse* compte calmement 1, 2, 3, 4 ; mais à partir de 4, la trame des événements se complique et le rythme devient plus lent. C'est un temps psychologique, le temps du « Jusques à quand ? »

Il y a 5 septénaires qu'on peut regrouper autour d'un centre :

– les sept lettres aux sept Églises,

– les sept sceaux, avec l'ouverture du 7e sceau,

– les sept anges aux sept trompettes,

– les sept coupes,

– les sept visions.

Il y a une autre manière non cyclique d'organiser le livre. Il suffit de repérer les « signaux visuels et sonores » du texte qui se répètent et s'amplifient selon un rythme significatif : *Ap* 4, 5 : éclairs, voix, tonnerre ; 6, 12 : violent tremblement de terre, soleil noir, lune en sang, chute des étoiles ; 8, 5 : tonnerre ; 11, 19 : éclairs, tremblement de terre, grêle ; 16, 17sv : 7e coupe et voix : « C'en est fait », tremblement de terre... Tous ces phénomènes, destinés à nos yeux et à nos oreilles, découpent le texte en soulignant son orientation dynamique vers l'ultime « C'en est fait ». Il n'y a plus seulement répétition mais orientation vers un avenir tandis que le premier découpage reste au niveau d'une organisation cyclique.

Une hypothèse de lecture

Pourquoi parler de l'Église en fin de parcours ? Pour la simple raison que la *rencontre* qui clôt la série des sept lettres adressées aux communautés d'Asie Mineure est la scène centrale de l'*Apocalypse* à laquelle nous assistons deux fois : « Voici, je me tiens à la porte et je frappe. Si quelqu'un entend ma voix et ouvre la porte, j'entrerai chez lui et je prendrai mon souper avec lui » (*Ap* 3, 20). Ce qui est à entendre, ici, ce ne sont pas des trompettes, juste un léger bruit contre la porte. Apparemment, ceux qui ont reçu cette lettre – nous, les lecteurs ? – ne l'ont pas entendu car, après cet épisode, l'auteur nous raconte une très longue histoire. Et si tous, nous avions vraiment entendu..., le livre aurait pu se terminer avec la 7e lettre. C'est un problème d'écoute qui se pose ici et nécessite le récit d'une nouvelle histoire, et de quelle histoire ! Si l'on avait écouté... ! Jésus parlait déjà ainsi à Jérusalem : « Si tu avais entendu quand la chance est passée... » (*Lc* 13, 34 et // ; 19, 41-44).

Or, au chapitre 19, nous retrouverons la même situation et le même repas qu'à la fin de la 7e lettre : « Heureux les invités au repas des noces de l'Agneau. » L'époux vient frapper à la porte et, cette fois-ci..., on lui ouvre. C'est cet événement que nous rappelons et revivons à chaque eucharistie, au moment de la communion.

Notre hypothèse est donc que le livre de l'*Apocalypse* nous conduit vers cet événement d'écoute et de communion, événement dont nous parlerons à la fin de la lecture.

Récapitulation

Quand nous lisons l'*Apocalypse*, nous nous inscrivons dans la littérature juive. Pour rendre possible l'espérance dans une situation de crise, cette littérature nous apprend à faire un acte de mémoire, à superposer au présent des événements et des figures du passé.

Or, dans une situation de crise *absolue*, nous vivons une sorte de « dé-création ». C'est ce qui s'est passé pour le peuple juif quand l'abomination de la désolation a été installée au cœur du temple, centre de son existence. Pour dire qu'il y a un avenir possible – avenir qui désormais ne peut plus venir que de Dieu –, il faut remonter à la première création, au commencement. L'écrivain fait alors appel à un homme ou des hommes qui peuvent sauver le peuple : *retour* de ceux qui ont fait l'histoire d'Israël. Mais cet appel reste en quelque sorte insuffisant tant qu'on n'est pas remonté jusqu'à Adam qui, dans le livre de Daniel, correspond aussi au « Fils de l'homme ». Les chrétiens se sont servi d'un même schème pour dire l'identité du Nazaréen et leur propre espérance. Le nouvel Adam, Fils de l'homme, a été reconnu dans la figure de Jésus de Nazareth qui nous fait sortir de la dé-création et qui restaure la création. C'est en Lui que cela se réalise « bientôt ».

Notes

1. On trouvera aussi quelques indications dans *La Révélation... tout simplement,* 90-102.
2. *Cf.* plus loin, p. 224.
3. Des commentaires savants peuvent évidemment faciliter le travail ici proposé, par exemple celui de Pierre Prigent, *L'Apocalypse de Saint Jean,* Commentaire du Nouveau Testament, deuxième série : XIV, Genève, Labor et fides, 2000.
4. Pour ce qui est de la datation de l'*Apocalypse,* marquée par saint Irénée qui place la vision « vers la fin du règne de Domitien, cf. la discussion très détaillée dans Pierre Prigent, *L'Apocalypse de Saint Jean,* 49-62.

II

INTRODUCTION À UNE LECTURE COMMUNE : *AP* 4 À 7

La construction d'ensemble

On pourrait donner au *chapitre 4* le titre de « Liturgie céleste ». Il est composé selon un schéma extrêmement simple : le ciel et la terre et, entre les deux, une porte et un visionnaire. Le prophète Jean, « ravi en esprit » (*Ap* 4, 2), est dans la position de celui qui contemple. Le terme « monter » indique aussi et surtout un déplacement intérieur.

Dans le ciel se déroule la liturgie céleste, pratiquement circulaire. Il y a cependant une orientation, donnée en particulier par le nom de Dieu : « Celui qui était, qui est *et qui vient* ». Le reste est centré selon un symbole fondamental : le trône, avec « Quelqu'un ». Le mystère de Dieu est ainsi désigné et ce « Quelqu'un » apparaît d'abord à travers les cristaux, expérience cosmique de la lumière réfractée : on ne voit pas la source de la lumière, mais son rayonnement. On perçoit alors ce mystère de Dieu dans les quatre vivants, à la fois au milieu du trône et en marge (formulation déjà paradoxale), et dans les 24 anciens (référés, depuis saint Jérôme, aux 24 auteurs de l'économie prophétique de la bible juive).

Il n'y a rien de spécifiquement chrétien dans cette liturgie ; à la limite, il n'y a rien non plus de spécifiquement vétéro-testamentaire. L'auteur semble vouloir effacer au maximum les signes distinctifs et nous décrire quelque chose d'universel : 24 anciens et une liturgie humaine. *C'est le schème de la « religion » dans son épure, hors du temps et de l'histoire, avec ses éléments fondamentaux : un centre, une orientation, Quelqu'un, le mystère de Dieu perçu à travers les éléments cosmiques et à travers les êtres humains et les gestes qui y sont adaptés (l'inclinaison, le chant, le cri, etc.). Ces éléments se trouvent dans toutes les religions. Il faut cependant rappeler ici que c'est une lecture actuelle afin que nous puissions reconnaître autour de nous l'épure de l'homme religieux.* Cette première vision fonctionne comme une scène inaugurale. Elle est donc appelée à évoluer.

Avec le *chapitre 5*, un événement survient : « le cantique nouveau » (*Ap* 5, 9). Le schème religieux traditionnel fonctionne encore, mais la liturgie subit comme une subversion : c'est l'histoire qui intervient, l'histoire de l'humanité. On sort du cercle : il y a dialogue ; on pleure. Or, pourrait-on dire, en « religion » on est au-delà ou en deçà des larmes : on ne pleure pas mais on cherche des réponses. Ici, on pose des questions.

Quelques points de commentaire au fil de la lecture

• *Le Livre* : l'histoire commence quand l'humanité se met à écrire : chroniqueurs pour les rois ou les puissants, commerçants pour tenir leurs comptes sur des tablettes. On n'est plus limité par le moment présent : on dispose d'une mémoire qui est écrite et objectivée. L'apparition du livre dans la main droite de Dieu signifie qu'on établit un lien entre Dieu et l'histoire. Ce n'est plus le Dieu de la « religion ». Certes, les éléments religieux continuent à subsister, mais quelque chose de nouveau arrive : le lien entre Dieu et le Livre qui se trouve en sa main droite.

Le livre de l'*Apocalypse*, domicilié en un site précis – l'Asie Mineure, sous Domitien, en 91/96 –, parle d'un livre qu'il faut ouvrir : la Révélation, c'est l'ouverture même du livre de la vie, de l'histoire et de l'humanité. Au *chapitre 1*, on entend l'injonction « Écris » (*Ap* 1, 11 et 19) et le prophète obéit : ce sont les 7 lettres aux 7 Églises ; au *chapitre 4*, c'est la vision de la « religion » ; et au *chapitre 5*, le prophète découvre qu'il y a un autre livre qui précède le livre qu'il est en train d'écrire. C'est le livre que Dieu tient dans sa main droite.

Gardons en mémoire la référence au livre du Coran : dans l'Apocalypse, il n'y a aucune dictée. Mais il y a une question : « Qui est digne d'ouvrir le livre de l'histoire, le livre de l'humanité ? » C'est à ce moment-là que paraît la figure de l'Agneau. On retrouvera encore le livre aux chapitres 6 et 10.

Tout ce qui concerne le livre est essentiel dans un pays comme le nôtre où l'on est sans cesse menacé de transformer la tradition chrétienne en religion du livre. Dès qu'il y a histoire d'humanité, il y a écriture ; et dès qu'il y a écriture, il y a histoire d'humanité. Ce sont des *hommes* qui écrivent. Et c'est d'abord un *homme* qui est digne d'ouvrir le livre.

• *Qui est digne* ? C'est le Christ qui est au centre du texte. Comme dans les synoptiques et chez Jean, il apparaît d'abord sous la figure du *Fils de l'homme* (*Dn* 7 et *Ap* 1, 7 et 12-18). Celui-ci est debout et apparaît comme acteur (cf. schéma 2). A partir du chapitre 5, la figure de l'*Agneau de Dieu* s'y superpose et devient « acteur », et même acteur principal du drame de l'humanité. Disons tout de suite que cette figure d'un Agneau *égorgé* peut prêter à confusion : comme le Fils de l'homme, il est debout (*Ap* 5, 6). Quel paradoxe : un Agneau égorgé qui est debout ! Il s'agit là de la figure rhétorique de l'oxymoron, qui rassemble deux contraires pour dire le mystère ; on en parlera plus loin quand il paraîtra que cet *Agneau égorgé est époux*. Il faut en tout cas oser entrer dans ces images paradoxales... Celle de l'Agneau nous fait rejoindre deux grandes traditions bibliques : le livre de l'Exode avec l'agneau pascal égorgé et le prophète Isaïe avec le quatrième chant du Serviteur qui est l'image par excellence de la non-violence : il n'ouvre pas la bouche. Dans la littérature johannique[1], l'Agneau est la figure centrale du Christ ; et c'est l'image révélatrice d'une non-violence absolue qui révèle notre violence (*cf.* aussi la citation de *Za* 12, 10 dans *Jn* 19, 37 et *Ap* 1, 7).

• *La transformation du prophète :* Au chapitre 4, le prophète est totalement passif. Au chapitre 5, il émerge comme sujet. Il pose la question : « Qui est digne ? » Dignité, pureté religieuse ou sainteté ? En dernière instance c'est la non-violence de l'Agneau qui se révélera être digne. Mais pour le moment, la question reste posée et doit être déjà entendue par chacun : qui est digne de résoudre l'énigme de l'histoire au prix de son existence ? Le prophète pleure parce qu'il est dans une situation de crise absolue, de violence radicale, voire de dé-création. C'est dans une telle situation qu'on comprend les deux questions des chapitres 5 et 6 : « Qui ? » et plus tard : « Jusques à quand ? » S'instaure alors un bref *dialogue de consolation*. Un des vieillards console le prophète et lui annonce : « Il a vaincu, le Lion de Judas » (*Ap* 5, 5). Derrière le prophète paraissent les serviteurs et nous, les lecteurs... commençons-nous à nous laisser transformer ?

• *Les nombres.* Il y a au moins trois aspects dans les nombres :

– Un *aspect quantitatif* : *Ap* 7, 9... Le nombre conduit dans l'*Apocalypse* vers ce qu'on ne peut pas dénombrer : l'humanité, la masse humaine, les peuples, les races, etc. C'est une insistance forte du

Nouveau Testament : on ne peut compter les Élus. Israël, les « religions » et nous, nous sommes toujours tenté de mettre des frontières. L'Écriture suggère qu'il y a un *infini humain* qui échappe à toute tentative de recensement ; aussi et surtout parce qu'on ne connaît pas le secret des cœurs.

– Un aspect *rythmique* qui ne concerne pas seulement le rythme des chants – il y a plusieurs chœurs dans l'*Apocalypse* – mais aussi et plus fondamentalement le déroulement du temps. Le chiffre 7 dit la plénitude, la totalité. Or, quand on arrive à la fin, le rythme se ralentit : d'où les « jusques à quand ? » et les « bientôt ». Dans les tribulations ou le malheur, le rythme du temps prend toute son importance…

– Un aspect *symbolique.* La tradition a transformé le livre de l'*Apocalypse* en livre d'énigmes. Nos corps, nos cœurs, nos sociétés ont un rapport fondamental aux symboles de l'*Apocalypse.* Tout ce qui vient d'être dit sur le nombre n'a pas besoin de la Bible pour se dire. Tout homme peut comprendre cela. Il faut cependant veiller à ne pas projeter un savoir extérieur sur ces symboles mais rester d'abord dans le livre pour le comprendre. Exemple du chiffre sept : on peut tout de suite évoquer les sept jours de la Création, le chandelier à sept branches, la liturgie, etc. Mais il y a plusieurs septénaires dans l'*Apocalypse* et le sens va se développer au fur et à mesure que le livre se déroule. De même pour les quatre vivants : on les retrouvera à plusieurs reprises. Au fil de la lecture et jusqu'à son terme, on comprendra progressivement ces différentes énigmes, parce qu'elles sont toutes liées entre elles, comme dans un corps où tous les éléments sont en relation les uns avec les autres. Celui qui ne prend pas le texte dans son ensemble risque fort d'aboutir à faire de la dissection. Pris comme un corps où tout s'articule, le texte nous fait entrer dans « un corps à corps » qui nous transforme progressivement.

• *Le livre et les sept sceaux.* Il faut se représenter ce livre : le rouleau avec les sept sceaux constitués de matériaux différents suivant l'importance du document, en plomb par exemple ou en cire. Le sceau porte la marque de celui qui donne le document. Pour avoir accès au document, pour ouvrir le livre, pour dérouler le rouleau, il faut en briser les sceaux.

Ici, il y a sept sceaux et l'ouverture successive des sceaux donnera un rythme au texte. L'Agneau ouvre d'abord les quatre premiers et c'est l'apparition de quatre chevaux, chaque fois à l'appel d'un des quatre vivants : « Viens ! » Le cinquième sceau met en scène les égorgés de l'histoire, auxquels est donné un *vêtement blanc* ; ils « crient d'une voix forte : Jusques à quand ? … » (*Ap* 6, 10). Et le rythme du temps se ralentit. Au sixième sceau, Israël entre en scène. L'auteur nous donne, dans ce premier septénaire encore ouvert, une totalité, celle de l'histoire de l'humanité ; et dans cette histoire, Israël n'est pas le tout. Il n'apparaît qu'au sixième sceau, plus précisément *entre* le sixième et le septième. En anticipant quelque peu la suite – une fois n'est pas coutume – on peut en conclure que la *sainteté* (le vêtement blanc, etc. ; *Ap* 6, 9 et 11) n'est pas réservée à Israël, pas plus d'ailleurs qu'aux chrétiens. Elle apparaît bien avant Israël et, à son époque, dans d'autres peuples.

L'épreuve cosmique qui accompagne l'ouverture du sixième sceau est éprouvée comme *colère*, c'est-à-dire l'insupportable face à face avec Dieu. L'humanité ne peut supporter qu'on lui enlève le « rouleau du Ciel » ; d'où la fuite impossible pour se cacher dans des cavernes. Toutes ces images difficiles à supporter signifient encore que personne n'est « digne ». Celui qui n'est pas digne – qui ne ressemble pas à la dignité de Dieu – éprouve le face à face avec Dieu comme insoutenable et fait une expérience de « colère ». Le face à face, pour le moment impossible, signifierait en effet la fin de la religion.

7 sceaux qui indiquent un rythme

1	2 à 4	5	6	
cheval blanc	violence famine	les égorgés de l'histoire	l'insupportable face à face avec Dieu	Israël
	mort			
			Colère	
		Jusques à quand ?		*ralentissement*

• *Le cheval blanc* : Il est au point de départ (*Ap* 6, 2) – comme hors série – blanc, vainqueur avant d'avoir commencé le combat, comme le Lion de Judas qui a déjà vaincu. Au chapitre 19, 11, celui qui monte ce cheval blanc sera identifié au Verbe de Dieu. L'auteur indique ici qu'avant les malheurs, il y a un mystère de vie, il y a une victoire ; l'histoire ne commence pas de manière négative. Une victoire précède tout, même si nous ne sommes pas capables de la voir.

• *Qui sont les vivants ?* Il n'y a pas de théologie conceptuelle de la Création dans l'*Apocalypse*. Celle-ci met en scène le Vivant et, à distance, les quatre vivants. La vie, c'est d'abord la vie de Dieu et en même temps la vie de la Création. À distance, les quatre vivants disent sans cesse : « Amen », c'est-à-dire qu'ils se rapportent à leur origine.

• *Qui est le « On » de Ap 6, 4 ; etc. ?* « On donna à celui qui monta l'autre cheval le pouvoir … ». Il s'agit ici d'une vision très élémentaire de la Création. À l'observateur apparaît d'abord le régime de « nécessité » ou de « destin » ; on ne lui dit pas qui est ce « on » qui reste comme une voix anonyme au sein de la création. Cette vision, simple, est accessible sans même passer par la Bible. Les phénomènes naturels les plus importants de la vie sont nommés : violence, famine et mort. On n'observe pas la vie elle-même mais ce qui s'attaque à elle.

• *Les sept sceaux et les sept trompettes* : l'ouverture des sept sceaux se donne comme une *lecture de toute l'histoire de l'humanité* où Israël, tout en arrivant assez tardivement sur la scène – entre le sixième et le septième sceau –, nous apporte, par les textes de *sa* « révélation prophétique », la « clé » de cette histoire. Il nous donne d'en comprendre le « mystère », à savoir *le martyre* : la destinée de tous les égorgés de l'histoire *d'emblée mise en relation avec l'Agneau.*

Avec les sept trompettes qui sonnent à partir de l'ouverture du septième sceau, le texte est parsemé d'allusions au premier récit de la Création. Deux perspectives s'y trouvent donc comme superposées : le lecteur est plutôt invité à adopter celle qui lui révèle la destruction de la Création, présentée comme mélange et confusion, c'est-à-dire l'opposée de la séparation et de la distinction. Chaque trompette correspond à un jour de la création : les quatre premières annoncent la dé-création, les trois suivantes trois malheurs (*Ap* 8, 13) ; entre le deuxième et le troisième malheur, se situe l'histoire du christianisme primitif. Mais pour le moment, retenons de ce parcours la mise à l'épreuve de notre imaginaire, la manière qu'a l'*Apocalypse* de le prendre au sérieux !

7e sceau = 2e cycle : 7 anges avec trompettes

(1) à (4) | (5) (6) | (7)

dé-création
mélange

1er malheur

2e malheur

3e malheur

Ap 10 - 11, 14 :
le petit livre
le temple,
le crucifié
et les 2 témoins

• *Les avatars du Livre* : Au chapitre 5, le livre est dans la main droite du siégeant. C'est l'Agneau qui le prend et personne n'est digne de l'ouvrir, sinon lui. Au chapitre 10, il est ouvert jusqu'au sixième sceau. Il est alors devenu petit – grâce à l'acte de lecture et de l'intelligence qui l'accompagne. Le prophète reçoit alors la mission de le manger : le livre est en effet devenu comestible (*Cf. Jr* 1, 9 et *Ez* 3, 3). Il n'est plus seulement à lire, mais à intérioriser. C'est une expérience spirituelle où le goût entre en jeu. Le livre est doux comme du miel dans la bouche du prophète et se révèle amer dans ses entrailles ; ce qui indique que, l'histoire n'étant pas finie, le prophète éprouve la nécessité intérieure de se mettre à prophétiser.

Note

1. *Cf.* plus haut, p. 58sv, 111sv et 115-118.

III

UNE EXPÉRIENCE SPIRITUELLE : LECTURE DE *AP* 8 À 11

Dans l'*Apocalypse*, il n'y a jamais opposition entre expérience spirituelle et expérience humaine. L'expérience spirituelle est liée à l'Esprit Saint, les sept esprits de Dieu, et à l'Agneau de Dieu. L'intelligence du texte ne vient pas seulement de sa logique interne quand on décode les chiffres, la signification des vivants, des symboles, etc., ni de son lien avec d'autres textes, de l'Ancien Testament par exemple. L'intelligence du texte vient en dernière instance de notre propre expérience humaine, dans une situation donnée.

Désorientation

Pourquoi sommes-nous désorientés ? Ayant beaucoup lu les évangiles et les lettres de saint Paul, nous avons l'impression d'avoir perdu une carte. Quand nous entendons « expérience spirituelle », nous pensons en effet d'abord aux quatre évangiles et aussi aux lettres pauliniennes, par exemple à la première lettre aux Thessaloniciens, lettre qui retrace une très belle expérience spirituelle, celle de la *rencontre* entre l'apôtre et sa communauté. Dans toute rencontre digne de ce nom, la question est d'entendre l'autre et ce qu'il me communique. C'est aussi la situation de base de l'annonce de l'Évangile, telle qu'on la trouve par exemple dans la parabole du Semeur : « Qui a des oreilles pour entendre, qu'il entende ! » Il y a, d'un côté, une proposition et, de l'autre, quelqu'un qui, par cette proposition, est conduit vers sa propre liberté : il entend ou il n'entend pas. Nous savons bien ce qui est à entendre et qui vient maintenant au chapitre 11 de l'*Apocalypse* : l'Évangile, ni plus ni moins.

Évangile, « bonne nouvelle » ou « béatitude ». Mais pourquoi est-il si difficile d'entendre cet « heureux » dans nos rencontres ? Dans les synoptiques, Jésus commence en effet par des guérisons. Un malade ne peut pas entendre jusqu'au bout le « heureux es-tu ! ». Quelque chose doit se passer, une expérience de guérison doit se produire, pour qu'il puisse entendre ce mot ultime de toute existence humaine. Voilà ce que nous apprennent les évangiles et il en est de même des lettres de Paul. Dans l'*Apocalypse*, l'imaginaire humain est pris au sérieux, dans sa profondeur, et il est converti. En ce sens, l'*Apocalypse* est vraiment le dernier livre de la Bible. Elle va, de ce point de vue, beaucoup plus loin que les évangiles et les lettres. La raison pour laquelle elle est si difficile à entendre, c'est en effet notre tendance à nous faire des images. Nous nous faisons une image de nous-mêmes, des autres et de Dieu lui-même. Dans l'épisode de la guérison du paralytique amené à Jésus par le toit, les pharisiens posent une bonne question : « Mais qui peut donc remettre les péchés ? » ; mais ils ajoutent leur image de Dieu : « … sinon Dieu seul » (*Mc* 2, 6sv). C'est leur image de Dieu qui empêche les pharisiens de comprendre que le Fils de l'homme pardonne les péchés et que les hommes peuvent se pardonner. Leur imaginaire les empêche d'entendre. On peut relire aussi l'épisode de la femme hémorroïsse : elle traverse toutes les images pour s'approcher de Jésus, celles de la société du temps, celles de la femme, celles de l'impureté… (*Mc* 5, 25-29).

Les évangiles présentent l'expérience spirituelle comme une rencontre et ils indiquent bien que ce qui empêche la rencontre, c'est notre imaginaire. Il faut donc laisser convertir nos images, celles de Dieu, celles des autres, l'image de moi-même et celle que je me fais de la société. C'est exactement ce que nous propose l'*Apocalypse*. C'est pourquoi nous sommes désorientés : ce livre aborde l'expérience spirituelle à partir de cette conversion de nos images. Certaines des grandes traditions spirituelles de l'Occident, celles de saint Jean de la Croix, de la grande et de la petite Thérèse, abordent l'expérience spirituelle à partir d'un « travail » sur nos images.

Mais pourquoi laisser convertir nos images ? Pour devenir comme le Fils de l'homme, pour entrer dans sa transfiguration ; c'est-à-dire pour devenir un « être debout » tel qu'il nous est présenté dans la vision d'ouverture de l'*Apocalypse* (*Ap* 1, 9-20). Dans les synoptiques, Jésus parle du Fils de l'homme à la troisième personne. L'*Apocalypse* nous présente directement le Fils de l'homme, son image ; et nous pouvons devenir comme lui, cet homme tant attendu par l'humanité. Voilà la promesse du livre. Pour cela, il faut entrer dans une conversion. Quelle conversion ? D'emblée le livre de la Genèse nous met sur la piste : le sixième jour, l'homme est créé berger des animaux, appelé à les « dominer » à la manière d'un berger ; et la vision de la fin des temps chez Isaïe nous promet la paix entre le monde des hommes et le monde animal. Nous sommes des animaux, la biologie nous l'apprend ; mais nous sommes des animaux particuliers, au sens où nous pouvons nous révéler plus animal que l'animal ! C'est là l'énigme de la violence, voire de la bestialité. Ce qui est à laisser convertir, c'est notre *animalité* ; d'où l'importance des Vivants dans l'*Apocalypse*. Déjà dans l'Ancien Testament, nous trouvons toujours deux images de l'animalité, une image négative et une image positive. Un lion, c'est une bête magnifique ; mais c'est aussi l'image de la plus grande violence… Il nous faut donc entrer dans la conversion de notre animalité ; mais par quel chemin ? Précisément en passant par une autre figure, celle de l'Agneau. À côté du Fils de l'homme, apparaît, au chapitre 5, la figure principale du récit qu'est l'Agneau, « qui n'ouvre pas la bouche devant le tondeur », « l'Agneau égorgé », signe de la non-violence et révélateur de notre violence.

À qui allons-nous donc nous identifier ? Étant créé à l'image de Dieu, le grand enjeu de l'expérience spirituelle comme expérience *d'humanité* est de nous laisser identifier au Fils de l'homme. Comment ? En laissant convertir tous nos sens, les cinq sens. C'est ce qui nous permettra de sortir de la désorientation.

– Laisser convertir le « voir » : l'image, menacée par l'idolâtrie ; l'image qui peut devenir une sorte de miroir où nous nous adorons nous-mêmes. L'image peut aussi produire la peur (*Ap* 9, 7 : les images des sauterelles ou… les films d'horreur réalisés *pour* faire peur).

– Laisser convertir « l'entendre » et notre voix. Qu'est-ce qu'on entend ? Est-ce le bruit, le tonnerre, la colère, les catastrophes… ou le léger coup de celui qui frappe ? C'est de nouveau l'alternative entre la peur et le bonheur : la peur des catastrophes et d'un « rapt », comme si Dieu venait nous enlever à nous-mêmes, ou le bonheur parce que c'est l'époux qui frappe ? Qu'est-ce qu'on entend ? La voix de Dieu ?

– Laisser convertir « le toucher » et la main. Convertir la main. Est-ce la main pour l'épée ? Ou la main qui tient le livre ? Ou encore la main de l'Ancien mise sur l'épaule du prophète, cette main rassurante qui console. On peut faire beaucoup de choses avec ses mains.

– Laisser convertir « le goût » : le goût du miel. Où est le goût de la vie ? Pas de mièvrerie ! Il n'y a pas de goût du miel sans amertume. Je ne peux pas goûter le miel sans éprouver l'amertume que d'autres ne le goûtent pas.

L'expérience de désorientation est essentielle. Nous perdons pied pour entrer dans la conversion de nos sens, les mystiques nous le disent. C'est alors que nous pouvons recevoir, du Fils de l'homme, la carte du chemin.

Des fragments de l'existence au tout de la vie

Heureusement, durant de grandes étapes de notre vie, nous pouvons nous contenter de fragments : aujourd'hui, un fragment ; hier, un fragment ; demain un autre, sans trop nous poser de questions, un épisode suit l'autre. Dans l'Église aussi, nous nous contentons souvent de fragments. Peu nombreux sont ceux qui lisent un ou plusieurs évangiles dans leur totalité. Nous nous contentons de « péricopes », d'épisodes et de rencontres. Mais il y a des moments où l'on engage le tout de sa vie. Ces moments sont présents dans les évangiles et dans les lettres de Paul.

L'*Apocalypse*, quant à elle, engage d'emblée le tout : l'Alpha et l'Oméga. Dans tout itinéraire humain, il y a ces moments où, dans un fragment, le tout est joué : aujourd'hui, je dois décider et choisir entre la vie et la mort. *Ces moments existent ; vous les avez vécus ici, et vous les vivez encore.* Mais immédiatement l'*Apocalypse* ajoute : le tout de la vie, cela ne touche pas seulement l'individu, mais cela concerne tout un peuple, situé à un moment décisif de son histoire ; elle ne nous raconte pas une conversion individuelle – sauf celle du prophète Jean –, mais une transformation à dimension collective. C'est ce que nous avons éprouvé ensemble à l'occasion de l'ouverture du sixième sceau, moment où personne ne peut plus rester tiède ou indifférent.

C'est à des moments comme celui-là que la conversion de notre imaginaire devient difficile. Comment ne pas laisser l'imaginaire s'emballer quand il s'agit de la mort, de la mienne ou de celle de mes proches ! Comme il est difficile de ne pas avoir peur, de ne pas se faire peur mutuellement quand le tout de la vie est en jeu ! C'est le rendez-vous spirituel de la littérature apocalyptique : celui de l'*Apocalypse* écrite probablement entre 91 et 96 ; celui de *l'Algérie des années 1990-2000, celui d'autres groupes humains à tel moment de leur histoire. Personne ne peut plus se contenter de fragments. C'est le tout de la vie qui est engagé, la vie et la mort.*

Le sixième sceau est en effet le moment du face à face avec Dieu, temps où l'on fuit dans les cavernes pour s'y cacher (*Ap* 6, 14-17). Quand on regarde certaines sociétés en situation radicale et ultime, on distingue ceux qui tentent de revitaliser la « religion », voire de l'instrumentaliser sous la forme du « religieux-politique », les idolâtres dont parlent les Écritures (*Ap* 9, 20sv), et ceux qui sont en quelque sorte protégés par le sceau qui marque leur front, les saints (*Ap* 7, 3-8). A la limite, on ne peut lire l'*Apocalypse* que dans cette situation ; sinon on reste au niveau d'un travail exégétique en université – activité très utile, voire nécessaire, mais insuffisante, étant donné le site originel du texte.

Une solution provisoire : « la religion »

L'humanité a certes la possibilité de créer des cloisons étanches entre l'histoire et ses violences, d'un côté, et la religion comme havre de paix, de l'autre. Marx a appelé cela « l'opium du peuple ». On peut se contenter de regarder la liturgie qui paisiblement se déroule de manière circulaire, peu importe alors qu'on le fasse le dimanche ou le samedi ou le vendredi : l'histoire continue alors, sans contact réel avec cette liturgie. C'est ce qui se passe en quelque sorte au chapitre 4 de l'*Apocalypse*, même si ce passage est déjà fortement orienté vers la mise en mouvement du chapitre 5. Cette liturgie « céleste » est une solution provisoire parce que, peut-être, à certains moments on n'en a pas d'autre. Le provisoire fait partie de la miséricorde et de la patience de Dieu. L'*Apocalypse* ne nous propose aucune destruction iconoclaste de la liturgie, mais la vision réaliste d'une religion qui peut toujours glisser vers l'idolâtrie. Une telle religion est une *possibilité* humaine qui véhicule une image de Dieu : Lui seul se trouve au centre. Mais le lecteur attentif perçoit aussi comment, au chapitre 4, cette perspective commence à se déplacer.

Aller à la racine

L'*Apocalypse* nous invite donc à une transformation : ne pas rester tiède ni se contenter d'une solution provisoire. Certes, on peut encore y recourir mais en sachant qu'elle ne peut être qu'un passage. Aller à la racine, c'est comprendre une alternative : d'un côté, la colère et le bruit et, de l'autre, le commencement presque insensible d'une conversion.

D'un côté, le bruit et la colère. Du point de vue auditif, le bruit, le tonnerre, les éclairs, le tremblement de terre[1], qui sont liés à la colère, augmentent sans cesse, au fur et à mesure qu'on avance dans la lecture. Pour mieux comprendre cette première branche de l'alternative, il faut remonter au livre de l'Exode et plus précisément au premier don de la Loi, le décalogue (*Ex* 19 et 20). Avant l'épisode de la donation, il y a une théophanie. Regardons la montagne : le peuple est en bas, dans la plaine, et Moïse fait la médiation entre les deux, en remontant et en descendant, dans les deux sens (*Ex* 19, 13sv). Le lecteur du texte repérera d'ailleurs rapidement la présence du « signal visuel et sonore » (*Ex* 19, 16-19). L'espace du sacré est clairement localisé : entre Dieu et le peuple, il y a une limite absolue (*Ex* 19, 12). Cela signifie que le peuple n'est pas saint comme Dieu est saint. La loi qui est prononcée est donc le signe de la non-sainteté du peuple.

Il nous faut une loi parce que nous sommes des êtres violents, mêlés d'animalité : la loi est alors donnée pour nous interdire la violence. Qu'est-ce que nous entendons quand nous ne sommes pas en état de sainteté ? Nous entendons la voix d'un Dieu-colère : tonnerre, ouragan, tempête, etc. Nous n'entendons ni la voix du Père, voix de douceur, nous dire : « Tu es mon Fils, je t'ai engendré », ni celle de l'époux qui frappe à la porte. Nous entendons un bruit de tonnerre, véhicule de l'*image* d'un Dieu-colère, en parfaite concordance avec notre situation. L'*Apocalypse* file la métaphore du tonnerre en amplifiant « l'indicatif » pour le lecteur encore hésitant à reconnaître la voix du Père ou de l'époux.

L'autre branche de l'alternative indique le début de la conversion : l'écoute d'une voix qui nous murmure : « Heureux êtes-vous… » Celui qui entend cette voix n'a plus besoin de loi. Moïse n'entend pas de bruit, il voit tandis que le peuple n'entend que du bruit. Jean n'entend pas le tonnerre, il entend autre chose : « Je fus saisi par l'Esprit au jour du Seigneur, et j'entendis derrière moi une puissante voix, telle une trompette (…). Je me retournai pour regarder la voix (!) qui me parlait ; et, m'étant retourné, je vis sept chandeliers d'or ; et au milieu des chandeliers, quelqu'un qui semblait un fils d'homme » (*Ap* 1, 10-13). Ayant fait cette expérience d'écoute et de vision, on comprend que Jean puisse s'adresser aux sept Églises, leur disant : « Que celui qui a des oreilles, qu'il entende ... ». Ceux qui entendent effectivement et regardent de leurs propres yeux celui qu'ils ont transpercé (*Ap* 1, 7), tiennent debout comme le Fils de l'homme, l'Agneau égorgé et debout. Ils deviennent *Roi et Prêtre* (*Ap* 1, 6) et reçoivent, dans l'épreuve, *royauté* et *constance* (*Ap* 1, 9). C'est le début de la conversion : celui qui y entre commence à se conformer à l'unique image du Fils de l'homme.

L'art de l'*Apocalypse* est d'utiliser les mots de sa tradition, mais en les chargeant de significations nouvelles et en indiquant, dès les premiers versets, la finalité ultime du livre.

Quand la liturgie se met à bouger

Dans le chapitre 4, il y a l'image du trône, mais on ne sait pas très bien qui y siège et qui ne s'y trouve pas ; cette énigme « liturgique » ne se résoudra qu'à la fin du texte. Pour le moment, on y « perçoit » l'Unique, le Vivant qui vit pour les siècles des siècles. Les quatre Vivants sont également « au milieu du trône » et ils « l'entourent en même temps ». Notre imaginaire voudrait fixer les choses. Nous nous faisons une image de Dieu, une image de l'autre, de nous-mêmes, de la société, de l'Église... Ici, l'image se met à bouger à partir du centre. S'ajoute à cela un livre « écrit de deux côtés »... Les figures paradoxales de l'imaginaire apocalyptique nous désorientent pour que nous entrions dans la conversion de notre imaginaire. Et le premier lieu de la conversion est la liturgie.

Comment se met-elle à bouger ? Par une question « Qui est digne ? » Donnera-t-on une réponse rituelle ou entend-on poser ici la question de la *sainteté* ? Si on entend la question, la frontière religieuse établie dans l'Exode, entre ce qui se passe dans le ciel ou sur la montagne et ce qui se passe dans l'histoire, peut alors progressivement s'abolir. Une question est posée, un dialogue est instauré : *l'histoire frappe à la porte de la liturgie.* La liturgie chrétienne n'est chrétienne que si elle prend à bras le corps l'énigme de l'humanité, le mal, la souffrance, la violence, la joie ; elle est chrétienne à condition de dérouler vraiment le Livre. Et ce Livre, ce n'est pas seulement l'Ancien Testament – Israël n'arrive qu'avec l'ouverture du sixième sceau ; c'est le Livre de la création, de toute l'humanité, qui doit être déroulé dans nos liturgies. Alors c'est la voix humaine, voix de l'homme et de la femme, qui peut retentir sur fond de silence, et non plus le bruit. L'ouverture du septième sceau est précédée d'un « silence d'une demi-heure environ » (*Ap* 8, 1). « Environ une demi-heure », il y a donc du « jeu ».

Il nous faut comprendre la liturgie parce qu'elle fait appel à notre intelligence : nous commençons par dérouler le Livre et le comprendre pour pouvoir le manger ensuite. C'est mystérieux ! On ne peut pas produire le livre ; il est *donné* au prophète : il ne le prend pas, on le lui donne. L'acte de manger est l'acte de réception par excellence parce qu'on reçoit la nourriture d'un autre. Manger le Livre, c'est passer à l'intériorité. C'est aussi goûter le livre et, en même temps, en éprouver l'amertume, pleurer dans la liturgie comme le prophète.

C'est quand elle commence réellement à abolir la frontière sacrée entre la « religion », d'un côté, et l'histoire de l'autre, que la liturgie chrétienne peut entonner *le cantique nouveau* : la voix humaine se met alors à chanter, non pas en faisant du bruit mais de manière articulée et avec des instruments de musique qui font résonner toute la création.

Restons, pour finir, dans ce *passage mystérieux* des fragments de notre existence au tout de notre vie. Il est des moments de grâce où le tout d'une existence et la vie d'un peuple tout entier émergent dans une liturgie.

Note

1. *Cf.* plus haut, p. 136.

IV

POUR UNE LECTURE THÉOLOGIQUE DE L'HISTOIRE : LECTURE DE *AP* 12 À 16

L'*Apocalypse* nous offre aussi une lecture théologique des réalités politiques et économiques de l'histoire.

Dans un premier temps l'expérience spirituelle a été abordée d'un point de vue individuel ; et cet aspect traverse l'ensemble du livre. « L'expérience », c'est d'abord ce que personne ne peut vivre à ma place. Cet aspect de l'unicité est d'ailleurs magnifiquement marqué dans la lettre à l'Église de Pergame : « Au vainqueur, je donnerai… un nom nouveau que personne ne connaît sauf celui qui le porte » (*Ap* 2, 17). Mais tout en étant unique, l'expérience spirituelle est toujours une expérience en relation avec d'autres. Le *Cantique des Cantiques* est comme la matrice de cette expérience rapportée par l'*Apocalypse*. Les noces sont l'image de cette expérience où chacun est renvoyé simultanément à son unicité et à la rencontre d'autrui.

Mais il nous faut être vigilants car nous risquons toujours de situer l'expérience spirituelle uniquement dans l'intimité du sujet et d'en oublier l'aspect communautaire, ecclésial et surtout historique, comme si l'histoire était une histoire totalement sécularisée, menée par la rationalité économique de la globalisation et par la rationalité politique, et comme si l'économique et le politique n'avaient rien à voir avec le spirituel. Cette erreur de perspective nous menace également, dans la mesure où le monde économique nous apparaît comme un monde non transparent que personne ne comprend sauf quelques experts. Et ne parlons pas du politique… Nous sommes des citoyens, uniques, sujets en relation les uns avec les autres, situés dans des communautés chrétiennes, dans des cités et dans une histoire.

L'écriture de l'histoire

Il faut distinguer l'histoire, à savoir les événements qui se produisent, de « l'histoire » que l'on écrit. L'histoire entre dans la conscience de l'humanité, non pas au moment où elle se déroule mais au moment où un récit est produit. C'est à ce moment-là que la mémoire commence à travailler.

Par ailleurs, nous sommes impliqués dans les événements de notre histoire. Quand nous les racontons, nous le faisons avec un point du vue préalable, un *intérêt.* Autrement dit, il n'y a pas d'histoire « neutre ». Il nous faut donc comprendre quels sont les intérêts de ceux qui écrivent l'histoire. Sur ce point, nous sommes tributaires de deux traditions : la tradition biblique et la tradition grecque.

Dans la tradition biblique, on repère au moins trois types d'intérêts :

- les rois ont des chroniqueurs qui écrivent l'histoire avec un *intérêt politique*, souvent pour légitimer leur position. C'est l'histoire des « grands ».
- les prophètes écrivent l'histoire des petits, des veuves, des orphelins et des étrangers avec un *intérêt critique.*
- Après l'exil, les tribulations, la désorientation, la disparition du Temple, l'absence de légitimité… suscitent une autre question : comment est-il encore possible de vivre après l'exil ? Peut-on encore engager un avenir ? On voit ici émerger un *intérêt vital* : faire mémoire du passé précédant les dernières catastrophes pour rendre possible un avenir. C'est le lieu de naissance de la littérature apocalyptique dont nous sommes les héritiers.

Dans la tradition grecque, on s'intéresse *plutôt* aux causes des événements et à leur explication : comment les choses se sont-elles passées (Xénophon, Thucydide) ? L'intérêt est alors *explicatif* et des schèmes de « causalité » sont développés. C'est ainsi qu'ont procédé les intervenants de la session de l'an 2000 en partant de la démographie, de la dette extérieure, etc. pour rendre compte de la situation du pays[1].

L'*Apocalypse* de Jean écrit l'histoire avec un intérêt vital. C'est une lecture théologique de l'histoire qui veut redonner une espérance aux lecteurs. Or, nous voudrions plutôt rendre compte des causes de l'histoire et savoir qui est le « on »[2]. Mais l'*Apocalypse* ne fonctionne pas selon ce schème de causalité même si l'intérêt explicatif n'est pas totalement absent.

L'histoire s'écrit donc à partir d'un *intérêt* et à partir des *événements* qui se produisent. Ce sont probablement les événements vécus entre 91 et 96 sous le règne de Domitien qui suscitent l'écriture de l'*Apocalypse*. Le texte s'enracine dans l'histoire au fil des chapitres 12 à 18. Ces événements, le martyre des chrétiens, se passent à Rome et en Asie Mineure. Pour tenter de donner sens à cette situation, on relit des événements antérieurs et on les relie à cet aujourd'hui dramatique. Ainsi, dans l'*Apocalypse*, à partir des années 91/96 on se souvient de l'incendie du Temple, vers 70 ; puis, on remonte vers les années 30 – la crucifixion de Jésus et l'histoire de ses deux témoins – ; et finalement on est conduit vers les textes de l'Ancien Testament. Nous sommes alors proches de la clé théologique de l'historiographie proposée dans l'*Apocalypse*.

L'espace et le temps

Écrire l'histoire, c'est nécessairement s'intéresser à la géographie et procéder à une périodisation. Ces exercices sont eux aussi portés par un intérêt de légitimation.

Étudions l'espace déployé dans le premier septénaire, lors de l'ouverture des sept sceaux : c'est l'espace immense où l'humanité va se déployer. Les quatre premiers sceaux reprennent le refrain des catastrophes naturelles : violence, famine, maladie, mort ; c'est le fond de l'histoire humaine. Au cinquième sceau, surgissent les égorgés de l'histoire, ceux qui sont morts pour une cause, une juste cause. Ils nous font réellement entrer dans l'histoire. Au sixième sceau, l'histoire d'Israël fait surface : l'espace de la Palestine est décrit d'un point de vue religieux. Mais l'histoire de l'humanité n'est pas écrite à partir de « l'élection » d'Israël ; elle est relue dans la perspective des « saints » dispersés dans toute l'humanité. C'est là l'espace de l'*Apocalypse* que l'on retrouve également dans les autres septénaires. Le texte insiste sur une « émergence » : dans le cycle répétitif de l'histoire « naturelle » des violences, des famines, des maladies et de la mort, apparaissent d'abord les « égorgés de l'histoire », ensuite et en même temps ceux qui sont marqués du sceau de Dieu *et* ceux qui ne peuvent pas supporter la transcendance et qui, incapables de se situer directement par rapport à Dieu, sont obligés de se cacher dans des cavernes.

De la géographie spirituelle du livre nous venons de passer à sa manière de périodiser l'histoire de l'humanité :

- *Ap* 5 à 8, 1 : l'ouverture du livre de l'humanité (Israël arrive avec l'ouverture du sixième sceau)
- *Ap* 8, 2 à 11, 19 : la même histoire de l'humanité en allant jusqu'aux années 30 et 70, le Crucifié et les deux témoins, la destruction du temple (sixième trompette = deuxième malheur)
- *Ap* 12 à 16 et 17 à 18 : l'actualité
- *Ap* 19 à 20 : ce qui doit arriver bientôt

À regarder de près ces quatre « actes » de l'histoire de l'humanité, on découvre le principe de tuilage ou la lecture « figurative » qui les gouverne. Il y aurait une erreur de perspective dans une compréhension exclusivement linéaire de l'histoire, comme si l'événement passé était totalement passé. L'*Apocalypse* recommence à plusieurs reprises ; chaque cycle raconte la totalité de l'histoire, mais chaque fois selon une perspective nouvelle. Les cycles se superposent donc partiellement : en effet, nous restons des hommes marqués par notre animalité, par la destruction du Temple, par la crucifixion ... Tout ce qui nous paraît être du passé est encore mystérieusement présent : le passé nous colle pour ainsi dire à la peau. Nous ne pouvons pas envisager un avenir de manière réaliste, sans retraverser sans cesse notre passé. C'est là le réalisme caché de l'écriture figurative ou théologique de l'histoire : derrière les persécutions actuelles se profile la figure de la crucifixion, celle de l'exode, de Noé, etc. ; la mémoire superpose toutes ces figures. Certes, l'histoire est linéaire et ouverte sur l'avenir – c'est même ce que pointe le livre –, mais selon une continuité théologique et portée par un principe.

Le principe d'une lecture théologique

Ce principe nous est donné par la figure de l'homme, du Fils de l'homme. Qu'est-ce que l'homme, l'homme aux prises avec sa violence ? C'est la question qui parcourt l'ensemble du texte et de l'histoire.

Hobbes et bon nombre de philosophes ont écrit l'histoire de l'humanité en rapport avec la violence – « l'homme est un loup pour l'homme » – et la naissance de la société permet de la réguler. Dans l'*Apocalypse*, on trouve un même jeu d'oppositions entre des animaux qui symbolisent la violence et le mal, représentés par le dragon et une deuxième bête, et l'Agneau avec ses compagnons qui leur font face. Qui sont ces compagnons ? On les présente aux chapitre 12 et 14 : « Mais eux l'ont vaincu – le dragon – par le sang de l'Agneau et par la parole dont ils ont témoigné. *Ils n'ont pas estimé leur vie au point de craindre la mort* » (*Ap* 12, 11). « ... ils sont vierges. Ils suivent l'Agneau partout où il va. Ils ont été rachetés d'entre les hommes comme prémices pour Dieu et pour l'Agneau, et dans leur bouche ne s'est point trouvé de mensonge : ils sont irréprochables » (*Ap* 14, 4sv). C'est à partir de ce combat inégal – parce qu'il n'est pas mené avec les mêmes armes – que l'*Apocalypse* raconte l'histoire de l'humanité.

À ce premier jeu d'oppositions, elle en superpose un deuxième. Derrière l'Agneau apparaît l'ange Michael. C'est le point le plus délicat à interpréter. Nous sommes tentés ici de simplifier ce jeu d'oppositions quasi-mythique en pensant y trouver un dualisme du bien et du mal qui s'affrontent. Mais si on regarde de près, on s'aperçoit qu'il n'y a pas de symétrie entre le dragon et l'Agneau, ni entre le dragon et Michael (*Ap* 12, 7-18). La traduction du nom de l'ange est « Qui est comme Dieu ? » L'ange Michael n'a donc qu'une seule fonction : désigner l'unicité de Dieu, c'est-à-dire *son caractère absolument incomparable*. La question de la comparaison est en effet au centre des chapitres 12 à 18 : l'humanité, au moins une partie, désignée par « on », ne cesse de parodier l'Incomparable : « On adora le dragon parce qu'il avait donné le pouvoir à la bête, et l'on adora la bête en disant : "Qui est *comme* la bête ?" » (*Ap* 13, 4) Description précise du mimétisme ! Il y a une manière juste et une manière mortelle d'entrer en comparaison avec l'Incomparable. La comparaison peut en effet conduire à la découverte de ce qui est incomparable ; mais elle peut aussi mener au combat. Elle se révèle même être à la *racine* de la violence : à la manière de Caïn, on se compare à autrui, on se mesure à lui et on devient ainsi son rival. La seule manière de vaincre cet engrenage est alors de laisser l'Incomparable se révéler. C'est la fonction de Michael : « Qui est comme Dieu ? » – Nul n'est comme Lui. Ce qui devrait aller de soi ne se réalise pas : c'est donc l'Agneau qui accomplit cette évidence *dans* l'histoire.

Voilà donc l'unique principe théologique de l'*Apocalypse* dont il faut indiquer immédiatement l'autre face : puisqu'elle se construit sur rien, la violence, quand elle va jusqu'au bout d'elle-même, ne fait que manifester sa vacuité et s'auto-détruit. Face à la vérité et la fermeté, à la bonté et l'absence de mensonge de l'Agneau et de ses compagnons (*Ap* 12, 11 et 14, 5), le dragon entre dans une violence et une fureur sans mesure ; et c'est le premier « signe » de son autodestruction (*Ap* 12, 12).

Avant de montrer comment ce principe à double face se réalise *dans* l'histoire, jetons encore un coup d'œil sur le troisième acte de l'histoire que nous sommes en train de voir (*Ap* 12 – 17) ; il se situe dans l'actualité, comme nous l'avons montré plus haut[3]. Après ce qui vient d'être dit, sa structure (*cf.* schéma) est facile à repérer grâce aux trois occurrences du terme « signe » (« un grand signe » : *Ap* 12, 1 ; « un autre signe » : *Ap* 12, 3 et « un autre signe, grand et merveilleux » : *Ap* 15, 1).

Signes (3e cycle)

Mi - KA - EL

1 femme — dragon 2

6 Fils de l'homme — 1re bête 3

5 Agneau — 2e bête 4

7

les plaies – l'exode

Entrer dans une lecture théologique de l'histoire

Voici maintenant les trois aspects de cette lecture, tels qu'ils paraissent dans le septénaire qu'on vient de parcourir :

Un combat spirituel

Le chapitre 12 campe en quelque sorte les *acteurs* du combat spirituel qui traverse toute l'histoire mais qui, dans la situation actuelle, prend une forme ultime et donc révélatrice des *enjeux* de toujours.

Commençons par noter l'ambiguïté du vocabulaire de « combat » (*Ap* 12, 7), terme à la fois guerrier et spirituel. Le combat entre le dragon et ses anges, d'un côté, et Michael et ses anges, de l'autre, a été souvent lu dans une perspective dualiste. Le dualisme est une conception qui soutient que l'histoire est dominée, de l'extérieur, par deux principes : le Bien et le Mal. L'humanité et l'homme ne sont pas libres : ils ne sont qu'un champ de bataille. L'Antiquité a connu deux grands dualismes : le gnosticisme auquel s'est opposé saint Irénée et le manichéisme auquel s'est affronté saint Augustin. Ils s'en sont libérés en situant le terrain du combat spirituel *dans notre* existence humaine et non pas en dehors. Sortant du manichéisme, saint Augustin découvre en effet que *le mal n'est pas un principe*. Il n'y a qu'un seul principe : le Bien, le mal étant toujours un « moins bien ». L'homme est donc *libre* de se prononcer dans un combat spirituel.

Quel est au juste ce combat ? Le nom même de *Michael* nous avait déjà mis sur la piste : « Qui est *comme* Dieu ? » (comme le nom du prophète *Michée* dont la seule fonction prophétique est de désigner l'Unique). Accéder à l'expérience de Dieu en tant que l'Incomparable, c'est en effet découvrir qu'on ne peut pas se faire d'image de Lui. Or, entrer dans un jeu de comparaison, c'est déjà se fabriquer une image, une image de soi, de l'autre et, en dernière instance, de Dieu ; et comparer Dieu à l'homme, c'est ce que la Bible appelle idolâtrie. L'enjeu des onze premiers chapitres de l'*Apocalypse* est donc de nous aider à *traverser* nos images de Dieu, sachant que nous ne pouvons pas ne pas nous en faire ; il nous en faut même plusieurs, contradictoires, jusqu'au moment décisif où se pose la question : « Qui est comme Dieu ? » (*Ap* 12, 7). Nul être ne peut se comparer à lui… C'est alors que le Règne de l'Incomparable se révèle… en ceux qui ont vaincu l'idolâtrie… (*Ap* 12, 10sv).

« Face » à ce geste fondamental, « figuré » par Michael, se dresse le dragon . Le dernier livre de la Bible lui attribue tous les noms utilisé jusqu'alors pour dire la puissance – *vide* – du mal : « l'antique serpent, celui qu'on nomme Diable et Satan, le séducteur du monde entier » (*Ap* 12, 9). A un premier niveau, cet « être » est l'image par excellence de la violence qui poursuit sa proie pour la dévorer. On trouve aussi dans le texte - et dans l'art – l'image contraire à cette voracité : dévorer (*Ap* 12, 4) et vomir (*Ap* 12, 15). Derrière cette représentation de la violence apparaîtra, au chapitre suivant, la comparaison et la volonté de se mesurer : « Qui est comme la bête ? » (*Ap* 13, 4). Dans la forme – rappelons-le – c'est la même question que celle posée par Michael ; mais ici elle ne se réfère plus à l'Unique. Deux ou trois autres caractéristiques du mal apparaissent encore dans ces chapitres 12 et 13 : l'accusation (*Ap* 12, 10) issue de la comparaison – le mal s'innocente en culpabilisant l'autre innocent – ; le blasphème et l'arrogance (*Ap* 13, 5-7), tous deux expressions extrêmes de la rivalité entre l'homme et Dieu.

C'est là l'enjeu du combat spirituel. D'un côté : la *violence* qui dévore et la comparaison qui devient blasphème et accusation d'autrui. Et de l'autre côté : « l'apparition » de l'Incomparable dont la figure est la Femme et l'enfant qu'elle enfante, images par excellence de la *vulnérabilité*. La Femme apparaît ici comme premier signe, qualifié de grand (*Ap* 12, 1). Notons en passant que, dans l'*Apocalypse*, l'image de la femme est complexe : à la fin du livre, nous rencontrerons l'épouse au moment des noces et la jeune mariée (*Ap* 19, 7sv et Ap 21, 2) ; ici, il s'agit de la mère des vivants, Ève qui, enfantant au cœur de la violence, est le signe ultime de l'espérance humaine. Ce « signe » s'annonce déjà dans le discours d'une mère à ses sept fils au moment où Antiochus Épiphane les met à mort en sa présence (2 *M* 7) et dans les gémissements d'enfantement de l'épître aux Romains (*Rm* 8, 22, 23 et 26) : la vie continue en dépit de la violence, même si elle est fragile et exposée. Qu'on n'hésite surtout pas à se représenter cette image : d'un côté le dragon comme paroxysme de la violence, et de l'autre une naissance.

Comme ailleurs dans le texte, l'auteur utilise le procédé de superposition : la femme enfante un enfant mâle qui sera le messie (*Ap* 12, 10), l'Agneau et le pasteur (avec une verge de fer : *Ps* 2, 9 ; *Ap* 2, 26sv ; 7, 17 ; 12, 5 ; 19, 15), allusion claire à Jésus de Nazareth. En même temps, le dragon – précipité sur la terre et assigné à résidence sur le sable, entre la mer et la terre ferme (par qui ? l'auteur ne le dit pas – *Ap* 12, 9, 10 et 13 –, tout en affirmant la victoire des « compagnons de l'Agneau ») – continue à guerroyer contre le reste des enfants de la Femme (*Ap* 12, 17) et, derrière ce pluriel, on entend les saints. Il nous reste le signe ultime de l'espérance : il y a toujours enfantement.

Un combat situé dans l'histoire

Comme l'annonce déjà le chapitre 12, les chapitres 13 à 18 inscrivent le combat spirituel dans l'actualité historique.

• Les deux bêtes et leurs relations

Au chapitre 16 verset 13, la deuxième bête est appelée « faux-prophète », la première bête étant la figure du pouvoir impérial. Rappelons-nous que les « deux témoins » sont morts à cause de la première bête (*Ap* 11, 7), allusion très probable à l'époque de Néron (64/67) : peut-être s'agit-il du martyre de Pierre et de Paul.

Si, avec le prophète, on regarde le dragon, les deux bêtes et leurs relations, on observe qu'il y a tout d'abord *passation* de puissance et de pouvoir du dragon à la première bête (*Ap* 13, 2-4) et de la première à la deuxième bête (*Ap* 13, 12). Tout se passe ici comme si le pouvoir politique, *exercé avec violence*, était l'incarnation de la bestialité et de la violence humaine : tout pouvoir *exorbitant* est l'expression de la violence qui sévit dans l'histoire de l'humanité.

Mais une telle puissance politique ne tient que par les hommes qui la font vivre. C'est le rôle de la deuxième bête. Entre le dragon, la première et la deuxième bête se joue un jeu de miroir : on donne le pouvoir au pouvoir. Le pouvoir exorbitant s'effondrerait tout de suite s'il n'y avait pas des hommes, des courtisans, pour lui prêter crédit ; il y a communication du pouvoir dans les deux sens. Pourtant, le pouvoir est blessé à mort (*Ap* 13, 3) : peut-être est-ce une allusion concrète à la division interne du pouvoir romain. C'est en tout cas à cet endroit qu'apparaît la divinisation du pouvoir : « Qui est comme la bête ? » Le pouvoir tient à cause du culte impérial, de l'aura religieuse avec laquelle on l'entoure. Le pouvoir ne peut exister que s'il peut montrer des « signes et des prodiges » (*Ap* 13, 13). Tous les pouvoirs politiques, de tous les temps et de partout, recourent à des discours démagogiques. Tout pouvoir se dit toujours prêt et capable de faire ceci ou cela. Les relations des deux bêtes sont également marquées par le règne de l'image et par des marques d'appartenance (tatouages). On dresse des images en honneur de la première Bête et on impose à tous des marques (*Ap* 13, 14-17) : cultes, cartes du parti, passe-droit (*Ap* 13, 17), la deuxième bête étant la mise en œuvre des mécanismes du pouvoir. Pour le lecteur d'aujourd'hui qui a connu les expériences du nazisme et du stalinisme, le texte donne une idée précise du totalitarisme.

• L'Agneau et ses compagnons

Qui peut s'opposer au pouvoir de la bête et à ses « relations » avec la deuxième bête ? L'Agneau et ses compagnons : « Ils n'ont pas aimé leur vie au point de craindre la mort » (*Ap* 12, 11). Qu'est-ce qui est le plus important ? La vérité dont je témoigne ou ma propre vie ?

On peut confronter terme à terme ce qui est dit de la deuxième bête et ce qui est raconté de l'Agneau et de ses compagnons (*Ap* 14, 1-5). L'évocation du nom comme marque d'appartenance : le nom de l'Agneau et (pour la première fois) le nom du Père (*Ap* 14, 1) qui renvoient chacun à la mystérieuse origine de son unicité ; du côté de la bête, c'est le règne de l'anonymat ou des marques stéréotypées. À la fascination de l'image

(*Ap* 13, 15) s'oppose la capacité d'écouter : « J'entendis un bruit qui me faisait songer... » (*Ap* 14, 2-3). Les compagnons de l'Agneau le suivent partout, écho du « suivez-moi » des évangiles. « Ils ne se sont pas souillés » par la prostitution (*cf.* aussi *Ap* 17, 3-7), image de l'idolâtrie. « Ils sont vierges » (au-delà de la distinction entre célibat et mariage). « En leur bouche, point de mensonge », en opposition à la deuxième bête qui ressemble à un agneau et parle comme le dragon (*Ap* 13, 11). En cette deuxième bête, il y a division ; elle est le mensonge incarné. L'Agneau et ses compagnons, eux, sont sans mensonge. Ils peuvent « s'opposer » aux deux bêtes et à leurs relations ; ce sont des saints.

• Le jugement de l'histoire

Il y a comme un jugement immanent au déroulement de l'histoire, présenté dans la suite du texte. En *Ap* 14, 6 apparaît la figure du Fils de l'homme sur la nuée et au milieu des anges (*Ap* 14, 6-11 et 6, 15-20). Il est le *jugement de l'histoire.* C'est un thème qui appartient à la littérature sapientielle. La violence ne fera pas long feu ; elle se détruit elle-même. La puissance bâtie sur la violence et le mensonge ne pourront pas tenir longtemps. La création est si bien faite que Dieu n'a pas besoin d'intervenir de l'extérieur. Une justice immanente se réalisera si l'on a assez de patience pour attendre... et des yeux pour voir.

Le texte développe d'abord l'image traditionnelle du juge et des anges qui exécutent le jugement ; puis, à partir du verset 11, l'idée de repos est associée à celle du jugement. Le pouvoir épuise : la première bête s'épuise, puis la seconde ainsi que les serviteurs du pouvoir. « Face » à l'épuisement qu'entraîne l'exercice du pouvoir, s'établissent la constance des saints et la foi en Jésus (*Ap* 14, 12) : au cœur de la violence, se manifestent donc le repos, puis la figure du Fils de l'homme. Le jugement de l'histoire s'exprime ensuite dans les images les plus simples de l'expérience humaine : la vendange et la moisson. Peut-être trouve-t-on ici une allusion à l'Eucharistie. Mais on ne peut pas ignorer la violence qui revient à la fin de ce « cycle » avec l'image de la « cuve hors de la cité », allusion à la crucifixion et au martyr.

Violence et repos sont donc en quelque sorte superposés, dans ce passage, comme pour la femme qui, face au dragon, donne la vie à un fils, malgré la menace qui pèse sur elle.

• Le signe final

Au chapitre 15, on retrouve une même concomitance, cette fois-ci entre 7 fléaux qui rappellent l'épisode de l'exode et le cantique de Moïse (*Ex* 15, 1-20), identifié ici au Cantique nouveau de l'Agneau et de ses compagnons, vainqueurs de la bête, de son image et du chiffre de son nom, chantant sur la mer de cristal (*Ap* 15, 1-4).

Il faut vraiment apprendre à lire ! Au chapitre 16, 15 on lit : « Je viens comme un voleur », et aux versets suivants : « C'en est fait… la grande cité se brisa… ». C'est là le signe final : la destruction du mal, l'autodestruction de la violence qui, pour l'auteur de l'*Apocalypse*, est historiquement située ; c'est ici que le texte s'enracine. J'y reviendrai. Mais notons déjà que *nous pouvons comprendre cet événement, nous qui avons connu la fin du nazisme en 1945 et la fin du stalinisme en 1989. À celui qui a du discernement, l'histoire donne des exemples en nombre suffisant pour lui rendre plausible le signe ultime qu'est l'autodestruction de la violence.*

L'*Apocalypse* nous invite donc à écrire l'histoire comme un combat spirituel. Nous sommes peut-être habitués à comprendre notre *existence individuelle* comme un combat. Mais l'*Apocalypse*, en particulier les chapitres 12 à 18, nous apprend que *l'histoire en son entier* est à saisir comme un combat spirituel. En son sein se déploie comme une asymétrie fondamentale : la violence humaine en nous, autour de nous et dans l'histoire va son chemin ; et ce qui s'y oppose, ce n'est pas la contre-violence, mais la vulnérabilité et la fragilité des réalités les plus élémentaires de l'existence : mettre au monde un enfant… vendanger, moissonner.

Au fond, pour l'auteur de l'*Apocalypse*, le mystère de l'histoire est la sortie de toute comparaison. Celle-ci est inévitable ; elle est même au point de départ. Elle peut glisser vers la rivalité et la violence, mais elle peut aussi nous conduire vers la découverte de l'Incomparable, nom par excellence de Dieu, l'Unique, le Vivant.

Et puisque ce combat se situe *dans l'histoire*, le texte nous rend sensibles à un certain nombre de mécanismes du pouvoir ; et certains analystes du totalitarisme nous y aident. Mais son ultime visée est de nous aider à percevoir, quand nous sommes encore dans la tourmente, le signe ultime qui annonce un « c'en est fait », l'autodestruction de la violence : ce qui est bâti sur la violence ne tiendra pas. *Notre histoire européenne nous en apprend quelque chose, mais nous laisse avec une terrible question :* pourquoi le totalitarisme a-t-il pu naître sur le terrain de la tradition chrétienne ? Risquons une hypothèse conforme au texte de l'*Apocalypse* : fruit de la Révélation chrétienne, la « sécularisation »[4] laisse aussi un vide (6e sceau). Pour l'homme moderne, il est insupportable de vivre « à ciel ouvert » ; il se met alors à le remplir en créant d'autres divinités : l'État totalitaire, la dialectique économique… L'*Apocalypse* parle de « blasphème » précisément au moment même où l'Incomparable se révèle.

Le discernement

Pourquoi faut-il recourir au discernement ? Êtres de chair, nous vivons avec des images, avec des sens qui veulent voir, entendre, goûter, sentir et toucher, avec des mains qui utilisent l'épée et la charrue. Le discernement devient nécessaire quand, dans nos rencontres, nous commençons à traverser nos images et nos comparaisons inévitables pour accéder à l'unicité de l'autre, de moi-même et de Dieu. L'*Apocalypse* est comme un livre d'exercices qui nous permet de traverser nos images et de laisser guérir notre imaginaire.

C'est la fonction d'un certain nombre de « trous » dans le texte de combat que nous venons de parcourir. J'en signale quelques-uns :

- *Ap* 13, 9-10 : « Que celui qui a des oreilles entende ... Ici, l'endurance et la foi des saints. »
- *Ap* 13, 18 : « Ici, sagesse ! Qui a de l'intelligence pour interpréter ... ». La foi ne suffit pas quand on est à l'extrême de l'épreuve. Il faut de l'intelligence et de la sagesse.
- *Ap* 14, 12 : « Ici, l'endurance des saints qui gardent les commandements de Dieu et la foi de Jésus. »
- *Ap* 16, 15 : « Voici, je viens comme un voleur, heureux celui qui veille... »
- *Ap* 17, 9 : « Ici, l'intelligence que la sagesse éclaire ... »

Qu'est-ce qui apparaît dans ces interstices ? Tout simplement ce que le lecteur a déjà lu et entendu dans les sept lettres. Ces passages sont comme des auto-citations de l'auteur et des répétitions utiles : elles répondent à la question : qui peut tenir ? Dans une situation de violence extrême, c'est celui qui a la foi, qui s'est armé de courage et de constance, attitude fondamentale du Fils de l'homme, qui tient debout. À ces conditions l'auteur ajoute encore l'intelligence et la sagesse, à savoir la capacité de discerner et d'interpréter le moment présent, de traverser les images sans se laisser tromper par la première et la deuxième bête.

Notes

1. *Cf.* plus haut, p. 88sv.
2. *Cf.* plus haut, p. 143.
3. *Cf.* plus haut, p. 155.
4. *Cf.* plus haut, p. 57 et 72.

V

LE POLITIQUE ET L'ÉCONOMIQUE : LECTURE DE *AP* 17 - 18

Plus que d'autres passages, les chapitres 17 et 18 qui achèvent d'enraciner le texte dans l'actualité gagnent à être lus à haute voix.

Ce qui a l'apparence du plus solide, « la cité », va à sa perte ; c'est ce que le chapitre 17 raconte, en faisant de nouveau appel à la symbolique de la femme. Le chapitre 18 porte un jugement sur cette même cité, en tant que le lieu du trafic, de l'économie et du commerce (*Ap* 18, 1-3). C'est une condamnation sans appel, non pas de l'économie mais de l'exploitation ; un appel aux chrétiens à ne pas se conformer au monde (*Ap* 18, 4-8) est intercalé dans cet ensemble. Ce jugement est d'une violence extrême mais il fait aussi preuve d'une grande tendresse dans la longue lamentation qui suit. À la fin (*Ap* 18, 20), paraissent pour la première fois les apôtres, discrètement situés entre les saints et les prophètes et mis ainsi en lien avec la construction d'une ville.

Retenons, pour conclure, que les chapitres 12 à 18 nous proposent une lecture de l'histoire, à partir des ressorts les plus profonds de l'humanité : la production d'images, intimement liée à la comparaison. L'*Apocalypse* n'analyse pas des « causes », mais explique ce qui se passe à partir des ressorts humains les plus profonds. Peut-être le drame de la société algérienne est-il aussi de continuellement se comparer à des sociétés *dites* « évoluées ».

En même temps, l'*Apocalypse* désigne les lieux d'où vient la vie et l'avenir : le respect de l'unicité et du caractère incomparable de chaque être, des sociétés et de Dieu. Cette unicité est présente dans le texte sous trois figures : la femme, mère des vivants, l'Agneau avec tous les égorgés de la terre et, enfin, celui qui tient debout, le Fils de l'homme (image directrice qui parcourt l'ensemble du texte).

Dans les chapitres 12 à 18, le texte veut non seulement susciter la foi de ses lecteurs, mais il veut aussi produire constance et courage et nous communiquer une intelligence capable de percevoir avec nos yeux ce qui est en train de se passer. L'*Apocalypse* est donc comme un doigt qui perce notre actualité et nos journaux quotidiens. Elle ne nous donne pas une vision positive de l'économique et du politique mais elle ne les condamne pas. Pour en avoir une vision plus positive, il faudrait lire les *Actes des Apôtres* : mais à chaque livre son moment et son lieu.

VI

LA SAINTETÉ, UNE EXPÉRIENCE INDIVIDUELLE ET HISTORIQUE : LECTURE DE *AP* 19

Un texte est comme un tissu. Au fur et à mesure que l'on avance dans le tissage, les motifs se dessinent selon une certaine régularité ; de temps à autre le tisserand retourne l'ouvrage pour voir la formation du dessin. Nous avons déjà tiré plusieurs fils : animaux, cheval blanc, Fils de l'homme, Agneau de Dieu, etc. Nous allons tirer maintenant le fil de la sainteté en récapitulant les occurrences de ce terme et du vocabulaire qui lui est lié dans l'ensemble du texte de l'*Apocalypse* :

- *Ap* 5, 8 : « … des coupes d'or pleines qui sont les prières des saints ».
- *Ap* 6, 9-11 : « les âmes de ceux qui furent égorgés… » (5e sceau).
- *Ap* 7, 3 : « les Serviteurs de notre Dieu, marqués au front… » (6e sceau).
- *Ap* 7, 9-17 : « Une *foule immense que nul ne pouvait dénombrer*… ceux qui viennent de la grande épreuve… » et sont en lien avec l'Agneau.
- *Ap* 8, 3-6 : « avec les prières de tous les saints. »
- *Ap* 11, 18 : « le temps de la récompense pour tes serviteurs les prophètes, les saints et ceux qui craignent ton nom, petits et grands… »
- *Ap* 12, 11 : « … ils ont vaincu par le sang de l'Agneau… »
- *Ap* 12, 17 : « … ceux qui observent les commandements de Dieu et gardent le témoignage de Jésus. »

– *Ap* 14, 1-5 : « L'Agneau debout et avec lui les cent quarante-quatre mille qui portent son nom... »
– *Ap* 14,12 : « Ici, c'est la persévérance des saints qui gardent les commandements et la foi de Jésus. »
– *Ap* 15, 1-4 : « ... debout sur la mer de cristal, les vainqueurs de la bête... »
– *Ap* 17, 6 : « ... la femme ivre du sang des saints et du sang des témoins de Jésus... »
– *Ap* 17, 14 : « ... et avec lui les appelés, les élus et les fidèles vaincront aussi. »
– *Ap* 18, 20 : « ... et vous aussi, les saints, les apôtres et les prophètes... »
– *Ap* 18, 24 : « ... chez toi on a trouvé le sang des prophètes, des saints et de *tous ceux qui ont été égorgés sur la terre.* »

Les « saints », les « serviteurs » et les « prophètes » semblent être étroitement liés dans le texte. Le point culminant de ce parcours se trouve entre *Ap* 7, 3 et 7, 9-17, d'un côté, et *Ap* 18, 24, de l'autre ; ces versets mettent en valeur *à la fois* leur lien avec l'Agneau *et* l'extension infinie de ce « réseau », articulation qu'il me faut préciser progressivement[1].

La sainteté entre visibilité et anonymat

Les deux versants d'une même expérience

Pour définir le terme de sainteté, il faut distinguer le côté éthique et le côté théologal. Je l'ai déjà noté dans les deux premières parties de cet ouvrage[2].

Le côté *éthique* paraît clairement dans deux formules des chapitres 12 et 14, qui sont recevables par ceux qui n'appartiennent pas à la tradition juive ou chrétienne : « Ils n'ont pas aimé leur vie au point de craindre la mort » (*Ap* 12, 11). En *Ap* 14, 1-5, il est d'abord question de pureté rituelle, mais ensuite – et c'est la pointe – d'« absence de mensonge ». L'attitude éthique de rester vrai en toute circonstance est gravement mise à l'épreuve quand quelqu'un se trouve face à la mort. Que va-t-il préférer ? Sa propre vie et le mensonge ou la vérité au prix de sa vie ? La sainteté est la préférence donnée à la vérité au prix de sa vie. C'est ce que nous dicte et dicte à *tout être humain* la voix de la conscience. Le côté éthique se dit aussi dans ce que le texte appelle la « constance » ou la « fermeté » de celui qui, comme le Fils de l'homme, tient debout.

Dans ces mêmes textes, le coté *théologal* de la sainteté est déjà présent. Il se manifeste dès que se pose la question : Mais comment est-il possible de ne pas craindre la mort ? Ce n'est possible que pour celui qui a entendu réellement *en lui-même* la Béatitude, nous l'avons déjà perçu[3]. Celui qui l'a entendu peut aller jusqu'au bout de la vérité et, même s'il risque sa vie, dire ce qu'il pense et faire ce qu'il dit.

Mais n'est-ce pas trop rapidement affirmé, quand la perspective de la mort, ou éventuellement du martyre, nous rappelle douloureusement non seulement la limite de notre existence mais encore que l'unité de notre vie, fragmentée en épisodes, nous échappe très radicalement ? Nous sommes alors tentés de refouler cette limite et de nous enliser dans notre quotidien. La logique de la comparaison, longuement développée plus haut[4], peut ainsi développer toutes ses harmoniques : je compare *la mesure* de ma propre existence à celle d'autrui ; et derrière la comparaison se profile toujours la possibilité de la jalousie, voire d'une jalousie fondamentale, la mort prenant alors le masque dont la jalousie le revêt ; attitude qui peut aller jusqu'à supposer une jalousie divine ou simplement la jalousie de la vie : au fond, la vie ne serait qu'une sorte de ruse ; nous mourrons mais, s'étant servie de nous, la « vie » continue... De ce désespoir caché peut naître la violence : il me faut tout, et tout de suite ; je veux en profiter aujourd'hui. Comparaison, jalousie, violence sont donc intimement liées à notre perception de la mort. Or, l'*Apocalypse* révèle une autre voie : *Quelqu'un vient* nous enlever la crainte de la mort, disant la parole que personne ne peut se dire à soi-même : « Au vainqueur je donnerai de la manne cachée, je lui donnerai une pierre blanche, et gravé sur la pierre un nom nouveau que personne ne connaît sinon qui le reçoit » (*Ap* 2, 17). Comme s'il disait : « À mes yeux, tu es unique ; tu peux donc abandonner ce qui t'appartient en propre sans que tu puisses en disposer, le tout de ton existence ».

Cette expérience n'est pas d'emblée acquise ; j'ai montré comment le texte s'y prend pour nous y acheminer en nous faisant traverser intégralement notre imaginaire. N'oublions pas que le mystère de l'unicité est *le mystère même de Dieu* ! Je ne peux le découvrir seul : *quelqu'un doit venir me le dire d'une manière crédible* en y engageant toute son existence ; cela relève de la sainteté de l'autre qui est la condition nécessaire de mon expérience de Dieu. Il doit cependant me *le* dire de telle façon que je puisse l'entendre non seulement à l'extérieur de moi-même mais *m'entendre le dire de l'intérieur de moi-même à moi-même*, pour en être « convaincu » ; et c'est la condition suffisante, exprimée par l'image de la « manne cachée » et davantage encore par celle de la « source » (*Ap* 7, 17 et 21, 6) qui jaillit gratuitement *en* celui qui l'a reçue. Le verbe « être convaincu » garde la racine « vaincu », ce qui rappelle utilement que la véritable conviction est le fruit d'un combat spirituel.

Entre visibilité et anonymat

L'*Apocalypse* nous donne donc la « définition » la plus large et la plus commune de la sainteté même si elle sait bien que « quelqu'un doit venir pour cela nous enlever la peur : sont « saints » ceux et celles qui sont allés jusqu'au bout de la vérité en y engagent toute leur existence. Nous pouvons en *désigner* quelques-uns seulement : ils se situent à la surface de l'histoire comme les saints d'Israël et, surtout et de manière unique, l'Agneau de Dieu. Leur visibilité ne représente pas un « plus ». S'ils sont repérables, c'est pour nous renvoyer sans cesse à la foule anonyme de ceux qui sont saints en vérité et qui sont appelés ici « tous les égorgés sur la terre » (*Ap* 18, 24). Le texte crée donc une profonde solidarité entre tous.

Le Dieu trois fois saint et les saints de Dieu

Mais comment comprendre cette solidarité sans nier l'unicité de Dieu et de son Christ ?

S'accoutumer à la sainteté

Il y a comme deux mouvements dans l'ensemble des Écritures et dans l'*Apocalypse*. Dans un premier temps, *on présuppose connaître la sainteté de Dieu*. On peut lire l'ensemble de l'histoire d'Israël, toute la Bible, sous l'angle de l'accoutumance de l'humanité *à* la sainteté de Dieu. L'homme se découvre comme n'étant pas à la hauteur de l'Unique Saint ; il doit donc se tourner vers Lui pour se laisser transformer par Lui. L'*Apocalypse* se situe en quelque sorte dans un deuxième temps, décrivant le mouvement inverse : en contemplant l'histoire de la sainteté dans le monde, l'Agneau et la foule innombrable des égorgés de l'histoire, elle « découvre » vraiment ce que veut dire « sainteté de Dieu ».

Le premier mouvement est dessiné au chapitre 6 du prophète Isaïe et apparaît derrière la liturgie du chapitre 4 de l'*Apocalypse*. C'est l'expérience fondamentale d'Israël : la distance entre la sainteté de Dieu et l'homme est infinie. Tout se mesure à l'aune du Dieu trois fois saint : « Malheur à moi !, s'écrie le prophète. Je suis perdu, car je suis un homme aux lèvres impures » (*Es* 6, 5). D'où la question fondamentale de la dignité : « Tu es digne, Toi, le Dieu trois fois saint ». Parce que tu es saint, on doit Te louer. La sainteté de Dieu et sa louange par l'homme pécheur sont intimement liées. « Qui est donc digne d'ouvrir le livre ? » Personne, dans cette logique.

Le Nouveau Testament montre comment l'homme pécheur peut accéder à la sainteté de Dieu. Ce n'est pas une promesse vaine. C'est fait : « Tu es le Saint de Dieu », dit Pierre à Jésus. Le Saint est donc au milieu de nous et nous communique sa sainteté en créant entre lui et nous une association, dite sous des formes différentes. Le « rachat » (*Ap* 5, 9 et 14, 4) en est une ; mais l'« accoutumance » (saint Irénée) à la sainteté de Dieu peut se fait autrement, comme le suggère par exemple l'image du lavement et du blanchiment des vêtements dans le sang de l'Agneau ; c'est l'idée de purification qui domine ici (*Ap* 7, 14). Tout cela étant présupposé dès le début du texte (*Ap* 1, 4-6), l'Agneau nous communique sa sainteté surtout en ouvrant le livre : nous devenons comme lui si, l'ayant entendu frapper à notre porte, nous allons au bout de la vérité, jusque dans notre manière de parler...

Ouvrir « le livre de vie de l'Agneau, égorgé depuis la fondation du monde »

Le premier des deux passages où il est question de la « fondation du monde » (*Ap* 13, 8 et 17, 8) pose à certains un problème de traduction ; ils voudraient lier « fondation » et « livre de vie », et non pas « fondation » et « Agneau égorgé ». Le texte semble pourtant être clair. Certes, l'Agneau renvoie d'abord à la figure historique de Jésus de Nazareth, voire au Crucifié. Mais ici, on le dit « égorgé depuis la fondation du monde ». Cette affirmation crée une remarquable solidarité dans toute l'humanité entre tous ceux qui ont donné leur vie et Lui : *Il est déjà là, dès le début.* Le lecteur du livre va donc de la sainteté des hommes vers celle de l'Agneau. Il perçoit alors celle-ci « inscrite » dans les fondements même de la Création, dès le début. En déroulant le livre de l'histoire, il découvre la sainteté comme son mystère ultime; et c'est à partir de celle-ci qu'il « découvre » la sainteté même du Créateur. Voilà ce qui me semble être le mouvement original du texte : en allant *jusqu'au bout* du récit historique, on y discerne, comme après coup, la présence du mystère de Dieu ; renversement essentiel parce que la tradition chrétienne relie intimement Dieu lui-même et l'histoire des hommes.

Qui est donc digne de lire le livre de la vie ? Seul le Saint, l'Agneau de Dieu relié depuis toujours à ses compagnons, peut l'ouvrir ; celui qui *devient* comme lui, son prophète et serviteur, peut « l'écrire » et nous pouvons le lire et ... le réécrire si nous entrons dans les conditions de sainteté, indiquées par le livre lui-même.

Du souper avec le Fils de l'homme au festin des noces de l'Agneau

Regardons maintenant comment le texte inscrit ce mystère de sainteté dans l'ensemble de l'histoire en revenant à notre hypothèse de départ[5].

La dernière des sept lettres évoque un souper avec le Fils de l'homme : « Voici, je me tiens à la porte et je frappe. Si quelqu'un entend ma voix et ouvre la porte, j'entrerai chez lui et je prendrai mon souper avec lui et lui avec moi » (*Ap* 3, 20). Pour celui pour qui cet *événement* se produit, l'histoire se termine parce que, lors de ce souper, il a fait l'expérience fondamentale de sa vie : « moi avec Lui, Lui avec moi ». Le « Heureux es-tu » a été entendu (*Ap* 3, 22) et la sainteté est devenue possible.

Apparemment, l'histoire de l'humanité ne se déroule pas ainsi : vient alors le reste du livre de l'*Apocalypse* qui traverse les cycles infernaux des violences humaines. L'expérience heureuse de la porte et du souper est proposée à tout être humain. Tout être humain doit pouvoir rencontrer ainsi le Fils de l'homme, comme l'épouse trouve son époux. Dans son expérience de rencontre, le lecteur doit donc intégrer l'ensemble de l'histoire, avec ses violences innommables. Je ne peux jamais entendre tout seul *« Lui avec moi, moi avec Lui » : cette promesse n'aurait aucun sens s'il n'y avait pas, avec Lui, tous les égorgés de l'histoire de l'humanité.*

C'est pour cela que nous assistons, dans le quatrième acte de l'histoire (*Ap* 19 à 20), au *même* repas : « *Heureux* les invités au festin des noces de l'Agneau ». Le contexte de cette béatitude est d'ailleurs fondamental : le prophète réentend ici le « Écris ! » et une confirmation solennelle : « Ce sont les paroles même de Dieu : "*Heureux* les invités au festin des noces de l'Agneau". » (*Ap* 19, 9) Il s'agit encore de la rencontre entre l'époux et l'épouse. Mais qui est l'Agneau avec qui je vais désormais manger ? C'est l'Agneau en solidarité avec tous les saints de l'humanité : « L'épouse de l'Agneau s'est préparée, il lui a été donné de se vêtir d'un lin resplendissant et pur, car le lin, ce sont les œuvres justes des saints » (*Ap* 19, 7sv). Redisons-le : c'est le même repas que celui qui a été évoqué à la fin de la septième lettre : « Lui avec moi, moi avec Lui » ; mais Lui emmène avec lui tous les égorgés de l'histoire et m'identifie avec eux. « Entre temps », il a en effet ouvert le livre, « le livre de l'Agneau égorgé depuis la fondation du monde ».

C'est là *l'itinéraire* proposé par l'*Apocalypse* qui nous invite à aller du souper avec le Fils de l'homme au festin des noces de l'Agneau, pour que le premier ne reste pas illusoire…

Ce qui doit arriver bientôt : la victoire des saints

Parcourons donc brièvement le « quatrième acte ». Les dix premiers versets du chapitre 19 nous font le récit des noces de l'Agneau : le simple souper s'est chargé de toute l'histoire de l'humanité. L'Agneau-époux porte toute la souffrance du monde et en assume la violence.

Mais l'histoire n'est pas encore achevée. Que vont devenir les deux bêtes et le dragon. Y aura-t-il une victoire finale ? Ou encore : comment comprendre la victoire des saints ? Celui qui raconte une histoire fait un contrat avec son lecteur et promet de lui dire « ce qui va arriver bientôt ». La logique narrative demande qu'on raconte au lecteur ce qui « *doit* arriver bientôt ». Est-ce un « happy end » ? Peut-on vraiment croire que la victoire de la sainteté soit le mystère de l'Histoire ? L'*Apocalypse* nous raconte l'histoire de l'humanité sans la farder. Mais elle nous montre en même temps comment Dieu s'y manifeste comme saint ; et ce récit se termine par une gigantesque fête. Est-ce crédible ? Oui ou non ?

Notes

1. Cette interprétation n'a pas cours habituellement (*cf.* par exemple les hésitations de Pierre Prigent, *L'Apocalypse de Saint Jean,* 210 et 397). L'ensemble de notre lecture tente cependant de rendre compte du fait que le dépassement des frontières du christianisme institué fait partie de la définition même de la « sainteté ».
2. *Cf.* déjà plus haut, p. 44-47, p. 70-73, p. 89-92, p. 111-113 et p. 115sv.
3. *Cf.* plus haut, p. 112sv et p. 116-118.
4. *Cf.* plus haut, p. 157 et p. 159sv.
5. *Cf.* plus haut, p. 136.

VII

FIN DES TEMPS OU TEMPS DE LA FIN : LECTURE DE *AP* 20 - 22, 5

L'*Apocalypse* est un livre qui nous rapporte sa propre écriture : quelqu'un l'écrit mais il ne l'écrit pas de sa propre initiative ; un autre vient l'inviter à écrire. Pourquoi ? Tout simplement parce que le livre que le prophète est invité à écrire nous raconte l'ouverture d'un livre tout autre et aux dimensions mystérieuses, le livre de la vie. Comme le livre des *Actes* (*Lc* 1, 1-4 et *Ac* 1, 1-2), ce dernier « livre » de la Bible est un livre d'histoire. Pour l'écrire, il faut donc « composer » une intrigue, faite de fragments de vie, d'événements auxquels on ne fait pas toujours attention. Celui qui écrit ces événements les relie pour faire apparaître *un tout cohérent*. Mais les moments de crise, toujours plus ou moins graves, résistent à son effort de compréhension et de composition. Va-t-il les prendre au sérieux ? Le lecteur en est « juge ». S'il éprouve un sentiment de « suspens », il est rejoint dans son propre questionnement le plus vital, au moins pour un temps. Va-t-il finalement fermer le livre, en étant « convaincu » ?

Ce qui « doit » arriver : la cohérence de l'intrigue

Je viens d'introduire l'idée de cohérence : une intrigue la suppose sous forme d'une certaine plausibilité ou d'une *nécessité* proposée au lecteur : quelque chose *doit* arriver même si, moi qui lis le texte, je ne le perçois qu'après coup. Parfois on anticipe la suite : « c'est cousu de fil blanc », dira-t-on en exprimant ainsi un certain ennui. La nécessité dont il est question ici n'est pas contraignante ; elle est *de convenance*, comme on dit aussi : celui qui écrit connaît la fin de son histoire ; certes, il écrit de manière linéaire, page après page, mais toujours en s'appuyant sur la fin, c'est-à-dire sur ce qui, d'après lui, *doit* arriver nécessairement. Le lecteur, lui, ne connaît pas cette fin et il y est amené *progressivement.* Il y a des livres dont on connaît bien la fin ; on n'hésite pourtant pas à les relire, en éprouvant à nouveau un même suspens. Ce sont de bons livres parce qu'ils continuent à nous parler. C'est le cas des évangiles, mais pas seulement. Tout en connaissant déjà quelque peu la cohérence que l'écrivain y a déposée, le lecteur continue non seulement à la vérifier mais à se demander si elle dit vrai : il y a en effet une différence entre cohérence et vérité. Nous savons bien qu'un roman peut être cohérent sans correspondre à la « réalité » que nous vivons. J'y reviendrai dans le dernier chapitre.

Pour saisir la cohérence d'un livre, on recherche ce qui en fait l'unité. Pour l'*Apocalypse*, c'est *le repas*, aboutissement de la conversion proposée au lecteur par le texte. Je l'ai déjà montré : notre expérience spirituelle passe par la conversion intégrale de notre imaginaire, passage « nécessaire » pour que nous puissions devenir comme le Fils de l'homme[1]. Sous sa forme la plus simple, cet aboutissement apparaît dès la fin de la septième lettre : le souper, comme expérience la plus élémentaire de l'existence humaine et chrétienne, après avoir entendu quelqu'un frapper à ma porte…, voire à notre porte.

La « porte », c'est d'abord la *porte de nos sens*. Il faut *entendre* frapper, *voir* le visage de celui qui vient, le *toucher*, reconnaître son *parfum*, *goûter* ensemble son miel (*Ct* 2, 8ss). Mais qui entre par la porte ? Serait-ce la mort qui « vient comme un voleur » (*Ap* 3, 5 et 16, 15). Serait-ce la voix de celui qui me lance « Heureux es-tu » ? Est-ce que je l'entends et qu'est-ce que j'entends à cette porte ? Est-ce que je perds la crainte de la mort qui, sinon, vient effectivement comme un voleur ? Est-ce que j'ai peur d'être enlevé à moi-même ? Ou est-ce que je crois que celui qui frappe vient comme un époux à la rencontre de l'épouse ? Voilà, ce qui peut se jouer à la porte. Une rencontre décisive peut s'y produire : moi « avec » Lui, en symétrie parfaite.

La « porte », c'est aussi la *porte de l'histoire*. C'est moi seul qui suis à la porte ; mais l'Église y est aussi et toute l'humanité. Toute l'histoire entre par cette porte. Le Fils de l'homme ne peut pas y passer tout seul. Il vient avec tous les saints depuis la fondation du monde, avec tous les égorgés de l'histoire.

À la fin des sept lettres, nous sommes toujours dans l'actualité du livre : au moment où, de Patmos, Jean s'adresse aux sept communautés d'Asie Mineure, et nous y sommes à nouveau dans le troisième et dans le quatrième acte du drame. Ce qui permet d'affirmer cela, ce sont les « trous » du texte qui jouent le rôle de « porte » et introduisent les sept lettres dans l'actualité des chapitres 12 à 19. Il faut en effet relier les sept lettres, l'actualité historique de l'Asie Mineure à la fin du premier siècle et le contenu des chapitres 12 à 19, et peut-être même jusqu'au chapitre 20. Il faut donc superposer le souper initial et la fête des noces de l'Agneau. L'épouse, vierge et pure ou *sans mensonge*, est vêtue de toute l'histoire. Ses vêtements sont blancs : elle est donc revêtue des œuvres des saints et de tous les égorgés de l'histoire. *L'histoire est son vêtement.* L'époux, on ne le voit qu'à la fin du livre : c'est *l'Agneau-Pasteur* qui s'est solidarisé avec tous les saints et tous les égorgés et qui les a précédés, en quelque sorte, depuis la fondation du monde.

Le repas « désiré » se trouve déjà à la fin du chapitre 3 comme image directrice, posée devant nos yeux de lecteur, activant en nous ce que toute l'humanité désire : entendre le « Heureux » et se réunir autour d'un seul repas. Mais les choses ne se passent pas ainsi. Il nous faut donc traverser la totalité de l'histoire et les cycles de la violence ; ce que Dieu lui-même a fait. Dès lors, le repas ne peut être qu'un repas avec l'Agneau égorgé depuis la fondation du monde.

Mais nous sommes tellement « barricadés » et nous avons tant de mal à ouvrir la porte ! Personne ne peut donc s'y présenter, sinon quelqu'un de vulnérable et ainsi capable de nous libérer de la peur : nous craignons que celui qui frappe vienne comme un voleur pour un rapt. Mais lui, il vient comme l'Agneau-Époux. N'oublions pas ici que la littérature apocalyptique superpose les images ou les figures. La parole du prophète Zacharie peut être entendue à cette porte : « Ils verront celui qu'ils ont transpercé » (*Ap* 1, 7). Ils verront – sans pour autant perdre cœur – ce qu'ils ont produit par leur violence. C'est le livre, ouvert par l'Agneau-Époux, égorgé depuis la fondation du monde, qui le leur montre. Alors, ils ne peuvent que se retourner vers eux-mêmes, se convertir ... et la porte s'ouvre.

Ce livre se déroule à travers différents cycles : les sceaux, les trompettes... Ces septénaires ne se succèdent pas de manière linéaire mais ils « tuilent ». Selon un mouvement de plus en plus ample, ils remontent vers le commencement pour aller vers la fin. Pendant le premier septénaire, la lecture de l'histoire se fait selon une logique vétéro-testamentaire : à partir du cinquième sceau apparaissent les égorgés de l'histoire ; Israël n'arrive qu'au dernier moment et cela se termine par la prophétie d'Isaïe qui nous ramène à la source. Quand arrive la conclusion au septième sceau, « un temps caché » s'ouvre – le temps chrétien – : le texte revient à nouveau au point de départ et développe l'histoire jusqu'au Crucifié, ses deux témoins et à la destruction du Temple…

La vulnérabilité est la véritable puissance de Dieu ; c'est elle qui sera victorieuse. *Sûrement est-ce la grande conversion à vivre par notre époque.* Dans la deuxième partie du chapitre 19 et au chapitre 20, la première bête est maîtrisée, la seconde aussi et, finalement, le dragon, mais en deux temps. Il faut aller jusqu'au bout du texte, sinon l'intrigue et l'histoire perdent leur cohérence : ce qui est bâti sur le mensonge ne peut tenir ; mal et mensonge durent le temps qu'ils doivent durer, mais à la fin, la victoire est à la vérité et à la sainteté. Si donc, au début du chapitre 19, éclate déjà le premier « alléluia », l'histoire continue encore sur un autre plan, pour poursuivre *en même temps* le récit de la chute jusqu'à la « précipitation » de la mort et de l'Hadès (*Ap* 17 ; 18 ; 19, 11 – 20, 3 et 20, 7-15).

Cette concomitance nous invite d'ailleurs, disons-le en passant, à une certaine retenue dans le chant des « alléluia ». On ne trouve pas d'alléluia dans les évangiles ni dans les lettres de Paul. Le Nouveau Testament les tient en quelque sorte en réserve pour nous les donner au chapitre 19 de l'*Apocalypse.* Une voix – ou plutôt la grande rumeur d'une foule immense – dit alors, dans le ciel, que les psaumes sont accomplis, citant le premier « alléluia » : la ville-prostituée a disparu. On chante alors le psaume 135 (134) qui annonce la chute de l'idolâtrie ; celle-ci se détruit elle-même comme la violence. Il y a une continuité entre le présent et le « bientôt », le psaume faisant le lien entre les deux. Mais la chute de la ville étant achevée, le récit continue. Tout bon lecteur veut en effet connaître la fin de l'histoire.

Vient alors le « cheval blanc ». Il apparaît au début (*Ap* 6, 2) et à la fin du « livre » (*Ap* 19, 11). La victoire est en effet acquise dès la fondation du monde, puisque l'Agneau égorgé y est déjà présent. « Celui qui montait le cheval blanc est parti en vainqueur et pour vaincre encore ». Pourquoi est-il parti vainqueur ? Imaginons que Dieu ait créé le monde sans croire que son œuvre valait la peine d'être créée : tous les récits qu'on vient de lire ne seraient que des mythes et l'histoire humaine, tragique. Si nous croyons en Dieu créateur, nous admettons en même temps que Dieu ne peut créer sans croire à son œuvre.

Certes, la souffrance et la violence sont présentes dès le départ – l'Agneau égorgé depuis la fondation du monde l'atteste – ; mais le cheval blanc et son cavalier, le Fils de l'homme, le sont aussi : « *Il part en vainqueur* pour vaincre encore ». Ce Fils d'Homme (*Ap* 1, 14 et 19, 12) – « le Fidèle et Véritable » (*Ap* 3, 7 et 14 ; 19, 11) – a la parole décisive, il est lui-même le Verbe de Dieu (*Ap* 19, 13) : c'est donc lui, le Logos, qui est victorieux. On pourrait dire aussi tout simplement qu'au fond de l'humanité, dans la violence même la plus extrême, un reste d'humanité subsiste : *nous sommes des êtres parlants*. Certes, nous pouvons mentir avec notre bouche, mais le simple fait d'être des « parlants » implique comme une *promesse* : la promesse qu'une parole vraie puisse un jour se dire.

Pour exprimer la victoire, il faut donc trois images : celle du Fils de l'homme, celle de l'Agneau-pasteur et celle du cavalier sur le cheval blanc. On pourrait vouloir se contenter de la figure du Fils de l'homme, image d'une humanité, pour dire ce que tous désirent et attendent. Mais la violence se mêle inexorablement à nos meilleurs attentes. L'Agneau égorgé qui se solidarise avec tous les souffrants de l'histoire prend alors le relais. Parce que depuis toujours il s'est solidarisé avec les derniers de la terre, il peut être en même temps leur pasteur. S'il s'est identifié aux agneaux au point d'être comme eux, il les connaît vraiment. Enfin, pour ne pas rester dans le tragique, il faut maintenir la possibilité de la victoire ; d'où une troisième figure, l'image du cavalier sur le cheval blanc, qui emporte la victoire avec les armes de l'Agneau : la vulnérabilité.

Ensemble, ces trois figures expriment magnifiquement la victoire sur le mal. Nous pourrions être gênés par le vocabulaire « militaire » du combat de plus en plus présent à partir du chapitre 12 de l'*Apocalypse*. Mais la tradition chrétienne ne supporte pas la mièvrerie[2]. La « constance » dont il est question dès le départ du texte (*Ap* 1, 9) est l'expérience d'une force, celle de la vérité et de la sainteté.

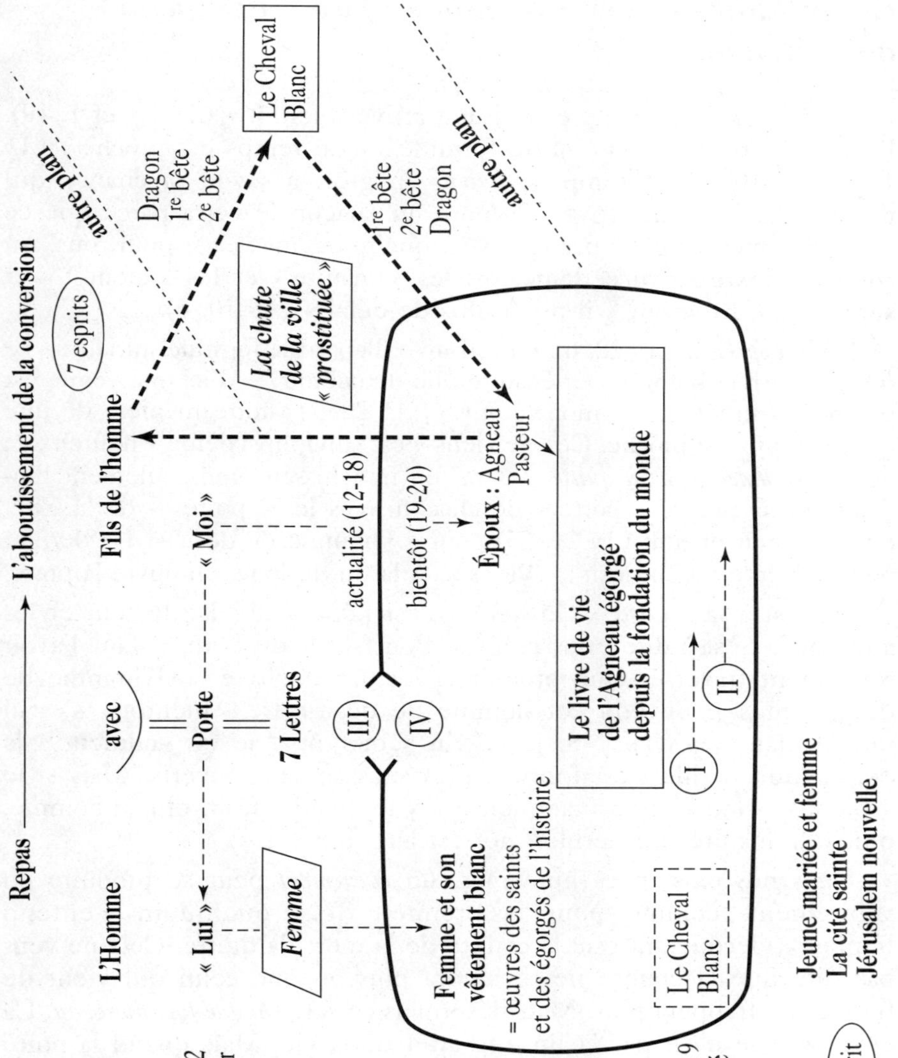

Ce schéma veut visualiser l'unité du livre de *l'Apocalypse* à partir de l'expérience fondamentale du souper. Pour accéder au repas des noces de l'Agneau, il faut traverser toute l'histoire de l'humanité, telle qu'on peut la lire dans « le livre de vie de l'Agneau égorgé depuis la fondation du monde » (les sept sceaux et les sept anges avec leurs trompettes) et la comprendre dans l'actualité. À l'arrière-plan de cette histoire et en profondeur (à droite du schéma) se déroule le combat « spirituel », mené par le cheval blanc et son cavalier avec le Dragon et ses acolytes.

Ce qui doit arriver « bientôt » : l'aboutissement de l'intrigue

Le *prologue* annonce « ce qui doit arriver bientôt » (*Ap* 1,1 et 1, 19). Dans la suite paraît une autre formule : « Le temps est proche » (*Ap* 1, 3 ; 22, 10). « Le temps », *kairos* en grec, à savoir la chance qui passe ! C'est ce qui arrive à la porte et chacun le verra parce que ce qui arrive bientôt n'est pas réservé à quelques-uns : c'est pour tous. Au cours du texte se succèdent alors les « ensuite » et les « bientôt » et subitement arrive un « il n'y a plus de délai » (*Ap* 10, 6).

Dans *l'épilogue* (*Ap* 22, 6), on retrouve d'abord la formule initiale : « ce qui doit arriver bientôt » et ensuite une deuxième : « Voici, ma venue est proche » (plutôt que « mon retour » ; *Ap* 22, 7) ; autre manière de dire que le temps est proche. Ce « je viens » est suivi du sixième « heureux » ; *on peut commencer ici à quitter le texte*, en franchissant non seulement l'intimité de la propre « porte » de chacun mais les « portes » de la Cité, ouvertes jour et nuit (*Ap* 21, 25) pour « l'homme de désir ». Le dernier mot sera en effet au désir : « Viens ». À la fin du livre, on ouvre la porte.

Qui est à la « porte » du livre qu'est l'épilogue ? Le lecteur et les auditeurs, c'est-à-dire nous-mêmes. Pour sortir du livre, il faut l'avoir totalement traversé. Que produit la lecture du livre ? « L'homme de désir ». Suis-je devenu cet homme de désir ? Le « bientôt » s'est-il intégré dans ma chair ? Si je vis du « bientôt », je vis vraiment à la porte. Mon oreille s'est formée, mes sens se sont ouverts. Mais si le « bientôt » me vient à manquer, il n'y a plus de désir, plus d'homme, plus d'humanité. Le dernier mot est au « bientôt ».

Dans nos existences humaines, un *événement* peut se produire où subitement, comme pour la première fois, quelqu'un « entend frapper », découvrant que la crainte de la mort l'a quitté. Cela ne veut pas dire que la crainte ne reviendra plus ou que celui qui vient de frapper ne frappera plus. Mais désormais ce sera *chaque fois nouveau*. La *nouveauté*, ce n'est pas la fin, ni l'arrêt de la vie. Mais quand la porte est vraiment ouverte, tout ce qui se présente est chaque fois nouveau ; et il y aura toujours et encore un « bientôt ». *La mort n'est plus « l'événement » produit par la peur.* « L'homme, vivant en juste sur la terre, oubliera de mourir », dit saint Irénée[3]. Heureuse mort qui garantit l'unicité de notre existence devant Dieu ; mais « d'abord » heureuse naissance parce que, tant qu'il y aura des mères pour mettre des êtres humains au monde, il y aura des vivants pour accéder au désir.

La fin des temps : Ap 21 - 22, 5

Le livre est cohérent, on vient de le montrer. Derrière ce terme de « cohérence », il faut aussi entendre « fidélité ». La cohérence de l'intrigue manifeste la fidélité du témoin.

La dernière image du livre est la cité sainte, la Jérusalem nouvelle, sous l'aspect de la jeune mariée. On va ainsi de l'image de la femme qui enfante (*Ap* 12, 1) à l'épouse dont on a célébré les noces (*Ap* 19, 7sv) et à la jeune mariée (*Ap* 21, 2 et surtout 21, 9) ; on va de l'intimité du souper en tête à tête, à la fête des noces, puis à l'entrée dans la cité, c'est-à-dire vers l'expérience de la vie sociale.

Notons une autre cohérence encore : l'opposition vie/mort. La vie enfante-t-elle la mort ? Auquel cas ce serait la tragédie. Le mot ultime est-il bien le mot « Vie » ? Le Vivant ? La nouvelle création sans terre ni mer, l'ancien monde s'en étant allé. Cela serait simplement la fidélité du Créateur vis-à-vis de Lui-même et vis-à-vis de sa création en qui Il croit.

Si c'est vrai, celui qui est à la porte et qui a soif ne peut pas seulement recevoir quelques gouttes d'eau ; seul le don de la source, *le don de ce que le Vivant est en lui-même*, source de vie et de désir, est à la hauteur de Dieu. *Là est l'expérience fondamentale de la fin*. Il n'y a plus aucun jugement, plus aucune condamnation extérieurs ! C'est le sens de la symbolique des livres en relation avec le livre (*Ap* 20, 12 et 15). L'existence est une chance pour tout être humain, la chance d'entrer dans l'expérience fondamentale de devenir Fils de Dieu ; la seule condition est d'être vivant, sans mensonge, homme et femme de désir. C'est cela l'Évangile. La seconde mort (*Ap* 20, 6 et 20, 14sv) serait de ne pas accéder à son humanité.

Le temps de la fin : les événements de l'histoire et les « mille ans »

Venons-en, pour finir ce chapitre, au passage énigmatique, maintes fois commenté, voire rejeté, des « mille ans » (*Ap* 20, 1-6). Rappelons les événements de l'histoire auxquels l'*Apocalypse* fait allusion : la crucifixion, les deux témoins, la destruction du temple en 70 et, probablement, le règne de Domitien. Les « mille ans » (*Ap* 20, 1) débutent quand le dragon est maîtrisé. D'un point de vue textuel, ils font partie du « bientôt », *et donc de notre histoire*, comme si au temps de la violence, vécu sous Domitien, devait succéder un règne de paix pendant mille ans. Toute la tradition chrétienne, depuis deux mille ans, s'est affrontée à cette question, parlant depuis l'époque de saint Augustin du « millénarisme ». *Le nazisme et le léninisme ont également utilisé ce concept, avec les lendemains qui chantent… comme on sait.*

Prenons rapidement connaissance des trois grandes solutions, proposées par la tradition[4] et réservons-nous pour les deux derniers chapitres la réponse qui me semble découler de ce qui précède.

Saint Augustin d'Hippone (354-430)

Dans la *Cité de Dieu* (Livre 20), Augustin rappelle la thèse des « millénaristes » qui conçoivent les mille ans comme un repos sabbatique pour les saints. En référence aux sept jours de la création, les mille ans formeraient le 7e millénaire. Or, Augustin qui avait tenu lui-même cette thèse s'en éloigne nettement dans sa grande théologie de l'histoire. Pour lui, le chapitre 20 de l'*Apocalypse* doit se concevoir dans une perspective de *fin des temps*. Avec ce « millénaire », l'histoire est effectivement terminée, les « mille ans » étant une manière de parler symboliquement de l'éternité. Notre temps est celui de la parabole du bon grain et de l'ivraie qui fournit au Docteur le principe de l'interprétation de l'histoire : « Laissez l'un et l'autre croître *ensemble* jusqu'à la moisson, dit le maître aux serviteurs, et au temps de la moisson je dirai aux moissonneurs : ramassez d'abord l'ivraie et liez-la en bottes pour la brûler ; quant au blé, recueillez-le dans mon grenier » (*Mt* 13, 30).

Augustin s'exprime dans le cadre de la chrétienté. Le mot de « millénariste » y a été forgé pour désigner une hérésie et pour la dénoncer. L'évêque compte le temps comme on le fait à son époque : l'univers dure 6000 ans ; nous sommes au 6e millénaire et, après une rupture, nous entrerons dans le sabbat de Dieu : ce sera l'éternité. Nous autres, nous vivons encore dans le temps de l'Église et, pendant ce temps, nous ne savons ni qui est élu ni qui ne l'est pas ; c'est le mystère de Dieu. Certes, Satan est enchaîné, mais tout se passe dans le secret des cœurs. La venue du Christ a tout changé, mais dans les apparences extérieures, le monde reste comme avant. Même le corps de l'Église est un corps mélangé où la chair et l'esprit sont mélangés, où le bon grain et l'ivraie sont indiscernables.

Saint Irénée de Lyon (~140-200)

À la fin de son œuvre *Contre les hérésies*, Irénée, le premier, aborde l'interprétation du chapitre 20 de l'*Apocalypse*. Le « millénaire » est le temps *avant* l'incorruptibilité, temps sabbatique *dans* l'histoire où ceux dont la bouche est sans mensonge « s'accoutument peu à peu à saisir Dieu lui-même »[5] et à Le comprendre de l'intérieur. L'enjeu principal est la *fidélité de Dieu*. Dieu va jusqu'au bout de Lui-même si ses promesses s'accomplissent pour nous dans la chair, sur terre. La référence principale d'Irénée est la deuxième béatitude : « Heureux les doux (ou les non-violents), ils auront la terre en héritage » (*Mt* 5, 5). Hériter, c'est recevoir quelque chose sans avoir travaillé pour cela. Le Fils unique hérite de toute la création et nous recevrons avec lui la terre en héritage. Mais ce sont les doux, les non-violents qui vaincront. Une autre référence d'Irénée est le récit de la Cène : « En vérité, je vous le déclare, jamais plus je ne boirai du fruit de la vigne *jusqu'au jour où je le boirai, nouveau, dans le Règne de Dieu* » (*Mc* 14, 25). Ceux qui règnent, pour « mille ans », avec le Christ boivent avec lui le vin de la nouvelle alliance.

L'enjeu ultime de l'interprétation d'Irénée, qui s'oppose ici au gnosticisme, est de sauvegarder l'unité de Dieu : le Rédempteur est le Créateur. La création est si bien faite que la rédemption doit s'accomplir en elle ; sinon, elle serait le démenti de l'œuvre créatrice de Dieu : « Ces mystères, "les anges aspirent à les contempler" (1 *P* 1, 12), mais ils ne peuvent scruter la sagesse de Dieu, par l'action de laquelle l'ouvrage par lui modelé est rendu conforme et con-corporel au Fils : car Dieu voulut que la Progéniture, le Verbe premier-né, descende vers la créature, c'est-à-dire vers l'ouvrage modelé, et soit saisi par elle, et que la créature à son tour saisisse le Verbe et monte vers lui, dépassant ainsi les anges et devenant à l'image et à la ressemblance de Dieu »[6].

Irénée utilise le terme « économie de Dieu » pour parler de l'histoire. Le « millénaire » du chapitre 20 est le 7e millénaire, oui. Mais c'est le sabbat *historique*. Déjà *dans* l'histoire de la chair, se produit l'accomplissement des promesses de Dieu. Pour faire comprendre cet accomplissement dans l'histoire, Irénée introduit le terme d' « accoutumance mutuelle ». L'homme doit prendre le temps de s'accoutumer à Dieu, mais Dieu lui-même s'accoutume à l'humanité : symétrie de la relation. Le Verbe descend dans la création ; il est reçu dans l'actualité. Mais il ne suffit pas de le recevoir passivement, il faut encore le saisir de l'intérieur. *La grandeur de l'homme est telle qu'il peut de lui-*

même accéder à Dieu. Là est la thèse de saint Irénée : « La gloire de Dieu, c'est la vie de l'homme, et la vie de l'homme est la contemplation de Dieu ». L'étape ultime de cette accoutumance est celle des « mille ans » quand les saints « s'exercent à l'incorruptibilité »[7], au point d'oublier de mourir. Dieu ne nous donne pas seulement son eau de vie, mais il nous donne la source elle-même.

Joachim de Flore (1135-1202)

Ce moine calabrais est proche de saint Irénée. Il distingue plusieurs temps dans l'histoire, et deux après la première venue du Christ : celui du Christ et de l'Église, celui de l'Esprit Saint. L'Église et l'ordre clérical sont en crise et vont disparaître. Les hommes de l'avenir sont ceux qu'il appelle les « spirituels ». Le « millénaire » de l'*Apocalypse* est l'entrée dans l'âge de l'Esprit (compris aussi selon *Jn* 4). Ceux qui entrent dans l'âge de l'Esprit n'ont plus besoin d'une loi ecclésiastique. Joachim de Flore a eu beaucoup de successeurs, les meilleurs et les pires, en Europe et dans le « nouveau monde » de l'Amérique centrale et du Sud.

Notes

1. *Cf.* plus haut, p. 146-148.
2. Prenons le temps de confronter l'image du Fils de l'homme et l'homme de l'épître aux Éphésiens, qui, avec son armure, affronte le combat spirituel (*Ep* 6, 10-20).
3. Irénée de Lyon, *Contre les Hérésies*, Livre v, 35, 2, dans *SC* 153, Paris, Le Cerf, 1969, 461.
4. Pour davantage d'explications (avec quelques textes des auteurs cités), *cf. La Révélation … tout simplement*, 147-159.
5. Irénée de Lyon, *Contre les Hérésies*, Livre v, 32, 1, p. 397.
6. *Ibid.*, Livre v, 36, 3, p. 466sv.
7. *Ibid.*, Livre v, 31, 1, p. 389.

VIII

LES ÉGLISES : LECTURE DE *AP* 1, 9 - 3, 22

C'est maintenant, après avoir lu l'ensemble du texte jusqu'à la fin, que nous parlons de l'Église. Commençons par une *remarque préliminaire.* On peut comparer ces sept lettres à une construction *à taille humaine*, un peu comme celle de la « Cité » à la fin du livre (*Ap* 21, 17). Leur *adresse* se tourne vers le prologue tandis que leur *conclusion* est orientée vers l'épilogue de l'*Apocalypse.*

Commençons par les *adresses* : Le Fils de l'homme qui se promène entre les sept candélabres, les sept Églises (*Ap* 1, 20), y est omniprésent, comme si chaque Église portait un aspect du Fils de l'homme. On ne perçoit la totalité du Fils de l'homme que progressivement :

– Éphèse : « ... celui qui tient les sept étoiles dans sa droite et marche au milieu des sept candélabres ... » (*Ap* 1, 12sv et 16 et *Ap* 2,1) ;
– Smyrne : « ... le Premier et le Dernier, celui qui fut mort, mais qui est revenu à la vie ... » (*Ap* 1, 17sv et *Ap* 2, 8) ;
– Pergame : « ... celui qui a le glaive acéré à deux tranchants ... » (*Ap* 1, 16 et *Ap* 2, 12) ;
– Thyatire : « ... le Fils de Dieu, celui dont les yeux sont comme une flamme ardente et les pieds semblables à du bronze précieux ... » (*Ap* 1, 14sv et *Ap* 2, 18) ;
– Sardes : « ... celui qui a les sept esprits de Dieu et les sept étoiles ... » (*Ap* 1, 4 et 16 et *Ap* 3, 1) ;

– Philadelphie : « … le Saint, le Véritable qui tient la clef de David, qui ouvre et nul ne fermera, qui ferme et nul ne peut ouvrir… » (*Ap* 1, 17 et *Ap* 3, 7) ;

On s'approche de la porte !

– Laodicée : « … l'Amen, le Témoin fidèle et véritable, le Principe de la création de Dieu … » (*Ap* 1, 5 et Ap 3, 14).

Progressivement est « reconstruite » ou plutôt apparaît « derrière » les communautés la totalité de l'image du Fils de l'homme.

Venons-en maintenant aux *conclusions* : « Qui a des oreilles pour entendre … » ; expérience fondamentale de l'écoute, la même pour les sept Églises, qui nous rappelle la conclusion de certaines paraboles (par exemple *Mc* 4, 9). Qu'est-ce qui est à entendre ? « Ce que l'Esprit dit aux Églises ».

Chaque conclusion évoque également ce qui est donné au vainqueur. C'est différent pour chaque Église. Nous sommes alors renvoyés à la fin de l'*Apocalypse* :

– Éphèse : « … je lui donnerai à manger de l'arbre de vie qui est dans le paradis de Dieu … » (*Ap* 2, 7 et *Ap* 22, 2) ;

– Smyrne : « … il ne souffrira nullement de la seconde mort … » (*Ap* 2, 11 et *Ap* 21, 4 et 8) ;

– Pergame : « … je lui donnerai de la manne cachée, une pierre blanche et, gravé sur la pierre, un nom nouveau que personne ne connaît sinon qui le reçoit … » (*Ap* 2, 17 et *Ap* 19, 12) ;

– Thyatire : « … je lui donnerai pouvoir sur les nations et il les mènera avec une verge de fer, je lui donnerai l'étoile du matin … » (*Ap* 2, 28 et *Ap* 22,16 ; *cf.* aussi 2 *P* 1, 16-19) ;

– Sardes : « … il portera des vêtements blancs, je n'effacerai pas son nom du livre de vie, et j'en répondrai devant mon Père et devant ses anges… » (*Ap* 3, 5 et *Ap* 7, 9 et 14 ; 12, 5 ;19, 8 et 14 et surtout 15 ; 20, 12 ; 21, 27) ;

– Philadelphie : « … j'en ferai une colonne dans le temple de mon Dieu ; il n'en sortira plus jamais, et j'inscrirai sur lui le nom de mon Dieu, et le nom de la cité de mon Dieu, la Jérusalem nouvelle qui descend du ciel d'auprès de mon Dieu, et mon nom nouveau… » (*Ap* 3, 12 et *Ap* 14, 1 ; 19, 12 ; 21, 2 ; 22, 4) ;

– Laodicée : « … je lui donnerai de siéger avec moi sur mon trône, comme moi aussi j'ai remporté la victoire et suis allé siéger avec mon Père sur son trône … » (*Ap* 3, 21 et *Ap* 20, 4 et 22, 5).

Que se passe-t-il entre l'adresse et la conclusion ? La vie concrète des communautés est évoquée à travers des approbations et des réprobations[1]. Entre les deux dernières lettres, il y a comme un jeu d'opposition, une forte approbation pour l'Église de Philadelphie et une forte réprobation pour l'Église de Laodicée ; contraste absolu qui invite à l'écoute. Le reproche le plus sévère est en effet pour la « tiédeur » qui provoque le « vomissement » (*Ap* 3, 16) ; c'est ce que fait le dragon. La vie concrète des communautés apparaît en relation avec un aspect du visage du Fils de l'homme et la récompense, à la mesure de ce qui est dit dans l'adresse, a également un rapport avec son histoire particulière. Les lettres sont donc une parole en situation. Que les lecteurs n'hésitent pas à reconnaître dans telle lettre leur propre Église ou à dessiner son « portrait ». C'est ce que nous avons fait ensemble à Constantine, dans un climat de joie et de confiance.

Les sept Églises : s'identifier au Fils de l'homme et entendre ce que dit l'Esprit

On ne peut pas isoler les Églises de leur territoire ni des individus qui les composent. L'expérience spirituelle se vit dans une histoire, dans une Église et elle est chaque fois unique.

L'Église qui est à Constantine, à Éphèse, à Philadelphie, etc. est à la fois une et plurielle. La totalité de l'Église est présente dans chacune des sept Églises ; mais il faut les sept pour que l'Église existe comme un *tout.* Il y a pourtant sept lieux ; chaque Église est géographiquement située et le cercle qu'ensemble elles dessinent sur la carte de l'Asie Mineure forme une totalité. Rappelons en passant que c'est l'apôtre Paul qui a inventé l'expression pleine de signification « L'Église qui est à … » pour s'adresser aux différentes communautés, destinataires de ses lettres. Nous touchons ici à un débat œcuménique très délicat : dans les Écritures, l'Église une, catholique ou universelle n'est pas la fédération d'une pluralité d'Églises. La totalité de l'Église universelle est présente dans chacune d'elles. Chaque Église est unique et donc incomparable. Pour accéder à la conscience de son caractère incomparable, il faut d'abord passer par la comparaison. Les lettres de l'*Apocalypse* nous permettent précisément de traverser l'ambiguïté de la comparaison et de reconnaître l'incomparable figure de chaque Église. Cette figure est fragile. La tentation de privilégier l'universalité aux dépens de l'unicité de chacune d'elle est permanente. Ce fut la tentation de l'Église post-tridentine : une seule loi, une seule liturgie... Mais inversement, la tentation de ne se reconnaître que comme une fédération d'Églises, chaque Église étant comme une partie du tout, est aussi grande. Il nous faut redécouvrir que le tout de l'Église subsiste en chaque Église particulière ; c'est ce qui fait son unicité, mais aucun « unique » n'est seul. Nous ne pouvons jamais nous passer de toutes les autres Églises pour être de la nôtre. Expérience essentielle liée au mystère chrétien et, pour cette raison, très fragile.

Le principe et la fin des communautés chrétiennes, c'est le Fils de l'homme, alpha et oméga. S'il y a sept Églises, personne ne peut s'approprier le Fils de l'homme. Il est donc impossible d'identifier le Christ et l'Église, le Fils de l'homme et telle ou telle Église. Peut-être y a-t-il un certain danger dans le vocabulaire paulinien qui fait de l'Église le corps du Christ. Toutefois, Paul évite ce danger en utilisant la métaphore du corps pour faire valoir les différents membres – surtout les plus humbles – et les charismes, tous ordonnés à « édifier » le corps. La théologie romaine du XIXe siècle jusqu'à Vatican II a trop rapidement conçu l'Église comme « prolongation » du Christ : la distance entre le Christ et l'Église a disparu. Or, retenons bien que, selon l'*Apocalypse*, chacune des Églises a une perspective particulière sur le Fils de l'homme. « Montre-moi l'Église de Constantine et je te dirai quelle est son image du Christ ! » C'est bien ce qui se passe aussi dans l'art : le Christ roman n'est pas le Christ gothique, ni le Christ baroque. Il nous faut nous habituer aux multiples perspectives « stylistiques » sur le Fils de l'homme.

La figure du Christ qui apparaît dans l'adresse des lettres a donc une double fonction, elle encourage et elle met en garde. Le Christ est celui qui console la communauté par son prophète. Mais il ne peut pas être le miroir de ce que nous vivons. Une mise en garde douce, voire la réprobation sont souvent nécessaires. Cela fait partie de la fonction du Fils de l'homme : il nous appelle à aller plus loin. Voilà ce qui me semble donc être au cœur de nos Églises : elles sont, explicitement, le lieu où nous nous apprenons, mutuellement, de manière concrète, située, à nous identifier au Fils de l'homme.

L'autre élément constitutif de toute Église, et qui découle du premier, est la capacité d'entendre l'Esprit parler aux Églises : « Que celui qui a des oreilles, qu'il entende. » Dans le prologue, le Christ et les sept esprits sont comme juxtaposés (*Ap* 1, 4sv) ; mais au chapitre 5, le lecteur découvre que les sept esprits sont les sept cornes de l'Agneau (*Ap* 5, 6). L'Esprit et le Fils de l'homme ne sont donc qu'un. Quand nous désirons nous identifier au Fils de l'homme, nous découvrons comme un « impossible » : est-il vraiment possible de s'identifier à lui ? Alors l'Esprit Saint vient au cœur même de son Église. Il est celui qui ouvre nos yeux, nos oreilles, tous nos sens. Dans chaque lettre « apparaît » le Fils de l'homme auquel nous voulons nous identifier. Quand il se manifeste comme *juge*, alors viennent les sept esprits, figurés par les sept cornes de l'Agneau, – *l'Esprit et l'épouse* – pour nous conduire à la porte où nous pourrons dire : « Viens ». C'est en ce lieu que l'Église rejoint le « millénaire » *pour être avec le Christ*, entendre quand il frappe à la porte. C'est là le lien entre la septième lettre et le « millénaire ».

Les douze portes ouvertes : la diversité interne des Églises

Nous retrouvons donc maintenant l'image de la porte, une image johannique comme nous savons : la bergerie, le bon pasteur qui est aussi la Porte (*Jn* 10, 1-18).

Au chapitre 21 (*Ap* 21, 9-27), apparaît la ville, la Jérusalem céleste, avec ses remparts et ses douze portes, « toujours ouvertes le jour, parce qu'il n'y a plus de nuit » (*Ap* 21, 25). C'est une des visées du livre de l'*Apocalypse* ; nous savons bien, en effet, que nous ne pouvons pas toujours vivre toutes portes ouvertes, ni du point de vue social, ni du point de vue individuel. On ne peut pas vivre sans fermer sa porte intérieure de temps à autre. On peut traduire aussi la visée du livre en terme d'effacement : l'Église dans notre histoire fait partie du provisoire, jusqu'à ce que le Fils de l'homme soit tout en tous. Dire que les portes sont toujours ouvertes dans la cité céleste exprime donc une orientation d'effacement *qui fait apparaître les fondements* (*Ap* 21, 10-14). Pas d'effacement pour l'effacement ; cela serait mortifère ! Le but est de faire voir les fondements. Faire disparaître un certain décor de nos Églises, accepter de s'appauvrir, c'est ouvrir un peu plus les portes pour être toujours davantage en communication avec autrui, *ici avec les Algériens*. Si on ouvre les portes, on voit d'abord les douze tribus d'Israël, peuple appelé à être ouvert à toute l'humanité. En continuant d'est en ouest, on découvre que les remparts de la ville reposent sur « les douze apôtres de l'Agneau ». Les assises de la ville, ce n'est pas l'Agneau tout seul mais l'Agneau et les siens : avec lui, les douze apôtres sont au fondement d'une Église aux remparts ouverts.

L'effacement fait donc apparaître les fondements : dès lors on voit la ville ouverte et, à l'intérieur de la ville, le jardin ou plutôt un fleuve d'eau vive à deux bras avec l'arbre de vie au milieu. La campagne dans la ville ! La disparition, l'effacement des remparts fait apparaître les fondements et ouvre la ville à toute la diversité de la création : l'homme et la femme, le maître et l'esclave – tous, devenant libres –, les nations, les langues, les petits et les grands ... Toute la création peut entrer dans la ville aux portes ouvertes ; les richesses de l'humanité et leur beauté, même défigurée par le « trafic » dont parle le chapitre 18, pourront y être accueillies dans un « échange universel »[2]. On y retrouve même les pierres précieuses, les perles et l'or pur de la « grande cité » (*Ap* 18, 16 et 21, 18-23), les premières devenant maintenant la « matière » où transparaît la gloire de Celui (*Ap* 4, 2) qui illumine la Cité de Dieu, l'Agneau étant son flambeau.

L'image de l'Église : la femme et la cité

Dans le chapitre 12, le premier grand signe est celui de la Femme, la Mère des Vivants, celle qui enfante et qui s'efface en même temps pour laisser place à l'enfant mâle. Elle est enlevée au désert. Donner la vie, c'est s'effacer. Cette scène nous donne l'image d'une Église qui enfante et s'efface. Le nom de Marie ne se trouve pas dans l'*Apocalypse* ; on lit cependant, avec justesse, le texte de ce « grand signe de la femme » dans la liturgie du 15 Août.

Le signe de la femme est suivi d'un contre-signe, celui du dragon, et d'une contre-image, celle de la prostituée (*Ap* 17-18), symbole de la cité de Rome, qui s'oppose à l'enfantement et à l'effacement : *image de la stérilité.* La représentation de la cité, dans l'*Apocalypse*, est donc ambivalente ; elle se présente sous la forme de la jeune mariée et de l'épouse, mais aussi comme prostituée. En Occident, quand l'Église s'est transformée en chrétienté, il lui a fallu recourir à l'image du pouvoir centralisé. L'*Apocalypse* nous donne des images pour discerner dans ce temps de l'Église : image politique ou image de la Femme qui enfante. En tout cas, dans la Cité nouvelle, le lieu central n'est plus occupé par le pouvoir. Les portes ouvertes deviennent comme des « centres », lieux de passage et de communication.

Les prophètes, les saints et les apôtres

Les apôtres sont mentionnés deux fois dans l'*Apocalypse*, au chapitre 18 (*Ap* 18, 20) et au chapitre 21 (*Ap* 21, 14). La deuxième fois, ils reçoivent un titre qui est propre à l'*Apocalypse* : « les Apôtres de l'Agneau ». Historiquement et théologiquement, ils sont – avec l'Agneau – au fondement.

Les figures « actuelles » des Églises de l'*Apocalypse* sont « les saints et les prophètes », l'Église étant une Église de saints, gouvernée par des prophètes. Dans le livre de l'*Apocalypse*, le terme « prophète » est utilisé au singulier et au pluriel, comme celui d'« Église ». Ce qui le caractérise, c'est l'effacement : il est au service des communautés. Au début (*Ap* 1, 17) et à la fin du livre (*Ap* 19, 10 et 22, 8-9), nous assistons à deux scènes analogues, Jean tombant – la première fois « comme mort » – aux pieds du Fils de l'homme et de l'ange. Mais au chapitre 19 et dans l'épilogue, le lecteur découvre que Jean est « serviteur » *comme* l'Ange qui lui a révélé le livre et qui se dit, à la fin, son « co-serviteur » (*syn-doulos*) : « Je suis un compagnon de service, pour toi et pour tes frères les prophètes, pour ceux qui gardent les paroles de ce livre. » Quelle « dé-mythologisation » de l'imaginaire angélique : l'Ange est révélateur, rien d'autre : c'est à cette « fonction » que Jean est appelé, comme les Anges des sept Églises (*Ap* 1, 20), comme tous ceux qui gardent la Parole.

Les saints : tous les saints ne sont pas appelés à être prophètes, mais *pour* être prophète il faut être saint. La question de la dignité reste posée à travers tout le livre : « Qui est digne d'ouvrir le livre de la vie et de le lire ? ».

Les prophètes : ce sont, avant tout, les Anges des sept Églises mais aussi Jean, ceux qui gouvernent les Églises par la parole de Dieu, pour que tous ceux qui la gardent et la mettent en pratique puissent eux-mêmes entrer dans l'intelligence de leur histoire.

Peut-être Ignace d'Antioche fut-il le premier à donner une structure épiscopale à ses communautés. Il donnait à ses épiscopes la fonction de veilleur. Les historiens mettent en lumière l'existence de deux types de communautés chrétiennes en Asie Mineure, celles qui fonctionnent avec une structure épiscopale et celles qui obéissent à une structure prophétique. Cependant parler de « prophète » ou d'« Ange » dans telle Église, c'est désigner celui qui a la charge de veiller. Ce qui est donc commun à l'« épiscope » et au « prophète », c'est de veiller sur l'Église en « révélateur », pour que le Fils de l'homme puisse paraître et pour que puisse être entendu ce que l'Esprit dit aux Églises. Ils doivent le faire de telle manière que chacun puisse entrer, jusqu'au bout, dans l'intelligence du livre de la vie, chacun et chaque Église d'une manière unique.

Notes

1. Quelques précisions sont à donner au cours de la lecture (des commentaires peuvent ici aider comme ailleurs !) :
« Nicolaïtes » (*Ap* 2, 6) : hérésie qui ne prend pas au sérieux que le salut s'opère dans l'histoire, hérésie combattue par saint Irénée.
« Des gens de la synagogue de Satan, de ceux qui se disent juifs, mais ne le sont pas, car ils mentent » (*Ap* 3, 9). C'est sans doute le texte le plus virulent de tout le Nouveau Testament. Il semble qu'il y avait, en Asie Mineure, des communautés juives très bien intégrées dans la société où ils assumaient des responsabilités. Ce judaïsme intégré participait au culte impérial sans se poser trop de problèmes ; d'où le reproche d'usurpation. Le conflit entre ces juifs et les chrétiens semble porter sur deux points. Ils avaient les mêmes Écritures mais y recouraient différemment et, tandis que les premiers participaient au culte impérial, les autres refusaient de sacrifier.
2. *Cf. Lumen gentium*, n° 13, surtout le § 2 (citant *Ap* 21, 24) et les §§ 3 et 4.

IX

RELECTURE ET CONCLUSION : LIRE AUJOURD'HUI L'*APOCALYPSE* EN ALGÉRIE

Le lecteur sort du texte dès qu'il se réfère à l'actualité. Cela s'est produit plusieurs fois dans notre travail, en particulier à propos des chapitres 12 à 18. De même, quand nous avons parlé des Églises qui sont en Algérie : nous nous sommes alors situés *en face du texte* pour comprendre notre actualité. Il s'agit maintenant de sortir du texte, après y être entré le plus complètement possible.

Pour juger de la cohérence d'un texte, il faut déjà se mettre à distance. Mais la cohérence d'un livre n'est pas sa vérité. De l'*Apocalypse* nous pouvons affirmer maintenant que son récit est cohérent. L'auteur a fait un contrat avec son lecteur : il lui annonce au début ce qui doit arriver « bientôt » ; à la fin, il a rempli son contrat. Le livre est cohérent parce qu'il montre effectivement ce qui doit arriver bientôt. Mais le livre dit-il vrai ? C'est une autre question, omniprésente depuis le début de notre lecture.

*L'*Apocalypse ***dit-elle vrai ?***

Nous nous posons cette question ici et maintenant *en Algérie ; d'autres lecteurs doivent se poser la même question, là où ils sont et au moment où ils y sont.* Ce livre dit-il ce qui est vrai ici et maintenant ? La vérité doit être simple. Mais ce n'est pas la première impression qui ressort de la lecture du texte qui est plutôt complexe. Disons plutôt que la vérité est simple mais jamais simplificatrice ou caricaturale. Il y a dans la vérité quelque chose de simple : ainsi se simplifie-t-on en avançant en âge ; le grand livre – complexe – devient alors un petit livre que l'on peut avoir dans sa poche, que l'on peut emmener avec soi, … que l'on peut même manger ! Mais il faut avoir traversé les difficultés du livre, comme la complexité de nos sociétés. En ce sens, le livre de l'*Apocalypse* est à l'image de nos sociétés. Mais redisons-le : en dernière instance, la vérité est simple. L'*Apocalypse* pose cette question de la vérité. Au chapitre 21 (*Ap* 21, 5), on lit : « ces paroles sont certaines et vraies », et, au chapitre 22, ces mêmes mots sont répétés : « ces paroles sont certaines et vraies » (*Ap* 22, 6) ; et le « bientôt » revient.

Comment vérifier ces affirmations, ici et aujourd'hui ? Le prophète Jean est-il crédible pour nous ? Est-il vraiment inspiré ? Dieu lui-même est-il crédible ? Si Jean ne dit pas vrai, c'est Dieu lui-même qui est en cause. La question de la crédibilité du prophète reflue sur celle de Dieu, à l'endroit même de son nom : « Il est, Il était, et Il vient ». Vient-Il vraiment ? Quels signes l'auteur nous donne-t-il pour pouvoir affirmer qu'Il vient vraiment. Pouvons-nous, aujourd'hui en Algérie, le vérifier ?

Pour nous guider dans la tâche qui nous attend maintenant, le texte nous laisse, par deux fois, avec un mystérieux « C'en est fait » (*Ap* 16, 17 et 21, 6). Ce qui vérifie que Dieu vient et qu'Il s'accomplit ainsi lui-même, c'est qu'il y a un « événement » que le livre nous rapporte (16, 19). Autrement dit : le livre dit vrai *si Dieu vient vraiment*. Ajoutons, ici en Algérie, que, dans l'islam, on ne peut pas poser la question de la vérité de cette manière, parce que l'islam garde Dieu en dehors de l'histoire. Mais dès qu'on lie Dieu à l'histoire, dès que l'on dit : « Dieu vient vers lui-même en venant vers nous », la crédibilité de Dieu est en jeu. La question est déjà latente dans tout le prophétisme d'Israël. Quels sont donc les événements de l'histoire qui nous permettent de dire : « Il vient vraiment » ? Le texte de l'*Apocalypse* en donne deux ou plutôt un seul. Le premier versant de cet « événement » est tout *intérieur* : événement de rencontre avec Lui – à la porte – et naissance de l'homme de désir (*Ap* 21, 5-7) ; le second versant est proprement *historique* : la grande cité se scinde en trois parties (*Ap* 16, 17-19).

Enfin, pouvons-nous, nous-mêmes, lire notre propre histoire humaine comme une vérification de ce que nous dit l'*Apocalypse* ? Dieu serait alors radicalement engagé dans ce procès de crédibilité et dans notre questionnement : en *venant* vers celui qui lui ouvre la porte, en *venant* vers ceux et celles qui le laissent entrer, Dieu vient vers lui-même ! Sinon, on ne pourrait pas parler avec le prophète du « mystère de l'accomplissement de Dieu » (*Ap* 10, 7) : le *mystère de* Dieu s'accomplit lui-même quand il vient vers nous. C'est la thèse de l'*Apocalypse.*

Le premier champ de vérification, c'est notre lecture commune et ce qui s'y est passé. Nous pouvons l'aborder à partir de l'expérience du prophète qui a mangé le livre et a ressenti à la fois le goût du miel et celui de l'amertume. Pouvons-nous dire que nous avons éprouvé « quelque chose de cela » ? Avons-nous éprouvé ensemble et chacun pour soi, en solidarité avec les Algériens, le goût du miel *et* le goût du fiel. Le mot « avec » est un mot-clé de l'*Apocalypse.* Ce n'est pas uniquement mon expérience intime ou l'expérience de chacun ici qui est en jeu ; ni non plus le climat que nous avons pu éprouver ensemble en nous réunissant en Église. Avons-nous éprouvé d'une manière nouvelle le « avec » les Algériens ?

Ce sentir nouveau peut se présenter d'abord sous forme d'un « sentir éthique ». Nous connaissons tous des hommes et des femmes en qui il n'y a pas de mensonge et qui vont jusqu'au bout de la vérité, au prix de leur propre vie. Nous éprouvons alors un sentiment éthique à toucher réellement un socle d'humanité. Rencontrer ce *reste* d'humanité, cela nous permet d'affirmer que le texte dit vrai : le sentiment de « dignité » et de respect pour ce socle d'humanité se trouve au cœur de ce texte. Il nous confronte avec l'inqualifiable et pose *en même temps* la figure du Fils de l'homme, *à l'endroit même où a lieu l'inqualifiable.* La guérison peut se produire à cet endroit et nulle part ailleurs. Quand nous voyons ce que nous avons produit, quand nous regardons celui que nous avons transpercé, nous revenons à notre socle d'humanité. Nous éprouvons alors un sentiment éthique de respect et de dignité. Entre le « Ils verront celui qu'ils ont transpercé » du début du parcours et la « guérison » qui vient à la fin (grâce au « feuillage de l'arbre de vie dans la cité nouvelle » ; *Ap* 22, 2), le texte nous a effectivement guéri : non seulement parce qu'il a mis devant nos yeux l'inqualifiable de nos sociétés – cet inqualifiable dont avons découvert qu'il n'existe pas seulement chez les autres, mais qu'il existe en nous, en chacun de nous – mais aussi et surtout parce qu'il a su faire apparaître à cet endroit même, comme socle indestructible, le sentiment de dignité qui fonde l'humanité.

Se présente alors *un deuxième niveau de vérification.* Le texte dit vrai *si j'entends réellement le « Heureux »*, les sept « heureux » consignés dans le livre. Si je les entends et si je les entends de l'intérieur de moi-même, le texte dit vrai pour moi. Je parle en « je » parce que je m'entends dire vraiment : « Tiens, là il y a quelque chose de vrai ! » Il doit en effet dire vrai pour moi *parce que* personne ne peut entendre le « heureux » à ma place : la « source » du texte doit réellement jaillir en moi. Voilà la signification du « c'en est fait » du chapitre 21 (*Ap* 21, 6). N'oublions pas cependant que cet *événement d'écoute* touche à la question de la mort et de la résurrection. Miel et amertume sont encore liés ici comme ils le sont dans le sentiment éthique. Saint Irénée l'avait d'ailleurs bien perçu quand il a dit que « Les justes oublieront de *mourir* », eux qui ont la source de vie en eux.

Si vous l'entendez, vous aussi, le texte dit vrai pour vous. Seul celui qui a vécu un tel événement se demande si les autres l'ont vécu également. Autour de nous, quelle que soit la religion des gens, quelles que soient leur culture ou leur langue, le miel est partagé, en dépit de la violence, et aussi bien sûr le fiel. L'Évangile est partagé au-delà des frontières des institutions. Il y a une poussée de la conscience qui permet d'entendre la voix qui ne cesse de rappeler à chacun la dignité humaine face à l'inqualifiable et qui lui dit : « Oui, il y a quelque chose d'heureux dans ton existence. »

Abordons encore un *troisième niveau de vérification*. En étudiant l'*Apocalypse*, on éprouve quelques problèmes de « digestion ». C'est un livre d'une extrême complexité, qui nous fascine pourtant, suscitant en nous un désir fort de le comprendre. Cette compréhension s'est progressivement communiquée entre nous. Il y a un réel plaisir à comprendre, même si ce travail passe par une fatigue. À un moment donné, nous avons fait alors l'expérience de vérité : notre désir de compréhension s'est converti ; nous ne voulions plus seulement comprendre le livre, sa cohérence, mais comprendre, par le livre, quelque chose de l'histoire de l'humanité.

Le premier niveau de vérification est le sentiment éthique, puis vient le sentiment du bonheur partagé, ces deux expériences donnant de la « constance », mais pour que la constance puisse durer, il faut entrer dans un troisième niveau de vérification, c'est-à-dire dans « l'intelligence et la sagesse »[1] ou la compréhension de l'histoire de l'humanité. Cela passe nécessairement par les affres d'un travail ; personne ne peut nous en dispenser. L'*Apocalypse*, comme toute la Bible, fait le pari que tous peuvent comprendre l'histoire de l'humanité, du plus petit au plus grand. La compréhension de la société et de l'histoire de l'humanité n'est pas réservée à une petite classe d'intellectuels ou de politiques. Nous devenons réellement acteurs de l'histoire. Dieu ne se trompe pas et ne nous trompe pas quand il donne aux simples, aux petits, aux enfants la compréhension de l'histoire de l'humanité. C'est pour tous une question de vérité. Il y a une manière de déshonorer Dieu en disant que l'intelligence est pour quelques-uns et que les autres doivent suivre. Dieu veut avoir des partenaires qui comprennent de l'intérieur ce qu'Il est en Lui-même : Il ne vous appelle plus serviteurs mais amis.

Sommes-nous un peu entrés dans une compréhension de l'histoire de l'humanité qui honore à la fois le complexe et le global ? *Le global* : je comprends, lisant l'*Apocalypse*, que la victoire de l'humanité sur le mal est promise à la vulnérabilité : c'est la figure de l'Agneau égorgé. Dieu lui-même est ainsi, c'est pourquoi Il reste inaccompli jusqu'à ce que le dernier ait entendu la béatitude « Heureux ». Le secret de l'histoire est simple, mais on ne peut simplifier faussement ce qui est complexe. Avons-nous éprouvé la joie de comprendre le secret de l'histoire ? Avons-nous éprouvé le « ça y est ! » ? Le sentiment éthique, le bonheur du « heureux », la joie de comprendre le secret de l'histoire, c'est sur ces trois choses-là qu'est bâti l'avenir de l'humanité : miel et amertume tout à la fois, les deux en même temps.

Les trois « fins » de l'histoire[2]

Avec ce troisième niveau, nous passons donc maintenant de l'autre côté de la vérification. De la face intérieure, intime que l'on peut partager avec les Algériens, on passe à l'autre face, celle de l'histoire de l'humanité. Comment la comprendre aujourd'hui ? Le « C'en est fait » du chapitre 16 (*Ap* 16, 17) se vérifie-t-il ? Est-ce que l'humanité bouge ? A-t-elle changé, voire évolué ?

J'appelle « fin », ici, la clôture de tout un cycle historique ou d'une époque qui, une fois achevée, laisse paraître quelque chose de « radicalement nouveau » ; cela n'exclut pas mais implique au contraire des survivances de « l'ancien ». Nous retrouvons ici le principe de « tuilage », mis en œuvre par les différents cycles de l'*Apocalypse* : plusieurs époques cohabitent donc en nous. Si nous regardons l'histoire en Occident, nous pouvons observer, en suivant les traces de l'*Apocalypse*, trois « fins » : des « événements » se sont succédés qui font qu'aujourd'hui nous ne sommes plus comme avant. C'est là le lieu d'une vérification historique de ce que nous dit le livre de l'*Apocalypse*.

La première fin : la fin de la « religion »

L'humanité a découvert que la « religion » n'est pas la condition ultime de l'humanité. Cette découverte s'est faite en Occident, grâce au christianisme ; elle est le fait de la « modernité », au moment où l'incroyance et l'athéisme deviennent possibles. C'est un événement prodigieux ! Même si les religions du monde gardent aujourd'hui une force incontestable, on doit reconnaître que celle-ci se présente souvent comme défensive, parce qu'en réaction par rapport à une contestation générale. L'*Apocalypse* apporte une critique de la religion ; j'ai tenté de montrer que celle-ci est de l'ordre du *provisoire*. La tradition chrétienne peut entrer aisément dans cette critique : « Dieu s'est révélé Lui-même ». Il ne nous révèle pas des choses que nous pourrions découvrir par nous-mêmes ; il n'instaure aucune concurrence entre Lui et sa créature. Il n'a qu'une seule chose à nous dire : c'est Lui-même et Lui-même comme destinée de l'humanité. La « religion » fait surtout parler Dieu. Mais quand Dieu a tout dit, Il peut se taire. Voilà ce que dit la tradition chrétienne. Le silence de Dieu est la *présence* de celui qui a tout dit : « l'accomplissement du mystère de Dieu ». C'est alors que peut naître *réellement* la conscience : quand Dieu se tait, l'homme se met à prendre la parole. Nous assistons, partout dans le monde, à cet événement : *sans disparaître*, la religion se découvre comme provisoire et la conscience humaine commence à parler.

La deuxième fin : la chute de deux totalitarismes

Lorsque Dieu s'est réellement tu, l'homme occidental a eu du mal à supporter le « vide ». C'est encore ce que nous pouvons « lire » dans l'*Apocalypse* : l'incapacité à supporter le silence. Pour tenir devant Dieu, il faut des « spirituels » ; le livre nous le montre au moment de l'ouverture du sixième sceau : « Qui peut tenir ? » (*Ap* 6, 17). Dès lors, à la place laissée vide par Dieu, l'économique et le politique se sont déployés et ont été divinisés dans les deux totalitarismes terrifiants que l'Occident a connus au XXe siècle : le léninisme-stalinisme et le nazisme. Divinisation ou blasphème ! L'*Apocalypse* nous donne de « lire » dans la chute du second en 1945 et du premier en 1989 le « c'en est fait » du chapitre 16.

C'est une vérification historique : les deux totalitarismes sont tombés comme des châteaux de cartes. Pourquoi ? Il fallait de la *force* pour les faire tomber, une force morale sans pareil, un sentiment de vérité face à l'inqualifiable. Dans les camps de concentration, la fraternité n'a pas été subvertie. Dans l'expérience radicale du mal le sentiment éthique a résisté. En dépit de l'humiliation la plus profonde, un reste d'humanité, la conscience et la fraternité non subverties, s'est manifesté au cœur de la violence humaine.

La troisième fin : la mondialisation

Depuis le XVIIIe siècle l'humanité vit une espèce d'accélération qu'elle n'a jamais connue auparavant dans son histoire. Nous pouvons « lire » ce troisième événement en suivant à nouveau les traces de l'*Apocalypse*. À juste titre la mondialisation peut nous inquiéter : le « tout économique » qu'elle génère, les tentatives des plus puissants pour créer une société mondiale, la distribution d'une « culture » coca-cola, etc.[3] La mondialisation signifie aussi qu'on peut faire désormais le tour du globe. Le XXe siècle est donc le siècle où l'on se met à rêver d'autres mondes. Y a-t-il d'autres vivants dans l'espace ? Mais en rêvant d'autres mondes, nous sommes inexorablement ramenés au nôtre, découvrant alors que c'est l'unique monde ; nous n'avons pas d'autre globe. Une conscience commune est déjà en train de naître – mais cette naissance demandera encore beaucoup de temps – : nous n'avons qu'une seule terre livrée à notre savoir-faire et à notre conscience éthique, comme chacun de nous n'a qu'une seule vie ; c'est heureux ainsi, pour lui et pour l'humanité. La fin de la « religion », la fin des deux totalitarismes grâce à une conscience fraternelle qui résiste au mal radical, le ciel vide et la conscience commune que nous n'avons qu'un seul monde …, tout cela nous parle de Dieu.

Ces trois fins changent en effet notre image de Dieu. Le silence de Dieu nous parle d'un Dieu qui nous a tout dit, qui nous a tout confié, sa création et notre terre, nous confiant même la « capacité » de traverser le mal radical. C'est là l'acte de Dieu qui instaure une mystérieuse « symétrie » entre Lui et nous. La source de la vie et de l'avenir est au cœur du globe, dans l'humanité. Dieu ne vient pas « bricoler » de l'extérieur ; il vient comme Donateur. Or le véritable donateur de la vie est celui qui se cache : le vrai don cache le donateur. Le silence de Dieu n'est donc pas un « moins » (« comme ce serait bien si Dieu pouvait encore parler, nous expliquer les choses, voire les faire à notre place ! »). On ne peut rien dire de plus grand de Dieu que son silence !

Et l'Église ?

Si elle *semble* être en crise en Occident, ce n'est pas une crise passagère ; une crise comme il y en a eu au IVe et au Ve siècle ou, avec l'arrivée des Barbares, au IXe et au Xe siècle... Il n'y a pas d'histoire de l'Église sans histoire des crises de l'Église ; mais s'il y a crise du XXe siècle, elle ne fait pas nombre avec les autres crises.

- L'Église s'est comprise comme « religion » et ne pouvait pas ne pas le faire, nous disent les historiens. Mais ses « spirituels », y compris saint Augustin, disent encore autre chose. Elle a pris une « forme religieuse », certes. Mais celle-ci est en train de se défaire ou de s'appauvrir en Occident ; également dans l'Église d'Algérie. Nous découvrons peu à peu le *provisoire* de la forme religieuse de l'Église : ainsi, quand le vent de l'histoire passe sur elle, ses fondements sont mis à nu.
- Face aux totalitarismes, aux États républicains du XIXe siècle, l'Église s'est comprise comme un « corps politique ». Cette « forme politique » est en train de disparaître. Vatican II l'a en quelque sorte annoncée dans *Lumen gentium* en traitant d'abord du mystère de l'Église et de son statut de peuple messianique, avant d'aborder – de manière toute nouvelle – la structure sociétaire de l'Église.
- Avec la mondialisation l'Église devient, elle aussi, mondiale. Comment va-t-elle vivre sa propre mondialisation ? Par d'immenses mises en scène et des stratégies d'occupation de terrain ? Ou en engendrant des consciences situées culturellement ? Le combat spirituel se joue aussi dans l'Église, et pas seulement dans l'histoire et la société. Les sept lettres de l'*Apocalypse* le montrent à évidence.

Avant d'aborder le problème ultime d'une vérification du texte – la question du mal – il vaut mieux s'arrêter ici quelque peu et faire retour à la situation particulière de l'Église et de la société dans lesquelles nous venons de lire l'Apocalypse. C'est ce que nous avons fait en septembre 2001 à Constantine et ce que le lecteur de cet ouvrage pourra faire maintenant.

Le mal radical : Jusques à quand ? Pourquoi ?

Le problème ultime de vérification est la question du mal[4]. La vérité du livre de l'*Apocalypse* et la vérité de toute la Bible est suspendue à cette question. On ne peut pas l'éviter. Elle se laisse résumer autour de quatre sous-questions :

– Comment le mal se propage-t-il ?

– D'où vient le mal ? Question qui a hanté le manichéisme.

– Jusques à quand ? C'est la question de la littérature apocalyptique en général et de l'*Apocalypse* de Jean en particulier.

– Pourquoi ?

On ne se pose jamais toutes ces questions en même temps ni à tout moment. Quand on est dans le séisme, la question élémentaire est : « Jusques à quand “ça” va durer ? ». C'est une *question vitale.* « D'où vient le mal ? » et « pourquoi le mal ? », ces deux nouvelles questions supposent déjà une prise de distance. La question du « comment ? », finalement, fait appel à l'intérêt explicatif. Comment expliquer l'enchaînement de la violence. Il est important d'avoir toutes ces « harmoniques » en tête quand nous sommes devant le problème du mal.

Or, le propre du mal est de nous reconduire d'abord, du point de vue de son expression, vers le cri inarticulé : quand on me frappe, je crie comme un animal ; quand je souffre, je gémis. Tout en étant encore proche du gémissement, le cri sublimé, la lamentation, suppose déjà une élaboration, un travail. Le génie de la Bible est de prendre cette progression au sérieux et de nous prêter sa « bouche » pour crier, gémir ou nous lamenter. Et de la lamentation surgit la question « Jusques à quand ? » Les trois autres questions supposent une articulation ; un « sens » va donc intervenir.

Le « seuil » de saint Augustin

Par sa propre expérience, saint Augustin permet à la conscience chrétienne de passer un seuil quant à la question du mal. L'opposition radicale chez les manichéens entre le bien et le mal dit que nous ne sommes que la scène du théâtre d'un combat qui nous dépasse. Or, les traditions juive et chrétienne nous font sortir de la fatalité de ce combat. Augustin l'a éprouvé dans sa propre chair. Le mal est sans figure et le bestiaire de l'*Apocalypse* nous montre qu'il n'est jamais symétrique au bien. Le mal, ce n'est rien, si le bien est tout. C'est l'homme qui donne du pouvoir au rien (la seconde bête à la première).

La solution de saint Augustin est remarquable, mais elle a aussi ses limites. Le mal est un « moins-bien » : nous sommes donc sur une échelle où le mal est moins que le bien, moins bien. En dernière instance, le mal c'est l'orgueil ; toute l'Écriture le confirme. Mais si on pousse cette idée jusqu'au bout, l'autonomie de la conscience est très vite soupçonnée … Et quand on insiste, avec la modernité, sur l'auto-constitution de la conscience – tout en étant inépuisable, la source est *en moi* – on n'est plus dans une vision du monde basée sur un principe de subordination. Or, Augustin risque d'y rester, notamment quand il en vient à dire que même le mal glorifie Dieu. Cela n'est plus audible pour nos oreilles d'aujourd'hui : le mal est encore tout autre chose que « les copeaux de l'histoire ».

Et aujourd'hui ?

Le *paroxysme* du mal rend en effet impossible toute tentative de rationalisation. La force de l'*Apocalypse* est de nous mettre en garde contre le risque d'une telle lecture de l'histoire et de nous dire, mais seulement à la fin, qu'il n'y a pas de revanche ! *La gratuité aura le dernier mot.* Certes, la théodicée de saint Augustin nous a libérés du manichéisme et des deux principes symétriques du bien et du mal, c'est son mérite. Mais l'absurdité du mal attend encore un autre type d'approche.

Mais d'abord : qu'est-ce que le mal ? Est-ce la mort ? La Bible dit non ! Elle dit plus précisément : le Christ a vaincu la mort en la traversant. On ne peut donc pas affirmer que la *mort en elle-même* soit un mal. Le mal se présente *quand la mort prend le visage de la violence* ou *quand elle est accompagnée d'actes d'humiliation* qui enlèvent toute dignité à celui qui va mourir. C'est là, pour nous aujourd'hui, le paroxysme du mal : quelqu'un ou un système enlève à autrui la dignité et l'estime de lui-même, avant de lui enlever la vie. C'est ce qui s'est passé pour le Nazaréen au moment de la crucifixion et pour beaucoup d'autres dans les camps de concentration. Le caractère exorbitant du mal n'apparaît qu'avec la technique, quand l'homme utilise tout son esprit, toute son intelligence pour se faire « animal » – ce qu'il n'est pas – et transformer l'autre en « animal ».

Comment l'humanité a-t-elle pu en arriver là ? Ou d'où vient le mal ? Cette question n'a pas de réponse si on cherche le premier anneau d'une chaîne de causalités. Je pense qu'il faut laisser résonner longuement en soi ce « pas de réponse » ... Cela dit, les Écritures relient le mal à ce que *l'homme prend mal la mort et le fait d'être limité* : comparaison, jalousie et mensonge naissent à cet endroit et peuvent le conduire jusqu'à accuser la vie et Dieu d'être jaloux de lui et à leur riposter en quelque sorte par le meurtre[5]. Cet enchaînement est une manière de répondre à la question « d'où vient le mal ? » sans désigner un premier chaînon. Adam n'est pas accusé comme premier mais identifié à l'humanité qui prend mal la mort.

Mais pourquoi l'humanité prend-elle mal la mort ? Il faut le redire à nouveau, la question du pourquoi est sans réponse ... Nous faisons l'expérience d'être accablés par *l'absurde*, l'absurde présent autour de moi et en moi. Ce qui pèse sur nous, c'est le poids de l'absurde, la non-réponse à la question du « pourquoi ? ». Alors gémissement, cri et lamentation reprennent... L'absurde aura-t-il le dernier mot ? Le suicide est une réalité ; le poids de l'absurde est devenu tel que celui qui en est accablé n'a plus de force intérieure pour réagir, pour percevoir et inscrire un sens dans son corps et dans ses relations.

Percevoir et inscrire un sens dans son corps et dans ses relations ... je pense qu'à ce sujet l'*Apocalypse*, comme dernier livre de la Bible, nous propose trois affirmations :

- Dieu est inaccompli : dès le premier livre de la Bible, il est surpris de découvrir ce qui s'est passé avec Adam et Ève ... Dieu lui-même est surpris devant le mal.

- Si Dieu, prévoyant le mal, s'était abstenu de créer, il se serait d'emblée avoué vaincu. Sa création est *bonne* au point que Dieu fait confiance : l'homme peut trouver, en lui et en elle, les énergies nécessaire pour vaincre le mal (saint Irénée). Deux figures de l'*Apocalypse* représentent pour nous un magnifique résumé de la totalité du message biblique, de la Genèse à l'*Apocalypse* : le cavalier sur le cheval blanc part vainqueur pour vaincre encore ; l'Agneau égorgé depuis la fondation du monde est debout.

- Dieu ne peut vaincre le mal sans sa création. Dieu lui a tout donné et même la capacité de vaincre le mal par elle-même. Il lui a donné l'Agneau qui est son propre Fils.

Et l'ultime recours est ce que l'*Apocalypse* nous dit de la « source » en l'homme : source d'énergie et de résistance quand le « pourquoi ? » ne trouve pas de réponse et que l'absurdité nous accable. Peut-être avons-nous encore la force de gémir, de nous lamenter, de crier. C'est encore une manifestation de la vie : la Bible relie ce cri et le gémissement de la femme qui enfante, nous offrant ainsi une ultime image susceptible de répondre à la question du *pourquoi*.

Notes

1. *Cf.* plus haut, p. 164sv.
2. Pour davantage d'explications (avec quelques textes), *cf. La Révélation … tout simplement,* 160-175.
3. *Cf.* plus haut, p. 81-83.
4. Pour d'avantage d'explicitations, *cf.* C. Theobald, *Résister au mal,* dans *RSR* 90 (2002/1), 87-120.
5. *Cf.* plus haut p. 157-162.

… JUSQU'À CE QUE LE DERNIER AIT ENTENDU : « HEUREUX ! »

LE MYSTÈRE DE DIEU EST INACCOMPLI TANT QUE LE DERNIER HOMME N'A PAS ENTENDU LE MOT « HEUREUX »

Un cycle de voyages en Algérie et à travers une partie de nos Écritures chrétiennes se termine avec ces dernières réflexions. Leur titre annonce cependant une « ouverture » : ni le « mystère de Dieu », ni notre inaltérable désir d'être « heureux » ne supportent en effet une quelconque clôture. C'est donc de ces deux réalités qui, en dernière instance, n'en forment qu'une seule que je dois encore parler, toujours dans le tracé des évangiles et de l'*Apocalypse* de Jean, espérant que ce dernier livre de la Bible se soit ouvert et soit devenu tout petit …

J'aborde d'abord la première partie du titre[1] qui bouleverse de manière très radicale l'image commune de Dieu. Il n'est pas courant, en effet, d'affirmer que *Dieu lui-même est inaccompli.* Pourtant l'*Apocalypse* nous dit quelque chose de cet ordre quand elle évoque l'accomplissement du mystère de Dieu au futur : « … alors sera l'accomplissement du mystère de Dieu » (*Ap* 10, 7). Parler ainsi est peut-être encore plus intempestif ici en Algérie dans un contexte musulman parce que très spontanément, quand nous parlons de Dieu, nous pensons tous d'abord à sa perfection. Même dans la prière liturgique, nous nous adressons très fréquemment au Dieu Tout-Puissant. Or, dire qu'Il est inaccompli, c'est introduire, d'une manière ou d'une autre, un *manque* en Lui. Ceci n'est pas facile à accepter ni aisé à penser de manière juste.

La suite du titre précise cependant un peu les choses : le mystère de Dieu est inaccompli *tant que le dernier homme n'a pas entendu le mot « heureux »*. « Le dernier homme », on peut entendre cette expression dans deux sens différents :

– le dernier, l'ultime dans une série ; on anticipe alors la fin des temps ;
– le dernier, au sens social du terme, dans la hiérarchie sociale ; c'est le tout petit, le plus petit, le tout dernier.

Pourquoi Dieu serait-il inaccompli tant que le tout dernier n'a pas entendu ce mot « heureux » ? Tout simplement, parce qu'il s'est lié à notre histoire. Et c'est tout à fait inouï de dire cela : Dieu a voulu lier son propre destin, son propre sort de Dieu, à celui de chaque homme et à celui de l'humanité tout entière. Cette affirmation est difficile à faire comprendre ici. Dans l'échange avec des musulmans, au sein de la société algérienne, on risque en effet d'opposer simplement la foi des chrétiens en l'Incarnation et le refus de cette « imposture » (sourate 4) par les musulmans ; le Dieu trinitaire des uns et le Dieu unique des autres.

Nous savons bien que, lorsque nous opposons de cette manière-là nos croyances respectives, nous ne pouvons plus nous comprendre. C'est alors que le mot « heureux » nous peut être d'un grand secours : ce mot se prête sans doute à beaucoup de malentendus – et j'y reviendrai - mais il évoque en même temps « quelque chose » de désirable par tout être humain. Par ailleurs, *votre présence ici en Algérie en est une manifestation vivante.* Interrogés sur le sens de cette fidélité, comment pouvez-vous répondre sans utiliser ce mot-clé des Écritures ? Leur lecture vous aura en effet appris à dire le cœur de l'existence chrétienne et de notre foi en Dieu, mais avec des mots nouveaux, moins habituels, et peut-être en même temps plus audibles par votre entourage.

Une dernière précision encore concernant ce mot « heureux ». On ne peut pas simplement nier que Dieu soit parfait. La tradition dit cette perfection en terme de « béatitude » : Dieu est « heureux » ; c'est ce qui le caractérise. Mais peut-il être *vraiment* « heureux » avant que le dernier ait accès à ce qui Le caractérise lui-même comme Dieu : *sa béatitude* ? Nous avons du mal à imaginer un Dieu qui réside dans sa propre béatitude, alors que nous sommes affrontés à la misère de notre histoire humaine, l'histoire collective avec ses violences mais aussi les multiples itinéraires individuels des êtres plus ou moins heureux ou malheureux que nous rencontrons chaque jour. Comment comprendre que la béatitude de Dieu consiste précisément dans son désir de la communiquer au tout dernier ?

« L'accomplissement du mystère de Dieu » dans l'Apocalypse de Jean

Apocalypse 10, 5-7

Dans un premier temps, je vais donc commenter l'expression : « accomplissement du mystère de Dieu » qu'on trouve dans l'*Apocalypse* de Jean. Ce passage représente un moment tout à fait central dans l'intrigue du livre. Avec *l'annonce* que bientôt on entendra le septième ange sonner de la trompette, nous sommes « presque » à la fin de l'histoire ; souvenons-nous que chacun des « cycles » en raconte en effet la totalité. Mais le contexte immédiat de ce passage est le premier récit de la création, la séparation de la terre ferme et de la mer selon le livre de la *Genèse* ; ce n'est pas sans intérêt pour en comprendre l'enjeu. L'ange a posé ses deux pieds à la fois sur la terre ferme et sur la mer.

> « L'Ange que j'avais vu debout sur la mer et la terre leva la main droite vers le ciel et jura, par Celui qui vit pour les siècles des siècles, qui a créé le ciel et ce qui s'y trouve, la terre et ce qui s'y trouve, la mer et ce qui s'y trouve : il n'y aura plus de délai ! Mais aux jours où l'on entendra le septième ange, quand il commencera de sonner de sa trompette, alors sera l'accomplissement du mystère de Dieu, comme il en fit l'annonce à ses serviteurs les prophètes. » (*Ap* 10, 5-7)

Voilà donc ce texte tout à fait étonnant qui annonce, pour Dieu lui-même, un accomplissement. Ensuite, au chapitre suivant (*Ap* 11, 15), le septième ange sonnera effectivement de sa trompette ; à partir de ce moment-là, on entre dans l'histoire de l'accomplissement de Dieu et le lecteur trouvera par deux fois l'expression « *C'en est fait* » (*Ap* 16,17 et 21,6) : deux événements différents – ou deux facettes d'un même événement[2] – dans lesquels le prophète discerne l'avènement et donc l'accomplissement même de Dieu.

Je le dis tout de suite, on pourrait se débarrasser de l'énormité de cette affirmation. La tradition chrétienne a eu du mal à penser réellement et à comprendre ce qui est indiqué ici dans le texte. C'est vrai, à la suite de l'*Exode* (*Ex* 33, 20), l'Évangile de Jean nous dit tout simplement : « Dieu, nul ne l'a jamais vu ». Ce qui caractérise Dieu en premier lieu, c'est qu'il est très radicalement invisible – première affirmation. Mais saint Jean ajoute aussitôt dans son Prologue : « le

Fils unique qui est dans le sein du Père nous l'a montré » (*Jn* 1, 18). C'est cette précision qui nous conduit vers le concept d'Incarnation.

Mais est-ce suffisant, pour nous chrétiens, de dire : le Dieu invisible s'est révélé en Jésus-Christ ? Jésus-Christ nous montre le visage du Père (*Jn* 14, 9) ? L'*Apocalypse* de Jean va en quelque sorte plus loin que le *Quatrième évangile*. Elle n'utilise pas l'expression un peu abstraite « le Verbe s'est fait chair », mais nous dit que « Dieu vient ». Ce magnifique verbe « venir » introduit une note éminemment concrète dans le discours : Dieu trace un chemin et circonscrit un espace où peut avoir lieu une rencontre ; il vient même frapper à la porte. C'est déjà le premier des deux événements (« C'en est fait ! »). L'auteur de l'*Apocalypse* nous dit ceci : en venant vers nous, Dieu s'accomplit lui-même comme Dieu ; *en venant vers nous, Il vient vers lui-même.* Seule l'*Apocalypse* va jusqu'à dire cela !

On peut comprendre cette affirmation, une fois qu'on est entré dans l'expérience d'une vraie rencontre. Quelqu'un trace un chemin, il vient, il envisage l'espace du rendez-vous – c'est sur le seuil de la porte que cela se passera – et il frappe. Comment pourrait-on imaginer que celui qui frappe ne soit pas concerné par le fait même qu'on lui ouvre ou non la porte ? Nous comprenons alors le sens de la formule du chapitre 10 et la première partie du titre de ces réflexions : le mystère de Dieu s'accomplit dans sa venue ; en venant vers nous il s'approche de son propre accomplissement dans l'histoire de l'humanité.

Le « nom » de Dieu : « il vient »

L'auteur de l'*Apocalypse* reprend évidemment la grande tradition biblique du « nom de Dieu ». C'est encore une question importante pour vous qui entendez évoquer les 99 noms de Dieu dans l'islam. L'*Apocalypse* rappelle la question de Moïse, dans le livre de l'*Exode* : « Mais quel nom dois-je dire aux fils d'Israël ? Tu m'envoies vers eux, mais au nom de qui ? » Et c'est là qu'apparaît ce terme hébreu « *'èhyèh 'ashèr 'èhyèh* » (*Ex* 3, 13-15) si difficile à traduire, dont on donne aujourd'hui trois traductions différentes :

– « Je suis qui je serai ». C'est la traduction actuelle qui insiste sur le futur dans la formule. J'y reviendrai.

– « Je suis qui je suis ». Si, sur le pas de votre porte, on vous demande de vous présenter et vous dites : « Je suis qui je suis », vous ne vous présentez pas mais vous vous retirez …

– « Je suis celui qui est ». C'est la traduction des Septantes, traduction grecque de la Bible hébraïque, qui fait référence à ce qu'on appelle « l'ontologie », terme qui sera tout de suite explicité.

Saint Augustin a beaucoup réfléchi au « nom de Dieu ». Il est parti de la troisième signification « Je suis celui qui *est* ». Quand nous prenons conscience que dans l'histoire tout est mouvant et provisoire, l'idée de permanence, de stabilité et de l'être se présente spontanément à l'esprit ; toute la philosophie de l'époque, saint Augustin, plus tard l'islam, identifient cette idée de l'Etre (concept clé de la doctrine philosophique qui porte son nom : onto-logie) à Dieu : *il est celui qui est.* Il faudrait relire ici les livres VII et VIII des *Confessions* où saint Augustin fait le récit de sa conversion à la fois spirituelle et intellectuelle, précisément dans les traces du récit de l'*Exode* et du début du Prologue de Jean dont les onze premiers versets semblent être enseignés dans les livres des Platoniciens ; toutefois il ajoute[3] : « Mais *qu'il soit venu chez les siens et que les siens ne l'aient pas reçu*, qu'il ait donné à tous ceux qui l'ont reçu le pouvoir de devenir enfants de Dieu en croyant en son nom, je ne l'ai point lu dans ces livres ». Augustin est en effet extrêmement sensible à cette *différence* chrétienne qu'il projette sur le texte de l'*Exode* en distinguant en *Ex* 3, 14-15 le « nom de substance » (Je suis celui qui est) et le « nom de miséricorde » (le Dieu d'Abraham, d'Isaac et de Jacob m'a envoyé vers vous).

Mais l'évêque d'Hippone a été aussi très sensible à la deuxième traduction – « Je suis celui que je suis » – qui oppose, d'une certaine façon, un refus au désir de Moïse de connaître le nom : je suis celui qui je suis, nul ne peut me prendre ; et nous entendons bien en *Ex* 33, 20 cet autre commentaire du « nom de Dieu », repris plus tard par le prologue de Jean : « Tu ne peux pas voir ma face, car l'homme ne saurait me voir et vivre ». Cette expérience se situe en effet à la *limite* entre le « nom de substance » et le « nom de miséricorde », là où l'homme – Moïse et en lui tout homme – éprouve *l'impénétrabilité* de Dieu : c'est au terme de l'ascension progressive du livre VII des *Confessions* qu'Augustin fait l'expérience d'un véritable « choc » – certains interprètes parlent même d'un « refoulement brutal de la part de Dieu » :

> « Ainsi mon esprit parvint-il à ce qui Est dans le choc d'un regard frémissant. Alors en vérité j'ai vu ce qui est d'invisible en Toi grâce à la compréhension intellectuelle de ce qui a été créé, mais je n'ai pas eu la force de fixer sur toi la pénétration de mon esprit. Ma faiblesse étant repoussée, rendue aux choses ordinaires, je ne portais plus en moi qu'un

souvenir aimant : j'étais comme celui qui désire les mets dont il a respiré l'odeur et qu'il ne peut encore manger. »[4]

C'est le caractère radical de ce choc qui fait qu'Augustin éprouve ensuite avec une même force la nouveauté du « nom de miséricorde », miséricorde rencontrée lors de la crise décisive de sa conversion, au jardin de Milan.

Mais ce qu'Augustin n'arrive pas à penser dans l'*Apocalypse*, c'est la première signification du nom : « Je suis celui que je serai ». Certes, il dit bien que Dieu vient ; mais que Dieu lui-même soit concerné, dans son identité, par cette venue – « je suis celui que je serai » –, ce mystère-là, il ne parvient pas à le penser.

Revenons donc, pour terminer ce point, à l'*Apocalypse* et regardons comment ce livre reprend, dans certaines de ses expressions, la première signification du « nom de Dieu » : « Je suis l'Alpha et l'Oméga, *celui qui est, qui était et qui vient*, le Tout-Puissant » (*Ap* 1, 8). « Je suis celui que je serai » est traduit ici par « je suis celui qui vient ». Cette formule temporelle à trois membres revient ensuite plusieurs fois. En *Ap* 4, 8, on change l'ordre des mots : « je suis celui qui était, qui est, et qui vient » ; on y adopte donc la ligne du temps. Et quand on arrive au chapitre 10, le « mystère de l'accomplissement de Dieu », l'auteur de l'*Apocalypse* omet le « Il vient » – « Je suis celui qui était et qui est » –, tout simplement parce qu'*Il est venu*.

Je signale cela pour que nous comprenions bien l'extraordinaire cohérence de cette manière de désigner Dieu. Le véritable nom de Dieu pour l'*Apocalypse* est donc « Je suis celui qui vient ». Et on l'entend déjà venir tout à fait au début de l'*Apocalypse*. Je citais les premiers versets : *« Je suis l'Alpha et l'Oméga, celui qui est, qui était et qui vient »*. Quand on entend ce verset, on entend déjà celui qui frappe : « Je viens frapper à la porte ».

Tient-il parole ?

Alors pourquoi insister tant sur cet accomplissement de Dieu ? Pourquoi est-ce tellement important dans le contexte chrétien, et surtout peut-être ici en Algérie ? Parce que la tradition juive et chrétienne est habitée par la question : « Dieu tient-il parole ? ». Dans le judaïsme, notamment dans le judaïsme rabbinique, dès la fin du Ier siècle de notre ère, on commence à exprimer des réserves par rapport aux prophètes et au prophétisme : Dieu est davantage mis à distance ; d'une autre manière dans l'islam aussi. Mais dès qu'on lie le destin de Dieu à notre histoire humaine, on est bien obligé de se poser la question ultime : ce Dieu lié à notre histoire humaine, tient-il vraiment parole ?

Essayons de comprendre ce point si important. Dans une religion où Dieu est à distance, lointain, impénétrable, unique, sans lien direct avec l'histoire de l'humanité, on n'a pas besoin de montrer ses titres de crédibilité devant le forum de la raison humaine. Mais un Dieu qui est lié à l'histoire doit prendre sur lui, si je puis dire, toute la charge et tout le poids de cette histoire, avec ce qui est heureux et ce qui ne l'est pas. Il doit donc, d'une certaine manière, montrer à ses serviteurs qu'il tient parole. Il ne suffit plus de dire : Il existe. Il ne suffit même pas qu'on dise : Dieu a pris chair dans notre histoire. Il faut encore montrer, - et c'est cela l'objectif de l'*Apocalypse* – que ce Dieu qui a pris chair et qui vient tient vraiment parole *dans l'histoire.* C'est pour cette raison que l'auteur de l'*Apocalypse* doit affronter, au chapitre 6, l'épreuve ultime de l'histoire de l'humanité, la question du mal : « Jusques à quand, Maître saint et véritable, tarderas-tu à venir ? Jusques à quand, Maître saint et véritable, tarderas-tu à faire justice ? » (*Ap* 6,10).

Dieu tient-il parole ? C'est là la question. Et nous comprenons immédiatement pourquoi l'unique critère pour la crédibilité de Dieu – et pour son propre accomplissement – est effectivement le fait que le dernier être humain ait entendu, d'une manière ou d'une autre, le mot « heureux ». S'il est vraiment lié à l'histoire, Dieu ne peut pas être cru comme Dieu de la béatitude – Celui qui est heureux en lui même – si le dernier être humain n'entend pas lui aussi ce mot « heureux ». Mais que veut dire « être heureux » ?

Entendre le « Heureux »

Nous passons donc ici sur l'autre versant de notre « ouverture » en réfléchissant maintenant au sens de ce mot, à la fois si essentiel pour *tout* être humain et en même temps si polysémique, recevant finalement son sens unique de chacune de nos existences.

Le cœur de l'Évangile

Je voudrais mettre en exergue de cette deuxième partie la question posée par un groupe au cours la session inter-diocésaine de 2000 : « Y a-t-il en Algérie une annonce évangélique qui peut être adressée à tout homme, et qui est quelquefois attendue par lui, sans être un appel à une conversion religieuse, mais qui est un appel sur son chemin d'humanité, c'est-à-dire sur son chemin de croissance personnelle et citoyenne ? Y a-t-il une annonce évangélique qui peut être adressée à tout homme ? »[5]

Il me semble que le mot « heureux » peut résumer, en dernière analyse, l'annonce évangélique adressée à *tout* être humain. Il faut d'abord rappeler que ce mot désigne bien le cœur de l'Évangile. Nous le trouvons déjà chez le prophète Isaïe qui le premier utilise le terme « Évangile » : « qu'ils sont beaux les pieds de ceux qui annoncent des bonnes nouvelles » (*Es* 52, 7 et *Rm* 10, 15). Les récits évangéliques utilisent bien d'autres mots encore pour dire cette bonne nouvelle, en particulier les « béatitudes ». Celles-ci sont une manière de traduire une même expérience évangélique de bonheur dans des situations différentes. Le mot « heureux » arrive dans d'autres passages encore : Jésus s'adressant à Pierre : « Heureux es-tu, Simon, ce n'est pas la chair qui t'a révélé cela mais mon Père qui est dans les cieux » (*Mt* 16,17) ; ou la femme qui se lève au milieu de la foule pour dire : « Heureuse celle qui t'a allaité », et Jésus lui répondant : « Non, heureux ceux et celles qui entendent la Parole » (*Lc* 11,27-28). Dire à quelqu'un : « tu es heureux », c'est lui offrir une bénédiction. L'*Apocalypse* n'utilise le terme d'« évangile » qu'une fois (*Ap* 14, 6) ; il lui substitue les sept « heureux », dispersés dans l'ensemble du texte ; comme s'il fallait entendre un certain nombre de fois ce mot « heureux » pour réellement y croire.

On s'aperçoit déjà que la difficulté n'est pas de dire ce mot ou d'annoncer l'Évangile ; mais la difficulté est de l'entendre. D'où la formulation du titre : tant que le dernier homme n'a pas *entendu* le mot « heureux ». Nous savons bien – et Dieu le sait aussi – qu'il ne suffit pas de dire à quelqu'un « heureux es-tu », pour qu'il le soit. C'est là toute la difficulté de l'annonce évangélique par Jésus de Nazareth. C'est pour cela que nous entendons, dans tout le Nouveau Testament, cette même phrase : « qui a des oreilles pour entendre, qu'il entende ». La difficulté radicale est d'entendre *et d'être convaincu*. J'ai déjà évoqué plus haut qu'en français, les mots « conviction » et « être con-vaincu » évoquent bien une victoire et donc un combat. La victoire de l'Évangile de Dieu ne vient pas de l'extérieur de notre histoire mais lui est totalement intérieure et émerge des profondeurs de l'homme. Cela suppose que ses oreilles et aussi ses yeux puissent réellement s'ouvrir. On se posera donc la question : « entendre, pourquoi est-ce si difficile ? »[6].

Mais avant d'y venir, je voudrais encore montrer à quel point nous sommes ici au cœur de l'Évangile. Dans l'*évangile de Marc*, au chapitre 4, la parabole du semeur se termine par cette adresse de Jésus : « celui qui a des oreilles pour entendre, qu'il entende ». Certains restent et d'autres partent. Jésus cite alors le prophète Isaïe pour expliquer pourquoi il parle en paraboles : « pour que tout en regardant, ils ne voient pas, et que tout en entendant, ils ne comprennent pas, de peur qu'ils ne se convertissent et qu'ils ne soient pardonnés » (*Mc* 4, 10-13). Phrase difficile à comprendre[7], mais qui montre bien que le mystère de l'histoire du salut, c'est croire ou ne pas croire, entendre ou ne pas entendre, voir ou ne pas voir. Pour Luc, cette affaire est si importante qu'il raccourcit cette même citation d'Isaïe en réservant la formule intégrale pour la fin des *Actes des Apôtres*, unifiant ainsi toute son œuvre historique : « Va trouver ce peuple, et dis-lui, vous avez beau entendre, vous ne comprendrez pas … » (*Ac* 28,26). Jean reproduit la même structure au chapitre 12, juste avant le lavement des pieds ; c'est encore la même citation d'Isaïe qui revient ici. Et dans l'*Apocalypse*, c'est le même problème qui se pose : les sept lettres aux sept Églises se terminent chaque fois par l'adresse : « Celui qui a des oreilles, qu'il entende ce que l'Esprit dit aux Églises. »

Le cœur de l'Évangile, ce n'est donc pas seulement que quelqu'un vienne nous dire « heureux » ; c'est aussi et surtout que j'entende – que tous entendent – réellement cette parole, chacun dans son existence absolument unique. Sur ce point essentiel l'Évangile ne tient pas un langage religieux ; nous sommes face à un langage profane, un langage anthropologique. Jésus n'a pas beaucoup utilisé le langage religieux : il a relativement peu parlé de Dieu ; à certains seulement il a parlé de son Père. Voilà peut-être le type de langage que ceux que nous côtoyons quotidiennement peuvent entendre.

Entendre, pourquoi est-ce si difficile ?

À un premier niveau, nous pourrions répondre : nous avons les oreilles bouchées, nous sommes encombrés de beaucoup de choses et, finalement, nous sommes repus... Ou – situation inverse, mais aussi grave – nous manquons tellement des choses élémentaires de l'existence que nous ne pouvons plus entendre ce mot « heureux ». Beaucoup de personnes autour de vous vivent précisément cette condition. Si l'on n'a pas assez à manger, si l'on a des problèmes de relations, si l'on n'a pas de place dans la société, comment entendre réellement et véritablement cette parole « heureux es-tu » ? C'est là l'ambivalence fondamentale de notre existence humaine : être affamé empêche d'entendre, être repu ou n'être jamais satisfait, aussi. Ni dans un cas ni dans l'autre on ne peut entendre réellement la bonne nouvelle de l'évangile.

Dans notre existence, interviennent ici – christianisme et judaïsme sont très sensibles à cela - toutes les *images* d'une « vie heureuse » qui peuplent notre univers quotidien : être heureux pour un juif, c'était avoir une terre, des fils, une vie longue. Aujourd'hui, les images sont tout à la fois multipliées et standardisées par nos mass-media... Mais partout et de tout temps, un certain système de valeurs détermine *historiquement* l'idée d'une vie que les hommes qualifient de « réussie ».

Qu'est-ce qu'une « vie réussie » ? Il serait intéressant pour vous de vous poser cette question : pour les Algériens, pour ceux et celles qui vous entourent, quelles sont les valeurs qui indiquent une vie heureuse ? Qu'est-ce qui leur manque, au fond ?

On développe parfois à l'heure actuelle ce qu'on appelle un carré des valeurs. Voilà comment il se présente dans les sociétés post-industrielles ou assimilées :

1) santé	------------→	*2) réussite économique travail*
maladie vieillissement		chômage
4) Loisirs	←------------	*3) relations*
ennui		isolement / solitude

Ce carré est fait de quatre grandes valeurs :

– La première valeur, c'est la santé. Le corps individuel et sa santé sont devenus notre premier souci, et la maladie et le vieillissement les signes éclatants d'un échec de plus en plus difficile à accepter.

– Tout de suite après la santé vient la réussite économique avec la valeur du travail rémunéré et assuré. Avoir un travail, c'est avant tout être quelqu'un à ses propres yeux et aux yeux des autres. C'est ensuite la condition pour disposer de ressources de vie suffisantes et pour entrer dans la société de consommation avec ses multiples propositions, allant des produits de première nécessité jusqu'aux gadgets dont on aura besoin parce que le voisin en dispose déjà. Le chômage fait ici figure d'échec : signe à la fois d'une dépendance insupportable et d'une marginalisation économique frustrante.

– Si la santé et le travail situent la réussite plutôt du côté de l'indépendance, nous savons aussi qu'il n'y a pas de vie heureuse sans relations. Nous sommes tous avides de chaleur humaine, de gentillesse et d'amitié. La vie familiale et les relations restent pour beaucoup ce qui donne sens à leur vie. La solitude, l'isolement, le célibat sont difficiles à accepter et sont considérés par beaucoup comme échec. Peut-être ici (en Algérie) cette troisième valeur viendrait-elle même en premier, avant la santé, avant le travail ; il faudrait y réfléchir.

– À cela s'ajoute une dernière valeur pour compléter l'image courante de la vie réussie : le week-end, les loisirs ou simplement l'évasion et l'aventure. La dureté du travail et son caractère souvent très répétitif doivent être compensés par le repos et par l'évasion dans un « pays de rêve ».

Voilà, *grosso modo*, les quatre dimensions de l'image courante d'une vie réussie. Ce tableau se modifie, bien évidemment, en fonction de la culture d'un pays, en fonction du niveau social d'un groupe, en fonction de l'âge, etc. C'est *une* manière de dire ce que les hommes autour de nous mettent derrière l'*image* d'une « vie réussie ». L'ensemble de ce système de valeurs est bâti sur *l'idée du manque* : il me manque ceci ou cela. Et si le manque est comblé, alors je peux dire, oui, « j'ai réussi ». Comment distinguer entre toutes ces valeurs, même ambivalentes, qui circulent dans nos société, et l'appel à être heureux qui nous vient de l'Évangile, entre la « réussite » et une « vie réussie » ?

Se présente ici une *première décision*, à prendre non seulement par le chrétien mais par tout homme : nous devons apprendre à distinguer entre nos images d'une vie réussie et la « qualité de vie » de quelqu'un. Pour dire que la vie de quelqu'un est réussie, je dois toujours me demander quelle est mon image de la réussite, quelles sont les images qui circulent dans la société et qui me sont inconsciemment imposées ? Savoir distinguer entre ces images et celui que je rencontre concrètement, « révèle » une certaine qualité humaine : l'unicité d'autrui et de son itinéraire prennent de la consistance comme aussi la mienne. On change alors de registre.

En termes bibliques ce changement s'appelle : « ne plus juger selon les apparences » ; c'est ce que la Sagesse nous apprend. Mais cet apprentissage est devenu difficile aujourd'hui, notamment dans une société comme celle-ci où les images interviennent avec une force particulière, portée surtout par les télévisions étrangères. Certains trouvent ici le thème biblique de l'idolâtrie. Mais parler en terme d'idolâtrie, c'est déjà parler un langage théologique alors que, jusqu'à présent, je tenais plutôt un langage anthropologique.

Ce premier changement de registre permet-il d'entendre la parole « heureux es-tu » ? Ce n'est pas sûr. Cette hésitation nous fait passer alors *à un deuxième niveau de questionnement* : pourquoi entendre le « heureux es-tu » *reste-il* si difficile ? C'est parce que, dès le départ, notre existence est affrontée à la mort.

La mort est une question pour tout homme. Certes, nous pourrions l'éprouver comme une réalité naturelle : « saturés d'âge », l'homme et la femme sont comme le fruit qui tombe en terre. Mais la plupart du temps, nous vivons la mort des autres comme un scandale, notamment celle qui est prématurée ou celle des innocents qui prend la figure de l'injustice. La mort se présente donc à nous sous des figures extrêmement variées. Mais avouons-le : elle ne prend que rarement la figure biblique du grain de blé qui tombe en terre pour porter du fruit. Or, ce sont ses images « cruelles » que nous éprouvons comme en contradiction radicale avec l'appel à « être heureux ». C'est pour cette raison que l'Écriture prend au sérieux notre difficulté à entendre l'Évangile de Dieu.

L'acte d'entendre et d'écouter consiste donc à se réconcilier avec le phénomène de la mort. Finalement, a entendu le mot « heureux » celui qui s'est réconcilié avec la mort. Cela ne veut pas dire qu'il ne pleure plus, qu'il ne traverse pas l'agonie, le trouble, etc. L'événement dont il est question ici peut se passer à n'importe quel moment de notre existence, voire rester – *presque* – inaperçu. Il est visé par le « Je frappe à la porte ».

Le propre de la mort est de susciter notre imaginaire et de produire des phantasmes. C'est au moins un aspect de la difficulté à entendre… Personne parmi nous n'a fait l'expérience de la mort. Nous ne serons plus quand nous mourons. Mais le « phénomène » a envahi notre imaginaire, en particulier, ici en Algérie, à travers l'expérience quotidienne de la violence : la mort envahit notre imaginaire à travers la mort des autres. C'est là qu'intervient, une fois de plus, le mystère d'autrui. La mort d'autrui, ce n'est pas la mienne. Personne ne peut la vivre à la place d'autrui et, en dernière instance, je ne peux pas savoir comment l'autre l'a vécue. C'est comme un mystère ultime qui reste *entre* les êtres.

Pour la Bible, la vie se déroule entre la naissance et la mort. Finalement, la longueur de cette distance entre la naissance et la mort n'est pas la question. Ce que la naissance et la mort « signent », c'est l'unicité d'une existence et rien d'autre : c'est parce que je suis né et que je vais mourir que je suis unique. Imaginons-nous un instant que la vie puisse continuer indéfiniment – ce que certains textes religieux de l'humanité tentent de faire en représentant la « vie » en terme de réincarnation - : tous les moments de mon existence perdraient en quelque sorte leur poids décisif ; je pourrais sans cesse remettre le compteur à zéro... La mort est donc la garantie de mon unicité. Découvrant cela, on peut réentendre la parole de Jésus : « Si le grain de blé qui tombe en terre ne meurt pas, il reste seul ; si, au contraire, il meurt, il porte du fruit en abondance » (*Jn* 12, 24)[8]. Le Nazaréen n'a pas d'autre métaphore à nous proposer pour dire notre réconciliation avec la mort. Celle-ci est la garantie de l'unicité de chaque être humain. Entendre réellement cela dans son existence : « Je suis unique », c'est se réconcilier avec sa mort, c'est entendre le « heureux » et entrer déjà dans ce que le Nouveau Testament désigne par le terme de « résurrection ».

Il n'est pas aisé d'aider autrui à faire cette expérience. Nous devons donc réfléchir, avec le Nouveau Testament, à la manière divine de Jésus de nous faire entendre l'Évangile *de Dieu*.

Faire entendre le « heureux » à la manière de Dieu

Le mot « heureux », nous ne pouvons que nous l'entendre dire un jour par un autre. Mais seul celui qui le dit *de manière crédible* peut le faire réellement entendre à autrui. C'est là l'enjeu de votre présence ici et l'enjeu de la présence évangélique de l'Église dans tous les pays et toutes les cultures. Le Nouveau Testament et notamment l'*Apocalypse* nous indiquent les deux conditions de cette crédibilité ; elles ont été largement développées dans cet ouvrage :

– C'est celui qui met en jeu son existence pour autrui – l'Agneau de Dieu et ses compagnes et compagnons – qui peut réellement lui faire entendre le « heureux es-tu ». Seuls les saints peuvent donc continuer à faire retentir cette parole.

– Personne ne peut l'entendre à la place de l'autre et chacun doit l'entendre du fond de lui-même pour en être entièrement convaincu. C'est ce que le Nouveau Testament, surtout la scène de la Samaritaine et l'*Apocalypse*, nous suggèrent quand ils nous promettent non seulement de l'eau mais la source même de la vie.

L'unité

C'est ici que les deux réalités dont il était question dans ces réflexions « conclusives » s'avèrent être les deux faces d'une même « vie » à intérioriser et à creuser progressivement dans nos existences : devenu petit, le livre « ouvert » veut être mangé !

Quand nous regardons chacun notre propre itinéraire, les histoires de nos pays et continents, et quand nous contemplons l'histoire de l'humanité tout entière et celle de la création, c'est le *mystère* de Dieu qui nous apparaît dans toute sa force : Il a mis en jeu son existence de Dieu dans notre histoire, sans pouvoir nous imposer, de l'extérieur, d'être heureux : chaque être – jusqu'au dernier – doit arriver, à sa manière unique, à en être convaincu de l'intérieur de lui-même. Nous entrons ici dans une diversité absolument infinie ; et c'est encore l'*Apocalypse* qui nous la fait percevoir lorsqu'elle parle de la foule anonyme que nul ne peut dénombrer.

Nous commençons alors à « mesurer » quelque peu ce qu'est le *mystère* de Dieu. C'est *identiquement* le *mystère* d'une multitude infinie d'êtres uniques, en relation les uns avec les autres, *et* le *mystère* de leur bonheur, le même pour tous et pourtant absolument singulier, parce que *venant* toujours de l'autre, tout en ne pouvant surgir que de l'intérieur de tout un chacun ; mystère donc d'une béatitude qui *est* d'emblée désir de se communiquer au dernier, tout en sachant qu'elle surgira de lui. N'est-ce pas alors une heureuse Nouvelle de dire que Dieu reste inaccompli jusqu'à ce que le dernier ait entendu le « Heureux ». Comment dire en effet plus adéquatement la merveilleuse fécondité de la vie ?

Cette « vie », elle sourd en chacun de nous, voyageurs et lecteurs de la Bible, parfois sous forme du fiel qui brûle nos entrailles et nous fait gémir, crier, pleurer ou protester, parfois comme du miel dans notre bouche, qui nous donne le goût de dire la parole de vérité et de la chanter.

Notes

1. Ce titre, choisi pour la journée du diocèse de Constantine en avril 2001, a été tiré d'une dernière intervention à la session inter-diocésaine de 2000 à Alger ; *cf.* plus haut, p. 126.
2. *Cf.* plus haut, p. 194.
3. Saint Augustin, *Les confessions*, VII, IX, 13-14, dans *Bibliothèque Augustinienne* 13, Paris, DDB, 608-613
4. Ibid., VII, XVII, 23, dans *BA* 13, 628-631.
5. *Cf.* plus haut, p. 109.
6. Cette question nous accompagne depuis la deuxième partie de cet ouvrage : *cf.* plus haut, p. 117sv et p. 169sv.
7. Pour davantage d'explications sur ce point, *cf. La révélation… tout simplement, p.* 84-86.
8. *Cf.* plus haut, p. 117sv.

Tables des matières

Composition : Compo-Méca sarl
64990 Mouguerre

Achevé d'imprimer par Normandie Roto Impression s.a.s.
62150 Lonrai
N° d'éditeur : 5603 - N° fab. : 5702 - N° d'imprimeur : 03-2660
Dépôt légal : octobre 2003
Imprimé en France